应用型院校财会类专业核心课程规划教材
"互联网+"融媒体系列教材

高级财务管理
（少课时版）

相福刚　郑清兰　主　编
刘佳昕　孔令一　黄　佳　副主编

图书在版编目(CIP)数据

高级财务管理 / 相福刚主编. —上海：立信会计出版社，2023.11
ISBN 978-7-5429-7546-1

Ⅰ.①高… Ⅱ.①相… Ⅲ.①财务管理 Ⅳ.①F275

中国国家版本馆 CIP 数据核字(2024)第 013009 号

策划编辑	郭　光	张忠秀
责任编辑	郭　光	
助理编辑	张若凡	
美术编辑	吴博闻	

高级财务管理
GAOJI CAIWU GUANLI

出版发行	立信会计出版社			
地　　址	上海市中山西路 2230 号	邮政编码	200235	
电　　话	(021)64411389	传　真	(021)64411325	
网　　址	www.lixinph.com	电子邮箱	lixinaph2019@126.com	
网上书店	http://lixin.jd.com		http://lxkjcbs.tmall.com	
经　　销	各地新华书店			
印　　刷	浙江临安曙光印务有限公司			
开　　本	787 毫米×1092 毫米	1/16		
印　　张	16			
字　　数	358 千字			
版　　次	2023 年 11 月第 1 版			
印　　次	2023 年 11 月第 1 次			
书　　号	ISBN 978-7-5429-7546-1/F			
定　　价	48.00 元			

如有印订差错,请与本社联系调换

前　言

在全球经济发展和竞争加剧的背景下,企业财务管理面临着越来越复杂的挑战。本书涵盖财务管理的多个方面,包括高级财务管理概述,财务战略管理,预算控制,评价控制与激励机制,企业并购,国际财务管理,企业集团财务管理,财务预警与风险管理,企业破产、重整与清算以及企业财务制度设计等,以帮助读者全面了解高级财务管理的基本理论和实践技能。

本书在企业会计准则的基础上,结合企业财务管理的特点,对财务管理的基本理论和实务进行了凝练和升华。本书提供了实际案例和章节测试,以帮助读者将理论知识应用于实践中。此外,本书还提供了最新的研究成果和前沿研究领域,以帮助读者了解财务管理的最新发展。

本书特色明显,可以作为应用型或应用技术型高等学校会计学、财务管理以及审计学等专业的教学用书,也可以作为对学习财务管理有兴趣的读者的学习参考书。本书的主要特点如下:

1. 二十大精神进教材。本书将党的二十大精神融入教材中,帮助学生更好地理解和把握党的基本理论和路线方针政策,增强学生的政治觉悟和思想认识,同时也有助于提高学生的实践能力、创新能力、道德水准和社会责任感。

2. 理论联系实际。本书结合我国财务管理的实际情况,尽可能地通过例题来对每部分内容加以说明。同时尽量将理论知识与实务相结合,重视学生的知识、能力和素质的协调发展,以培养应用型人才为目的,并提高学生的创新精神、实践能力和适应能力。

3. 案例丰富。本书对案例展开全面、准确、深入的解析,最大限度地贴近和还原企业财务管理实务,为学生提供更加全面、生动、具体的学习内容。

4. 辅以图表,便于理解。本书按照学生的学习习惯,深入浅出,讲解详细,并借助相关图表,穿插鲜活案例,使内容图文并茂,通俗易懂。

5. 少课时版本。本书重点讲解高级财务管理的基本概念、基本原理以及基本方法等,删除难度较大的数学模型,主要适用于应用型或应用技术型高等学校学生。

本书由相福刚、郑清兰、刘佳昕、孔令一、黄佳、李满林等编写,在编写过程中,参考了大量相关教材和论著,同时经过多次讨论和研究,力求内容编排合理、逻辑结构恰当、避免错误。本书如存在考虑不周或表达不妥的地方,欢迎读者批评指正。

最后,我们要感谢所有为本书提供帮助和支持的人士和组织,他们的贡献是本书能够顺利出版的重要保证。

编　者

2024 年 1 月

目 录

第一章　高级财务管理概述 ·· 1
- 第一节　高级财务管理的界定 ·· 2
- 第二节　财务管理理论结构 ·· 6
- 第三节　财务管理的发展历程 ··· 14
- 章节测试 ··· 21

第二章　财务战略管理 ··· 23
- 第一节　财务战略管理概述 ·· 25
- 第二节　筹资战略管理 ·· 35
- 第三节　投资战略管理 ·· 41
- 第四节　股利分配战略管理 ·· 47
- 第五节　财务战略的实施、评价和控制 ·· 49
- 章节测试 ··· 53

第三章　预算控制 ·· 55
- 第一节　预算控制概述 ·· 56
- 第二节　全面预算 ·· 59
- 第三节　预算控制程序与方法 ··· 67
- 章节测试 ··· 75

第四章　评价控制与激励机制 ··· 77
- 第一节　评价控制与激励机制概述 ·· 78
- 第二节　业绩评价控制理论与方法 ·· 80
- 第三节　激励机制理论与方法 ··· 87
- 章节测试 ··· 99

第五章　企业并购 ·· 101
- 第一节　企业并购概述 ·· 102
- 第二节　企业并购的效应 ·· 108
- 第三节　企业并购价值评估 ·· 113
- 第四节　企业并购融资与对价方式 ·· 119
- 第五节　反并购措施 ·· 124
- 章节测试 ··· 127

第六章　国际财务管理 … 129
- 第一节　国际财务管理概述 … 130
- 第二节　外汇风险管理 … 137
- 第三节　国际筹资管理与国际直接投资管理 … 141
- 第四节　跨国公司内部资本转移机制 … 148
- 章节测试 … 157

第七章　企业集团财务管理 … 159
- 第一节　企业集团组织结构与财务管理体制 … 160
- 第二节　企业集团筹资管理 … 168
- 第三节　企业集团投资管理 … 171
- 第四节　企业集团分配管理 … 176
- 第五节　企业集团资本经营 … 180
- 第六节　企业集团财务控制 … 186
- 章节测试 … 191

第八章　财务预警与风险管理 … 193
- 第一节　风险与财务风险 … 194
- 第二节　企业财务预警管理 … 197
- 第三节　企业财务风险管理 … 204
- 章节测试 … 209

第九章　企业破产、重整与清算 … 211
- 第一节　企业破产概述 … 212
- 第二节　破产预警管理 … 215
- 第三节　重整与和解财务管理 … 222
- 第四节　破产清算财务管理 … 225
- 章节测试 … 227

第十章　企业财务制度设计 … 229
- 第一节　企业财务制度设计概述 … 230
- 第二节　企业财务制度设计的目标与原则 … 240
- 第三节　企业财务制度设计的程序与方法 … 243
- 章节测试 … 247

第一章 高级财务管理概述

知识导航

高级财务管理概述
- 高级财务管理的界定
  - 高级财务管理的内涵
  - 高级财务管理的基本特征
  - 高级财务管理的内容
- 财务管理理论结构
  - 财务管理理论结构的起点
  - 财务管理理论结构的前提
  - 财务管理理论结构的导向
  - 财务管理理论结构的构建
- 财务管理的发展历程
  - 西方财务管理的发展历程
  - 我国财务管理的发展历程

学习目标

1. 理解高级财务管理的概念和基本特征。
2. 掌握财务管理的理论结构。
3. 了解高级财务管理的发展历程。

寓德于教

企业如何履行社会责任

《中华人民共和国公司法》第五条规定,企业从事经营活动,必须遵守法律、行政法规,遵守社会公德、商业道德,诚实守信,接受政府和社会公众的监督,承担社会责任。企业的合法权益受法律保护,不受侵犯。

企业社会责任主要包括以下六个方面。

1. 对政府的责任

现代社会要求企业扮演好社会公民的角色,自觉按照政府有关法律、法规的规定,合法经

营、照章纳税，承担政府规定的其他责任和义务，并接受政府的监督和依法干预。

2. 对股东的责任

企业与股东的关系逐渐具有了企业与社会的关系的性质，企业对股东的责任也具有了社会性。第一，企业应严格遵守有关法律规定，对股东的资金安全和收益负责，力争给股东以丰厚的投资回报。第二，企业有责任向股东提供真实、可靠的经营和投资方面的信息，不得欺骗投资者。

3. 对消费者的责任

企业与消费者是一对矛盾统一体。企业利润的最大化最终要借助于消费者的购买行为来实现。作为通过为消费者提供产品和服务来获取利润的组织，提供物美价廉、安全、舒适、耐用的商品和服务，满足消费者的物质和精神需求，是企业的天职，也是企业对消费者的社会责任。

4. 对员工的责任

企业对员工的责任属于内部利益相关者问题，企业必须以相当大的注意力来考虑雇员的地位、待遇和满足感，在全球化背景下，劳动者的权利问题得到了世界各国政府及各社会团体的普遍重视。

5. 对资源环境和可持续发展的责任

实践证明工业文明在给人类社会带来前所未有的繁荣的同时，也给我们赖以生存的自然环境造成了灾害性的影响。企业对自然环境的污染和消耗起了主要的作用。企业应当承担起建立可持续发展的全球经济这个重任，进而利用这个历史性转型期实现自身的发展。

6. 对社区的责任

企业是社会的组成部，更是所在社区的组成部分，与所在社区建立和谐融洽的相互关系是企业的一项重要社会责任。企业对社区的责任就是回馈社区，比如为社区提供就业机会，为社区的公益事业提供慈善捐助等。

思考与讨论：企业承担社会责任的意义。

资料来源：律临，2023-2-15，《企业如何履行社会责任》，https://lvlin.baidu.com/question/250712648231819724.html，有删节。

第一节 高级财务管理的界定

一、高级财务管理的内涵

高级财务管理中的"高级"是一个相对概念，是知识内容相对于初级财务管理和中级财务管理而言更加深入。把财务管理划分为初级、中级、高级，是一种知识内容上的递进与补充，并不一定代表高级是最难的。初级讲财务管理的基础知识，中级讲企业财务管理中系统的、常用的基本知识，高级讲初级和中级中没有系统涉及的财务管理知识，有些内容是探讨性的。

高级财务管理是以财务管理中的特殊业务、复杂业务，财务管理领域中的新问题以及财务管理研究中尚不成熟的问题为研究对象，从价值目标、战略规划与组织管理等视角讨论财务管理的重点、难点问题的一门学科。

二、高级财务管理的基本特征

（一）向企业价值最大化发展

目前，企业价值最大化已取代利润最大化、股东权益最大化成为现代企业财务管理的目标，企业价值不仅仅是股东财富的价值，还应考虑包括股东在内的企业所有利益相关者财富的价值。一个企业的利益相关者包括股东、管理者、员工、债权人、客户、供应商、社区、政府，甚至整个社会。企业整体价值的概念强调的不仅仅是单一的财务价值，而是在组织结构、财务、采购、生产、技术、市场营销、人力资源、产权运作等各方面整合的结果。

（二）向战略型财务管理发展

财务管理定位在企业和特定组织结构模式下的融资、投资、营运与收益分配问题，与战略层面的财务管理距离较远。高级财务管理侧重于企业的长期发展和规划，突出战略管理与财务管理的结合，从战略层面上获取竞争优势，以促进企业整体价值的不断提高。

（三）向财务整合型管理发展

传统的企业管理思维是把公司划分为不同的部门，如采购、生产等部门，突出职能分工和部门利益。然而，更为重要的是运用系统的财务思维把不同职能部门的功能、职责有效地整合起来。高级财务管理提供了一种与现代企业制度下法人治理结构相匹配的管理制度，整合企业商品流、现金流和信息流的科学方法，建立确保战略实施，整合全方位、全过程、全员的管理体系。

（四）向过程控制型管理发展

由于财务管理环境的动荡和人们对未来预知能力的局限，难免会为企业带来风险与损失。企业应竭尽所能预测有可能导致企业财务失败的原因，并采取积极预防措施。在管理过程中，应充分重视人的行为因素，重视全方位的控制，针对企业不断面临的危机或风险，及时反馈，加强沟通，制定对策，实施政策，引导行为，以规避风险和走出困境。

（五）向价值型管理发展

高级财务管理以企业价值最大化为目标，以收益和风险的平衡发展为基本理念，强调技术分析和量化模型方法；分析企业价值增长的驱动因素；将战略落实为具体的预算目标，并以预算管理、报告体系和预警机制为监控手段，通过资产组合和风险控制，保障企业的可持续发展；最后以评价和激励机制来激励管理者和全体员工不断追求企业价值最大化。

（六）以资本运营为主要研究内容

随着全球经济一体化进程的加快，全球范围的兼并、重组愈演愈烈，跨国战略、并购浪潮、抵御区域性风险，已经成为企业财务管理关注的热点，资本运营则是企业实现全球战略的捷径。在我国，资本运营已成为实施战略性结构调整，改革国有企业的重要手段。随着资本运营活动的扩展与深入，与之相关的一系列基础理论问题便成为研究主题之一。

（七）财务主体多元化

随着市场经济的发展，企业组织形态日趋多样化，研究财务管理问题，不但要关注公司制企业的财务运作问题，也要研究非公司制企业的财务管理问题；既要研究大型企业的一般财务问题，又要关注中小企业的特殊财务情况；既要分析单一组织结构的财务管理问题，又要特别研究多层组织结构（集团制）的集权与分权问题。

三、高级财务管理的内容

本书将高级财务管理内容定位为在初级财务管理和中级财务管理中未涉及的，但是对现在企业经营至关重要的财务管理内容和方法。

（一）财务战略管理

财务战略管理是企业在分析理财环境的基础上，在服从和服务于企业战略的前提下，对企业资源筹集和配置活动进行的全局性和长远性的谋划，它是战略理论在财务管理领域的应用与延伸。企业可以运用财务战略管理的分析工具，对财务战略的决策与选择、实施与控制、计量与评价等活动进行全局性、长期性和创造性的谋划。

（二）预算控制

预算最重要和最基本的功能在于控制。预算控制是指预算执行过程的控制与预算执行结果的报告分析。预算控制过程是通过预算的形式规范组织的目标和经济行为的过程，调整与修正管理行为与目标偏差，保证各级目标、策略、政策和规划的实现。

（三）评价控制与激励机制

评价控制作为管理控制系统的一个子系统，其本质上属于一个由各个要素组成的具有整体目的性和内在联系性的综合体。一个典型的业绩评价系统应该由评价主体、评价客体、评价目标、评价指标、评价标准、评价方法、评价报告等基本要素构成。

激励机制与战略计划、管理报告、评价控制一样，都属于管理控制系统中的一个子系统，它以利益导向控制为基本特征，通过管理者与股东的目标协调，使管理者根据不断变化的公司内外部环境，及时调整战略和行动，为股东创造更多价值。

（四）企业并购

企业并购财务管理涉及理财主体假设和持续经营假设。企业并购后，理财主体可能会发生变更或消亡，企业法人主体资格可能会撤销，出现新的企业法人，企业也可能会不再继续经营。因此，企业并购行为可能会突破理财主体假设与持续经营假设。并购，现如今已成为我国市场经济的热门话题。如何有效对企业并购财务问题进行风险管控，是决定企业通过并购实现结构调整、资源整合、优化产业成功与否的重要内容。

企业并购的财务管理的主要内容包括并购的基本概念与基础理论、并购中对目标公司的估价、并购支付方式及其筹资等。

(五) 国际财务管理

国际财务管理主要涉及理财主体假设。跨国公司在不同的国家设有子公司和分公司，使同一理财主体的业务遍及世界各地，受多国理财环境的影响，财务管理更加复杂。例如，涉及外汇风险的管理、税收管理、政治风险的防范等。因此，国际财务管理要认真分析东道国的政治、经济、法律等环境因素，充分认识到国际投资环境动态性和差异性的特点。

国际财务管理主要内容包括国际财务管理的概念和特点、外汇风险管理、国际筹资管理、国际直接投资管理、跨国公司内部资本转移机制等。

(六) 企业集团财务管理

企业集团财务管理主要涉及理财主体假设。伴随我国市场经济的整体推进，越来越多的企业逐渐成长为企业集团，企业集团财务管理问题也将成为重中之重。在全资子公司和控股子公司中，理财主体的地位已经部分消失，因为许多财权掌握在母公司手中。集团的理财主体更加复杂，财务管理的内容也更加丰富，包括财务机构的设置、财务权利的划分等。

企业集团财务管理的主要内容包括企业集团的概念、特征、财务管理特点，企业集团的筹资、投资、分配、资本经营、财务控制等。

(七) 财务预警与风险管理

财务预警与风险管理属于企业财务管理的具体方法，用于对企业风险进行识别和衡量，对财务风险进行预警，制定相应的风险管理策略等。财务预警与风险管理可以对企业实际经营活动中出现的问题，运用特定的方法对风险程度作出判断，寻找造成企业财务状况恶化的原因，找出并纠正企业经营活动中出现的偏差或过失，将企业恢复到正常的经营轨道上。并且可以通过记录财务风险发生的原因、处理经过，解除危机的各项措施，及处理后的反馈意见，作为未来类似情况的前车之鉴，将经验和教训转化为企业管理活动的规范，加强企业对财务风险的免疫功能，使经营者能掌握风险控制的主动权。

企业财务预警与风险管理的主要内容包括风险的基本概念、企业财务预警管理、企业务风险管理等。

(八) 企业破产、重整与清算

企业破产、重整与清算会突破理财主体假设与持续经营假设，出现理财主体的变更和消亡。

企业破产、重整和清算的主要内容包括破产的基本概念与破产界限，企业重整的理论与方法，企业清算的程序和企业破产的预警，企业破产征兆的识别、债权的划分，债务人资产或破产财产的价值评估等。

(九) 企业财务制度设计

企业财务制度设计是财务管理的一项基本建设，其质量直接影响财务功能的发挥。设计科学有效的企业财务管理制度，才能真正发挥其在内部控制和财务控制中的作用。企业财务制度是企业财务行为的基本规范，是企业从事财务活动、处理财务关系的基本准则。没有企业财务制度，企业的财务活动、财务行为就会陷入无章可循、无法可依的混乱局面。因此，企业财务制度设计是企业财务管理的重要内容，而企业财务制度设计是全局性问题，故将其归属于高级财务管理的内容。

企业财务制度设计的主要内容包括企业财务制度设计的基本概念和发展历程，企业财务制度设计的目标、原则、程序及方法等。

第二节 财务管理理论结构

财务管理理论是根据财务管理假设进行科学推理或对财务管理实践进行科学总结而建立的概念体系，其目的是解释、评价、指导、完善以及开拓财务管理实践。

财务管理理论结构是指财务管理理论的组成部分（或要素）以及这些部分之间的排列关系，是以财务管理环境为起点、财务管理假设为前提、财务管理目标为导向的，由财务管理的基本理论、财务管理的应用理论构成的理论结构。

一、财务管理理论结构的起点

研究财务管理理论结构，一个十分重要的问题就是从何处入手，以什么作为逻辑推理的出发点。

（一）现有财务管理理论结构起点的主要观点

财务管理理论结构的起点，长期以来是一个有争议的问题，主要观点有以下几种。

（1）财务本质起点论。长期以来，我国财务管理的理论结构以"财务的本质"为起点，从这一起点出发，逐渐阐述财务管理的概念、对象、原则、任务、方法等一系列理论问题。这种观点形成于20世纪80年代，当时对财务的存废问题存在很大争议，财务管理理论工作者在形成财务独立论的过程中，从财务的本质研究出发，奠定了财务理论的基石。从建立和完善财务管理学科体系来看，对财务的本质进行科学的定义是必要的，但以财务的本质作为理论结构的起点，只能解决什么是财务的问题，不能解决为什么进行财务管理这一与财务管理实践密切相关的问题，也不可能有效地指导财务管理实践。

（2）假设起点论。这种观点是近年来在借鉴会计理论研究方法的基础上形成的。持这种观点的人认为：任何一门独立学科的形成和发展，都是以假设为逻辑起点的。假设对任何学科都是非常重要的，因为它为本学科的理论和实务提供了出发点或奠定了基础。财务管理假设是财务管理理论结构中一个非常重要的问题，应该认真研究。但以财务管理假设作为财务管理理论结构的起点还存在一些问题，这是因为：①财务管理假设不是凭空捏造的，也不是天生就有的，而是根据财务管理环境和财务管理的内在规律概括出来的，环境决定假设。②即使是过去一直以假设为理论起点的会计学，进入20世纪70年代，也逐渐放弃了这种观点，改用其他范畴作为会计理论研究的起点。所以，并不是任何学科、任何时候都以假设作为理论研究的起点。

（3）本金起点论。持有本金起点论观点的学者认为：本金是指为进行商品生产和流通活动而垫支的货币性资金,具有流动性与增值性等特点。并进一步指出:经济组织的本金,按其构成可以分为实收资本、内部积累和负债等几大组成部分。同时强调,本金起点论符合逻辑起点的基本标准,弥补了其他起点理论的种种不足。本金作为财务资金的代名词已成为财务理论的核心概念,是财务理论概念体系中的重要组成部分。以本金作为基础并从此开始研究,有利于从小到大、层层展开,从而构成完整的财务管理理论结构。但以本金作为财务管理理论结构的起点,需要解决本金与资金、资本之间的关系。

(4)目标起点论。进入20世纪90年代以后,我国有些学者提出了以财务管理目标为财务管理理论结构起点的观点。这种观点认为,任何管理都是有目的的行为,财务管理也不例外。只有确立合理的目标,才能实现高效的管理。目标起点论突出了财务管理目标在财务管理理论结构中的作用,有利于财务管理理论对财务管理实践的指导,但现在看来,这种观点也存在一些问题,这是因为:①从逻辑学的角度来看,任何理论的研究起点都应是其原本点(即原始出发点),但是财务管理目标并不具备这一特点,因为财务管理目标受财务管理环境的影响,不同的理财环境会产生不同的财务管理目标。②从财务管理理论结构本身来看,如果以财务管理目标为起点,则很难安排财务管理假设在财务管理理论结构中的地位,因为假设是根据环境概括出来的,而不是根据目标概括出来的。

(二)以财务管理环境为起点来构建财务管理理论结构

财务管理环境是对财务管理有影响的一切因素的总和。它既包括宏观的财务管理环境,也包括微观的财务管理环境。其中,宏观财务管理环境主要是指企业理财所面临的经济、法律、金融市场以及社会文化环境等;微观财务管理环境主要是指企业组织形式,如企业的生产、销售和采购方式等。

从20世纪以来财务管理的发展过程可以看出,财务管理目标、财务管理内容、财务管理方法的变化都是财务管理环境综合作用的结果。实际上,财务管理总是依赖于其生存发展的环境。财务管理问题的研究,以客观环境为立足点和出发点,才会具有价值。脱离了环境的财务管理理论研究,就等于是无源之水、无本之木。所以,将财务管理环境确定为财务管理理论结构的起点是一种合理的选择。

二、财务管理理论结构的前提

财务管理假设是财务管理理论结构的前提。财务管理假设是人们利用自己的知识,根据财务活动的内在规律和理财环境的要求所提出的,具有一定事实依据的假定或设想。

(一)研究财务管理假设的意义

(1)财务管理假设是建立财务管理理论结构的基本前提。一般来说,理论体系的建立,多数要通过假设、推理、实证等过程实现。因此,形成理论需要先提出假设。

(2)财务管理假设是企业财务管理实践活动的出发点。人们作出决策都需要一定的假设,财务管理也不例外。例如,当一个企业进行长期债券投资时,会假定自己的企业和被投资的企业均是持续经营的企业;当我们说把钱存入银行不如投资股票的报酬高时,实际上是假设风险与报酬同增。

(二) 财务管理假设的分类

根据作用不同,财务管理假设可以分为以下三类。

(1) 财务管理基本假设。财务管理基本假设是研究整个财务管理理论体系的假定或设想,它是财务管理实践活动和理论研究的基本前提,是深入研究财务管理许多问题的基础,在财务管理研究中处于"根"的地位,每一位财务管理人员都应对此有明确的认识。

(2) 财务管理派生假设。财务管理派生假设是根据财务管理基本假设引申和发展出来的一些假定和设想,是对基本假设的进一步说明和阐述,在构建财务管理理论结构中起着重要作用。

(3) 财务管理具体假设。财务管理具体假设是指研究某一具体问题而提出的假定和设想。它是以财务管理基本假设为基础,根据研究某一具体问题的目的,而提出的构建某一理论或创建某一具体方法的前提,例如财务管理中著名的 MM 理论、资本资产定价理论、本量利分析方法等都是在一系列具体假设的基础上构建的。

(三) 财务管理假设的构成

(1) 理财主体假设。理财主体假设是指企业的财务管理工作不是漫无边际的,而应限制在每一个经济上和经营上具有独立性的组织之内。它明确了财务管理工作的空间范围。理财主体应具备以下特点:①理财主体必须有独立的经济利益。②理财主体必须有独立的经营权和财权。③理财主体一定是法律实体,但法律实体不一定是理财主体。

一个组织只有具备这三个特点,才能真正成为理财主体。显然,与会计上的会计主体相比,理财主体的要求更严格。如果某个主体虽然有独立的经济利益,但不是法律实体,则该主体虽然是会计主体,但不是理财主体,如一个企业的分厂。如果某主体虽然是法律实体,但没有独立的经营权和财权,则其也不是理财主体。在实际工作中,为了满足管理上的要求,会人为地确定一些理财主体。例如,对一个分厂实行承包经营,赋予它比较大的财权,这个分厂就有了理财主体的性质。因此,根据实际情况,理财主体可以分为完整意义上的理财主体(或称真正的理财主体、自然的理财主体)和相对意义上的理财主体(或称相对的理财主体、人为的理财主体)。一个完整意义上的理财主体,必须具备上述三个特点。一个相对意义上的理财主体,条件可适当放宽,可以根据实际工作的具体情况和一定单位权、责、利的大小,确定特定层次的理财主体。在财务管理理论研究中所说的理财主体,一般是指完整意义上的理财主体。

由理财主体假设可以派生出自主理财假设。从上述理财主体的概念中可知,凡是成为理财主体的单位,都有财务管理上的自主权,即可以自主地从事筹资、投资、运营和分配活动。自主理财并不是指财权完全集中在财务人员手中,在现代企业制度下,财权是在所有者、经营者和财务管理人员之间进行分割的。财权的所有者主要是指原始出资者,在股份公司中是指股东;经营者是指企业的董事会和经理办公会的成员;财务管理人员是指含财务部门经理在内的各级财务人员。两权分离的推行,使财权回归企业,经营者有权独立地进行财务活动,包括筹资、投资、运营和分配等重要决策。现代企业制度的一个基本特征是企业的法人产权日益由经理层全权支配和处置,法人财产日渐脱离原始产权,逐渐独立化。所有权与经营权的分离,更加显示出理财主体假设的实际意义。因此,在现代的股份制企业中,企业是一个独立的理财主体。

理财主体假设为正确建立财务管理目标、科学划分权责关系奠定了理论基础。

(2) 持续经营假设。持续经营假设是指理财的主体是持续存在的,并且能执行其预计的经济活动。除非有相反的证明,否则将假定每一个理财主体都会无限期地经营下去。持续经营假设明确了财务管理工作的时间范围。

持续经营虽然是一种假设,但被财务管理人员广泛接受,成为一项公认的假设。因为在任何一个时点上,企业的前景只有两种可能,持续经营和停业清算。在正常情况下,当企业进行筹资、投资、运营和分配时,假定企业持续经营是完全合理的。因为只有在持续经营的情况下,企业的投资在未来产生效益才有意义,企业才会根据其财务状况和对未来现金流量的预测、业务发展的要求安排其借款的期限。如果没有持续经营假设,这一切都无从谈起。

持续经营假设可以派生出理财分期假设。理财分期假设,可以把企业持续不断的经营活动,人为地划分为若干期间,以便分阶段考核企业的财务状况和经营成果。

(3) 有效市场假设。有效市场假设是指财务管理所依据的资金市场是健全和有效的。只有在有效市场上,财务管理才能正常进行,财务管理理论体系才能建立。最初提出有效市场假设的是美国财务管理学者法玛。法玛将有效市场划分为三类:①弱式有效市场,即当前的证券价格完全反映了已蕴含在证券历史价格中的全部信息。此时,投资者仅根据历史的信息进行交易,均不会获得额外盈利。②半强式有效市场,即证券价格完全反映所有公开的可用信息。此时,投资者根据一切公开的信息,如公司的年度报告、投资咨询报告、董事会公告等,都不能获得额外的盈利。③强式有效市场,即证券价格完全地反映一切公开的和非公开的信息。此时,投资者即使掌握内幕信息,也无法获得额外盈利。实证研究表明,美国等发达国家的股票市场均已达到半强式有效。我国有些学者认为,中国股票市场已达到弱式有效,但尚未实现半强式有效。事实上,即使是发达国家的股票市场,也不是在所有时间和所有情况下都有效,个别情况会出现例外,所以称为假设。

有效市场假设的派生假设是市场公平假设。市场公平假设是指理财主体在资金市场的筹资和投资等活动完全处于市场经济条件下的公平交易状态。市场不会抹杀某一理财主体的优点,也不会无视某一理财主体的缺点。理财主体的成功和失败,都会公平地在资金市场上得到反映。因此,每一个理财主体都会自觉地规范其理财行为,以便在资金市场上受到好评,以利于今后的财务管理工作。市场公平假设还暗含着另一个假设,即市场是由众多的理财主体在公平竞争中形成的。单一理财主体,无论实力多强,都无法控制市场。

有效市场假设是建立财务管理原则、决定筹资方式、投资方式,安排资金结构,确定筹资组合的理论基础。如果市场无效,很多理财方法和财务管理理论都无法建立。

(4) 资金增值假设。资金增值假设是指通过财务管理人员的合理营运,企业资金的价值可以不断增加。这一假设实际上指明了财务管理存在的现实意义。因为财务管理是对企业的资金进行规划和控制的一项管理活动，如果在资金运营过程中不能实现资金的增值，财务管理也就没有存在的必要了。

　　资金增值假设的派生假设是风险与报酬同增假设。风险与报酬同增假设是指风险越高，预期获得的报酬也越高。资金的运营方式不同，获得的报酬就不一样，例如，国库券基本是无风险投资，而股票是风险很大的投资，为什么还有人将巨额资金投向股市呢？这是因为他们假设股票投资取得的报酬要远远高于国库券的报酬。同样，有人将资金投向食品行业，有人却投向房地产行业，还有人投向衍生金融工具，他们同样是根据风险与报酬同增这一假设来进行决策的。风险与报酬同增假设实际上暗含着另一项假设，即风险可计量假设。因为如果风险无法计量，财务管理人员就不知道哪项投资风险大，哪项投资风险小，风险与报酬同增假设也就无从谈起。

　　资金增值假设说明了财务管理存在的现实意义，风险与报酬同增假设要求财务管理人员不能盲目追求资金的增值，因为过高的报酬会带来巨大的风险。这两项假设为科学地确立财务管理目标、合理安排资金结构、不断调整资金投向奠定了理论基础。风险报酬原理、利息率的预测原理、投资组合原理都是依据资金增值假设展开论述的。

　　（5）理性理财假设。理性理财假设是指从事财务管理工作的人员都是理性的财务人员，因而他们的理财行为也是理性的。他们会在众多的方案中，选择最有利的方案。在实际工作中，财务管理人员分为两类：理性的和盲目的。但不管是理性的，还是盲目的，他们都认为自己是理性的，都认为自己作出的决策是正确的，否则，他们就不会作出这样的决策。尽管存在一部分盲目的理财人员，但从财务管理理论研究来看，只能假设所有的理财行为都是理性的，因为盲目的理财行为是没有规律的，而没有规律的事情无法上升到理论的高度。

　　理性理财的第一个表现是理财是一种有目的的行为，即企业的理财活动都有一定的目标。第二个表现是理财人员会在众多方案中选择一个最佳方案。第三个表现是当理财人员发现正在执行的方案是错误的时，都会及时采取措施进行纠正，使损失降至最低。第四个表现是理财人员都能吸取以往工作的教训，总结以往工作的经验，不断学习新的理论，合理应用新的方法，使得理财行为由不理性变为理性，由理性变得更加理性。尽管上述四个方面为理性理财假设提供了理论依据，但在实际工作中，仍有个别理财行为不是理性行为。另外，即使所有的理财行为都是理性行为，也不一定完全导致理性的结果。因此，理性理财行为只是一种假设，而不是事实。

　　理性理财假设的派生假设是资金再投资假设。资金再投资假设是指当企业有了闲置的资金或产生增值资金，都会用于再投资。换句话说，企业的资金在任何时候都不会大量闲置。因为理财行为是理性的，所以企业会为闲置的资金寻找投资途径。因为市场是有效的，所以企业能够找到有效的投资方式。财务管理中的资金时间价值原理、净现值和内部报酬率的计算等，都是建立在这一项假设基础之上的。

　　理性理财假设是确立财务管理目标，建立财务管理原则，优化财务管理方法的理论前提。

财务管理的优化原则,财务管理的决策、计划和控制等都与这一项假设有直接联系。

三、财务管理理论结构的导向

财务管理理论和实务的导向是财务管理目标。它是在认真研究财务管理环境和已经确定的财务管理假设的基础上确定的,对财务管理内容、财务管理原则、财务管理方法等基本理论问题起导向作用。在财务管理理论结构中,财务管理目标具有承上启下的作用,它是根据财务管理环境确立的,同时又会对财务管理基本理论和应用理论产生影响。

(一) 研究财务管理目标的意义

财务管理的目标是企业理财活动希望实现的结果,是评价企业理财活动是否合理的基本标准。系统论认为,正确的目标是系统良性循环的前提条件,企业财务管理的目标对财务管理系统的运行也具有同样的意义。财务管理目标直接反映理财环境的变化,并根据环境的变化作适当调整,它是财务管理理论结构中的基本要素和行为导向,是财务管理实践中进行财务决策的出发点和归宿。因此,不研究财务管理的目标,就无法确定财务管理的理论结构。

财务管理目标制约着财务运行的基本特征和发展方向,是财务运行的一种驱动力。不同的财务管理目标,会产生不同的财务管理运行机制,科学地设置财务管理目标,对优化财务管理行为,实现财务管理的良性循环具有重要意义。研究财务管理目标既是建立科学的财务管理理论结构的需要,也是优化我国财务管理行为的需要,无论是在理论上,还是在实践上都有重要意义。

(二) 财务管理目标的选择

1. 利润最大化

利润最大化是西方微观经济学的理论基础。西方经济学家以往都是以利润最大化这一目标来分析和评价企业行为和业绩的。

以利润最大化作为财务管理的目标,其优点表现在:①企业追求利润最大化,就需要加强经济核算,加强管理,改进技术,提高劳动生产率,降低产品成本,这些措施都有利于资源的合理配置和经济效益的提高。②企业的利润目标比较直观,容易被企业的管理者和职工接受。

以利润最大化作为财务管理目标,其缺点表现在:①利润最大化没有考虑利润实现的时间,没有考虑资金时间价值。②利润最大化没能有效地考虑风险问题。这可能会使财务人员不顾风险的大小去追求最多的利润。③利润最大化往往会使企业财务决策带有短期行为的倾向,即只顾实现目前的最大利润,而不顾企业的长远发展。④利润最大化没有反映创造的利润和投入的资本之间的关系。将利润最大化作为企业财务管理的目标,只是对经济效益的浅层次的认识,存在一定的片面性。所以,现代财务管理理论认为,利润最大化并不是财务管理的最优目标。

2. 股东财富最大化

股东财富最大化是指企业通过财务上的合理经营,为股东带来最多的财富。在股份制公司中,股东财富由其所拥有的股票数量和股票市场价格两方面来决定。在股票数量一定时,若股票价格达到最高,则股东财富也达到最大。所以,股东财富最大化,又演变为股票价格最大化。

将股东财富最大化作为财务管理的目标,其优点表现在:①股东财富最大化目标考虑了风险因素,因为风险的高低,会对股票价格产生重要影响。②股东财富最大化在一定程度上能够克服企业在追求利润上的短期行为,因为不仅目前的利润会影响股票价格,预期未来的利润对企业股票价格也会产生重要影响。③股东财富最大化目标比较容易量化,便于考核和奖惩。

股东财富最大化作为财务管理的目标,其缺点表现在:①股东财富最大化目标只适用于上市公司,对非上市公司则很难适用。②股东财富最大化目标重点强调股东的利益,而对企业其他关系人的利益重视不够。③股票价格受多种因素影响,并非都是公司所能控制的,把不可控因素引入理财目标是不合理的。尽管股东财富最大化存在上述缺点,但如果一个国家的证券市场高度发达,市场效率极高,上市公司可以把股东财富最大化作为财务管理的目标。

股东财富是在其他相关者利益得到基本满足之后的剩余权益,其约束条件是:利益相关者的利益受到了完全的保护;没有社会成本。

3. 企业价值最大化

建立企业的重要目的是创造尽可能多的财富。企业价值最大化,是指企业通过生产经营在激烈的市场竞争中不断开拓创新产品、优化业务服务、增加企业财富,使企业价值最大化。企业价值能够理解为企业所有者权益的市场价值,或者是企业所能创造的未来现金流量的现值。未来现金流量的现值这一概念,考虑了货币时间价值和风险报酬的关系。对企业进行评价时,不仅要看企业已经获得的利润水平,还要评价企业潜在的获利能力。因此,企业价值不是账面资产的总价值,而是企业全部财产的市场价值,它反映了企业潜在或预期的获利能力和未来收入预期。

将企业价值最大化作为财务管理的目标,其优点表现在:①考虑了资金的时间价值和投资的风险价值,有利于选择投资方案。②反映了对企业资产保值增值的要求,追求企业价值最大化可促使企业资产保值或增值。③有利于克服管理的片面性和短期行为。④有利于社会资源合理配置,实现社会效益最大化。

将企业价值最大化作为财务管理的目标,其缺点表现在:①对于上市企业而言,虽可通过股票价格的变动揭示企业价值,但股票价格受多种因素的影响,不一定能够揭示企业的获利能力。②现代企业不少采用环形持股即相互持股的方式,而对企业价值最大化目标没有足够兴趣。③对于非上市企业,只有对企业进行专业评估才能真正确定其价值,但这种评估不易做到客观和准确,从而导致很难确定企业的价值。

近年来,随着上市公司数量的增加,以及上市公司在国民经济中地位的提高,企业价值最大化目标逐渐得到了广泛认可。

财务管理目标与企业多个利益集团有关,在一定时期和一定环境下,某一利益集团可能会起主导作用,但从企业长远发展来看,不能只强调某一利益集团的利益,而置其他集团的利益于不顾,所以,不能将财务管理的目标仅仅归结为某一集团的目标。从理论上讲,各个利益集团的目标都可以折中为企业长期稳定发展和企业总价值不断增长,各个利益集团都可以借此来实现它们的最终目的。进行企业财务管理,要正确权衡报酬增加与风险增加的得与失,努力实现两者之间的最佳平衡,使企业价值达到最大。因此,企业价值最大化的观点,体现了对经济效益的深层次认识,是现代财务管理的最优目标。

四、财务管理理论结构的构建

根据上文的论述,并结合当前和未来一段时间我国财务管理环境的现状和发展,构建财务管理的理论结构,如图1-1所示。

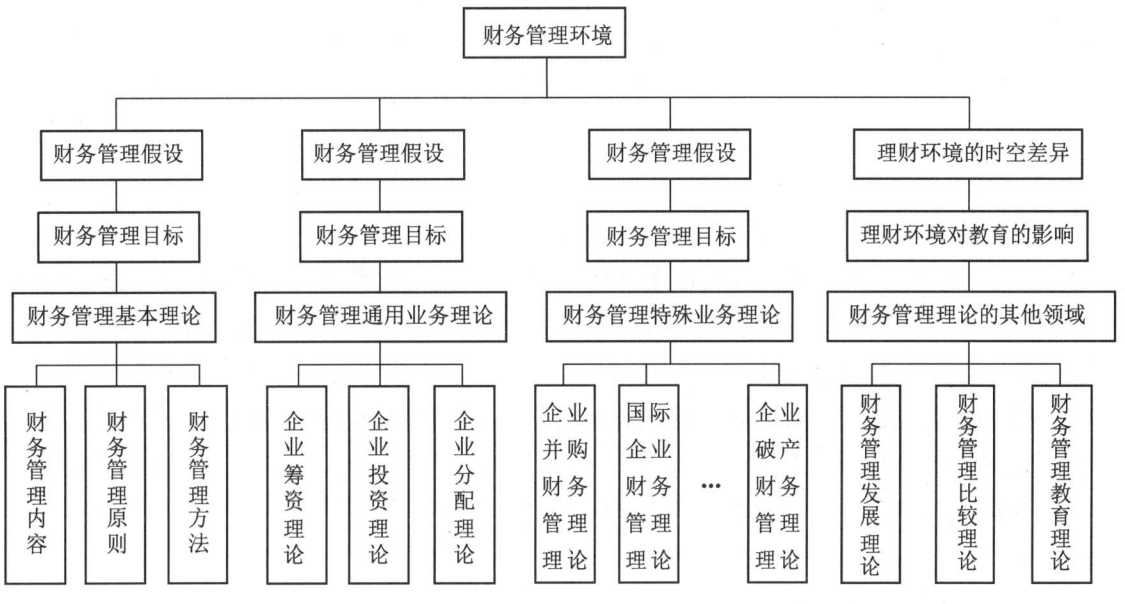

图1-1 财务管理的理论结构图

上述财务管理理论结构是以财务管理环境为起点,财务管理假设为前提,财务管理目标为导向,以财务管理基本理论、财务管理通用业务理论、财务管理特殊业务理论和财务管理理论的其他领域为基本框架的理论结构。

(一) 财务管理基本理论

财务管理基本理论是指由财务管理内容、财务管理原则、财务管理方法构成的概念体系。

(1) 财务管理内容历来是一个有争议的问题,中外学术界的看法均存在一些分歧。财务管理的基本内容是企业财务活动,而财务活动又分为企业筹资引起的财务活动、企业投资引起的财务活动、企业日常经营引起的财务活动和企业分配引起的财务活动等。因此,财务管理的内容包括企业筹资管理、企业投资管理、企业营运资金管理和企业分配管理四个方面。

(2) 财务管理原则是财务管理工作必须遵循的基本准则,是从财务管理实践中概括出来的体现财务活动规律性的行为规范。财务管理原则在财务管理理论结构中居于承上启下的地位,它是根据财务管理环境、财务管理目标、财务管理内容的要求建立起来的,但它又对财务管理方法体系的建立起指导作用。因此,财务管理原则在财务管理理论结构中具有重要作用。如果没有财务管理原则,财务管理目标、财务管理内容与财务管理方法之间就没有连接点,财务管理理论结构就显得残缺不全。

（3）财务管理方法是财务管理人员为了实现财务管理目标、完成财务管理任务,在进行理财活动时所采取的各种技术和手段。财务管理方法是财务管理理论结构的落脚点,没有这一基点,财务管理理论结构就变得虚无缥缈,就无法有效地指导财务管理实践。

(二) 财务管理通用业务理论

财务管理的通用业务是指各类企业都有的财务管理业务。从财务管理基本理论中我们知道,财务管理的基本内容包括企业筹资管理、企业投资管理、企业营运资金管理和企业分配管理等。但企业营运资金管理更多的是操作方法问题,理论方面的内容不多,所以在财务管理的通用业务理论中,可以只研究企业筹资管理理论、企业投资管理理论和企业分配管理理论。这三个方面的理论都受财务管理环境的影响,都以财务管理的基本假设为前提,都以财务管理的目标为导向。

(三) 财务管理特殊业务理论

财务管理特殊业务是指只在特定企业或某一企业的特定时期才有的财务管理业务。这些业务有很多,如企业破产清算财务管理、企业并购财务管理、企业集团财务管理、小企业财务管理、通货膨胀财务管理以及国际企业财务管理等都属于企业财务管理中的特殊业务。这些业务往往是在特定情况下或特定的企业中发生的,它们往往会对原有的财务管理假设产生冲击。财务人员在处理这些业务时,通常要提出新的假设,有时甚至提出新的财务管理目标。例如,企业破产财务管理、企业并购财务管理就对持续经营假设提出挑战,研究此类问题时,就不能遵循持续经营假设,而应当提出非持续经营假设。

(四) 财务管理理论的其他领域

我们把财务管理发展理论、财务管理比较理论和财务管理教育理论这些问题统一归入财务管理理论的其他领域进行研究。财务管理发展理论主要研究财务管理环境在时间上的差异以及这些差异对财务管理理论和实践的影响;财务管理比较理论主要研究财务管理环境的空间差异以及这些差异对财务管理理论和实践的影响;财务管理教育理论主要研究财务管理环境变化对财务管理教育提出的要求以及所采取的对策。

第三节 财务管理的发展历程

一、西方财务管理的发展历程

财务管理是一种古老的活动。自人类生产劳动出现开始,便有了理财的活动。但是,最早的财务管理只是简单的会计意义上的管理。财务管理作为企业的一种独立经济活动,是伴随着公司制这一企业组织形式的产生和发展而逐渐形成的。15~16世纪的地中海沿岸城市,特别是意大利的威尼斯,商业比较发达,是欧洲与远东之间的贸易中心,出现了邀请公众入股的城市商业组织(原始的股份制形式),入股的股东包括商人、王公、大臣、市民等。但这时企业对资本的需要量并不是很大,且筹资渠道和筹资方式比较单一,因此企业的筹资活动仅仅附属于商业经营管理,并没有形成独立的财务管理职业,这种情况一直持续到19世纪末20世纪初。尽管当初尚未在企业中正式形成财务管理部门或机构,但上述财务管理活动的重要性已在企业管理中得以凸显。因此,该时期可以视为西方财务管理的萌芽时期。

1897年,美国著名财务学者格林出版了《公司理财》一书,它标志着西方财务理论的独立。自此,西方财务理论成为经济学的一门分支,并在20世纪取得了丰富的研究成果。学者们对西方财务管理发展阶段进行划分的观点并不一致,本书在对众多学者文献进行总结的基础上,将其划分为以下五个发展阶段。

(一) 筹资财务管理阶段(19世纪末至1931年)

19世纪末至20世纪初,工业革命的成功使制造业迅速崛起,新技术、新机器不断涌现,生产技术的重大改进和工商活动的进一步发展,促进了企业规模的不断扩大和股份制公司的迅速发展,许多公司都面临着如何为扩大企业生产经营规模和加速企业发展筹措所需资金的问题,并在财务关系上要处理好公司与投资者、债权人之间的权、责、利关系,分配好盈利。于是,各股份制公司纷纷成立专职财务管理部门,以适应加强财务管理的需要。财务管理职能与机构的独立化,标志着近代西方财务管理初步形成。

在这一阶段中,市场竞争不是十分激烈,各国经济得到了迅速发展,只要筹集到足够的资金,一般都能取得较好的效益。然而,当时的资金市场还不是很成熟,金融机构也不十分发达,因而,如何筹集资金便成为财务管理的最主要问题。财务管理的主要职能是预测公司资金的需要量和筹集公司所需要的资金,理论研究的侧重点在于金融市场、金融机构和金融工具的描述和讨论,因此,筹资理论和方法得到了迅速的发展,为现代财务管理理论的产生和完善奠定了良好的基础,这一时期西方资本市场发育日趋完善。

这个阶段具有代表性的理论贡献如下:①1897年,格林出版了《公司理财》一书,该书详细阐述了公司资本的筹集问题,并被学术界认为是筹资财务理论的最早代表作,它标志着西方财务理论的独立。②1910年,米德出版了《公司财务》一书,该书主要研究企业如何最有效地筹集资本,并为现代财务理论奠定了基础。③1920年,斯通出版了《公司财务策略》一书。这个阶段的研究成果主要集中于如何有效地筹集资金。

(二) 法规财务管理阶段(1931—1950年)

筹资阶段的财务管理往往只注重研究资本筹集,却忽视了企业日常的资金周转和企业内部控制。第一次世界性经济危机后,为保护投资者利益,各国政府加强了证券市场的监管,尤其加强了对公司偿债能力的监管。美国在1933年、1934年分别通过了《联邦证券法》和《证券交易法》,要求公司编制反映企业财务状况和其他情况的说明书,并按规定的要求向证券交易委员会定期报告。政府监管的加强客观上要求企业把财务管理的重心转向内部控制。第二次世界大战以后,随着科学技术的迅速发展和市场竞争的日益激烈,西方财务管理人员更加清醒地认识到,在残酷的市场竞争中,要维持企业的生存和发展,财务管理的主要功能不仅在于筹集资金,更在于有效的内部控制,管好、用好资金。西方财务学家将这一时期称为"守法财务管理时期"或"法规描述时期"。

在这一阶段中,财务管理的理念和内容发生了较大的变化。财务管理的重点开始从扩张性的外部融资向防御性的内部资金控制转移,各种财务目标和预算的确定、债务重组、资产评估、保持偿债能力等问题,开始成为这一时期财务管理研究的重要内容,对资本的控制需要借助于各种定量方法,因此各种计量模型逐渐应用于存货、应收账款、固定资产管理上,财务计划、财务控制和财务分析的基本理论和方法逐渐形成,并在实践中得到了普遍应用;同时,如何根据政府的法律、法规来制定公司的财务政策成为公司财务管理的重要方面。此外,财务管理内容还涉及企业的破产、清偿和合并等问题。

这个阶段具有代表性的理论贡献如下:①美国学者洛弗出版《企业财务》一书,该书首先提出了企业财务除了筹措资本,还要对资本周转进行有效的管理。②英国学者罗斯出版《企业内部财务论》一书,该书特别强调企业内部财务管理的重要性,认为资本的有效运用是财务管理的重心。这个阶段的研究成果为企业财务状况的系统分析及对资产流动性分析打下了基础。

(三)资产管理理财阶段(1951—1964年)

20世纪50年代以后,面对激烈的市场竞争和买方市场趋势的出现,财务经理普遍认识到单纯靠扩大融资规模、增加产品产量已无法适应新的形势发展需要,财务经理的主要任务应是解决资金利用效率问题。在此期间,资金的时间价值引起了财务经理的普遍关注,以固定资产投资决策为研究对象的资本预算方法日益成熟,财务管理的重心由重视外部融资转向注重资金在公司内部的合理配置。在这一时期资产管理成为财务管理的重中之重。

20世纪50年代后期,对公司整体价值的重视和研究,是财务管理理论的另一显著发展。实践中,投资者和债权人往往根据公司的盈利能力、资本结构、股利政策、经营风险等一系列因素来决定公司股票和债券的价值。因此,资本结构和股利政策的研究受到了高度的重视。

这一阶段主要财务研究成果有如下几方面:①1951年,美国财务学家迪安出版了最早研究投资财务理论的著作《资本预算》,该书着重研究如何利用货币时间价值确定贴现现金流量,使投资项目的评价和选择建立在可比的基础之上,起了极其重要的先导和奠基作用,对财务管理由融资财务管理向资产财务管理的飞跃发展起到了决定性影响。②1952年,哈里·马科维茨发表论文《资产组合选择》,他认为在若干合理的假设条件下,投资收益率的方差是衡量投资风险的有效方法。从这一基本观点出发,1959年,哈里·马科维茨出版了专著《组合选择》,从收益与风险的计量入手,研究各种资产之间的组合问题。哈里·马科维茨也被公认为资产组合理论流派的创始人。③1958年,弗兰科·莫迪利安尼和米勒在《美国经济评论》上发表《资本成本、公司财务和投资理论》一文,提出了著名的MM理论。弗兰科·莫迪利安尼和米勒因为在研究资本结构理论上的突出成就,分别在1985年和1990年获得了诺贝尔经济学奖。

④1964年,夏普、林特纳等在马科维茨理论的基础上,提出了著名的资本资产定价模型(CAPM)。他们系统地阐述了资产组合中风险与收益的关系,区分了系统性风险和非系统性风险,并明确提出了可以通过分散投资来减少非系统性风险等观点。资本资产定价模型使资产组合理论发生革命性变革,夏普因此与马科维茨一起共享第22届诺贝尔经济学奖的荣誉。

总之,在这一时期,以研究财务决策为主要内容的"新财务论"已经形成,其实质是注重财务管理的事先控制,强调将公司与其所处的经济环境密切联系,以资产管理决策为中心,将财务管理理论向前推进了一大步。

(四) 投资财务管理阶段(1964年至20世纪70年代末)

第二次世界大战结束以来,科学技术迅速发展,产品更新换代速度加快,国际市场迅速扩大,跨国公司增多,市场环境更加复杂,因此企业应更加注重投资效益,规避投资风险。20世纪60年代中期以后,财务管理的重心重新从内部向外部转移,更加关注于投资问题,特别是20世纪70年代后,金融工具的推陈出新使公司与金融市场的联系日益加强。认股权证、金融期货等广泛应用于公司的筹资与对外投资活动中,推动财务管理理论日益发展和完善。另外,统计学和运筹学优化理论等数学方法也被引入到财务理论研究中。因此,这一阶段被称为"投资财务管理阶段",其核心研究问题是资本结构和投资组合的优化。

这个阶段的主要研究成果有以下几个方面:①资本结构理论进一步深化和发展,将证券定价建立在风险与报酬的相互作用的基础上,被广泛应用于公司的资本预算决策,使公司财务管理理论跨入了投资财务管理的新时期。在这一阶段,资本结构理论研究的深化,历经了从早期传统资本结构理论到现代资本结构理论的发展过程(1952—1977年),并以MM理论为开端,逐渐发展到破产成本理论、税差学派、市场均衡理论、权衡理论、信息不对称理论等。从1977年开始了新资本结构理论的发展阶段,其后出现了代理成本说、财务契约论、信号模型、产业组织理论以及企业治理结构学派。②资本市场的发展和投资风险的日益加大使人们开始寻求资产组合、避险和控制的工具,金融工具的推陈出新使企业与金融市场的关系更加密切,认股权证、金融期货等广泛应用于企业融资和对外投资活动中,特别是20世纪70年代中期,布莱克等人创立了期权定价模型;斯蒂芬·罗斯提出了套利定价理论。这一时期的财务管理呈现出百花齐放、百家争鸣、一派繁荣的景象。③1972年,法马和米勒出版了《财务管理》一书,这部集西方财务管理理论之大成的著作,标志着西方财务管理理论已发展成熟。

一般认为,该时期是西方财务管理理论走向成熟的时期,主要表现在以下几个方面:①建立了合理的投资决策程序。②形成了完善的投资决策指标体系。③建立了科学的风险投资决策方法。由于吸收了自然科学和社会科学的丰富成果,财务管理进一步发展成为集财务预测、财务决策、财务计划、财务控制和财务分析于一身,以筹资管理、投资管理、营运资金管理和利润分配管理为主要内容的管理活动,并在企业管理中居于核心地位。

(五) 财务管理深化发展的新阶段(20世纪70年代末以后)

20世纪70年代末以后,企业财务管理进入深化发展的新阶段。这一阶段财务管理的环境发生以下变化:①通货膨胀及其对利率的影响。②政府对金融机构放松控制以及由专业金融机构向多元化金融服务公司转化。③电子通信技术在信息传输和电子计算机在财务决策上大量应用。④资本市场上新的融资工具的出现,如衍生金融工具和垃圾债券。⑤企业集团化与国际化。

这使财务管理的理论和实践都发生了显著的变化,并且产生了更为细分的财务管理领域。例如,通货膨胀财务管理、企业集团财务管理、国际企业财务管理与企业并购财务管理等。

另外,20世纪80年代以后,财务学在吸收心理学、行为科学、决策科学等领域的相关成果的基础上,研究心理和行为因素对人类的财务行为的影响,解释和预测财务主体的财务决策行为的实际决策过程(而非最优决策模型)以及金融市场的实际运行状况,促成了一门新的科学——行为财务学的发展。

根据财务管理内容变化的特点可将20世纪70年代末以后的财务管理的发展阶段分为下面三个子阶段。

(1) 通货膨胀理财阶段(20世纪70年代末至20世纪80年代初)。20世纪70年代末至20世纪80年代初,伴随石油价格的上涨,西方国家出现了严重的通货膨胀,给财务管理带来了一系列前所未有的问题,因此这一时期财务管理的任务主要是应对通货膨胀。大规模的通货膨胀使企业资金需求不断膨胀、货币资金不断贬值、资金成本不断提高、利润虚增、资金周转困难。为此,西方财务管理根据通货膨胀的状况对企业筹资决策、投资决策、资金日常调度决策、股利分配决策进行了相应调整。

(2) 国际经营理财阶段(20世纪80年代中后期至90年代末)。20世纪80年代中后期,由于运输和通信技术的发展,市场竞争的加剧,企业跨国经营发展很快,国际企业管理越来越重要。由于国际企业涉及多个国家,要在不同制度、不同环境下作出决策,就会有一些特殊问题需要解决,如外汇风险问题、多国融资问题等。由此产生了一门新的财务学分支——国际财务管理。

20世纪80年代中后期,拉美、非洲和东南亚发展中国家陷入沉重的债务危机,苏联和东欧国家政局动荡、经济濒临崩溃,美国经历了贸易逆差和财政赤字,贸易保护主义一度盛行。这一系列事件导致国际金融市场动荡不安,使企业面临的投融资环境具有高度的不确定性。因此,财务风险问题与财务预测、决策数量化受到高度重视。

(3) 网络财务管理阶段(20世纪90年代以来)。20世纪90年代中期以来,随着计算机技术、电子通信技术和网络技术的迅猛发展,财务管理的一场伟大革命——网络财务管理,已经悄然到来。

从财务管理家的角度来看,网络财务管理改变了企业资源配置结构,即从传统的以厂房、机器、资本为主要内容的资源配置结构转变为以知识为基础并以智力资本为主的资源配置结构。面对知识经济趋势的深化,传统财务管理理论以"物"为本的理念受到巨大冲击,以人为本的理念将贯穿于企业筹资、投资、资金运营和利润分配的各财务环节,而对于智力资本如何进行确认、计量和管理将成为财务管理的一个重要课题。

同时,知识经济拓宽了经济活动的空间,改变了经济活动的方式。许多传统的商业运作方式也将随之消失,逐渐被电子支付、电子采购和电子订单所取代,商业活动将在全球互联网上进行,使企业购销活动更便捷、费用更低廉,对存货的量化监控更精确。同时,网上收付使国际资本的流动加快,而财务主体面临的货币风险却大大地增加,网络财务管理的主体、客体、内容、方式都会发生很大的变化。相应地,现代的财务管理理论和实践将随着理财环境的变化而不断革新,并继续朝着国际化、精确化、电算化、网络化方向发展。

二、我国财务管理的发展历程

1949年以来,我国企业财务管理的发展与经济建设实践是一脉相承的,大体经历了计划经济的准备阶段(1949—1957年)、计划经济阶段(1958—1978年)、建立有计划的商品经济体制阶段(1979—1991年)、建立社会主义市场经济体制阶段(1992—2000年)以及完善社会主义市场经济体制阶段(2001年至今)。在这几十年的发展中有一个关键时间点——1979年,其前后的财务管理活动出现了迥然不同的特点,因此,本书围绕这个时间点对我国企业财务管理实践、理论等进行总结,并对其发展趋势进行探讨。

1. 计划经济时代的企业财务管理(1949—1978年)

1) 计划经济的准备阶段(1949—1957年)

中华人民共和国成立后,国民经济开始恢复,逐步完成了由新民主主义经济向社会主义经济过渡的历史任务,故将1949—1956年这一阶段称为计划经济的准备阶段。此时,我国初步建立了一套为社会主义计划经济服务的财务管理体系。在这一时期,企业财务管理研究主要有以下几个方面:①社会主义经济核算制。其主要涉及经济核算的实质、客观依据、指标体系等。②资产核算与管理的问题。其主要涉及的是流动资产和固定资产的核定与分类,同时涉及若干考核指标,如流动资产周转率、固定资产产值率等。③企业成本费用与利润的核算。④关于财务本质问题的研究。⑤财务管理形式的改革。例如,月度财务收支计划和资金平衡、决算审查、费用控制和定额发料、班组经济核算等。

2) 计划经济阶段(1958—1978年)

从1957年开始,我国经济正式步入了计划经济阶段。在计划经济时期,企业的财务管理工作是在高度集中的计划与财政体制条件下建立和发展的,表现为政府在企业财务管理体系的建立和发展中具有直接管理的特点。全国企业除了清一色的国营企业和小部分集体企业,几乎没有其他经济成分的企业。国营企业财务管理体制纳入国家计划之中,实行国家统收统支、统负盈亏的体制;资金由国家支配,企业无筹资和投资权;无成本开支权;收入按国家计划分配,企业无定价权与分配权;企业财务管理的重点是成本核算、成本计划控制与实行财务监督。在这种高度集中的计划和财政体制下,企业财务管理的体系框架涵盖的内容相对简单和单一。

在统收统支、统负盈亏的体制下,企业只关注资源,习惯于向政府"要"投资项目、"要"资金,"要"各种经营所需的资源,而并不关心资源运用效率。政府也注意到这种情况的存在,要求企业将财务管理的重心放在内部财务管理与控制上,尤其是流动资金管理、费用与成本控制以及强化经济核算制度上。该体制对于保证国民经济有计划、按比例发展起到了重要的作用,但随着建设规模的扩大,社会化大生产和专业化的发展,部门、地区、企业之间的联系和协作关系越来越密切,经济体制集中过多,与生产力发展不相适应的矛盾就突显出来了。

2. 改革开放后的企业财务管理(1979年至今)

改革开放之后,随着市场经济体制的逐步建立,企业的投融资自主权逐步扩大,企业逐渐按市场经济规则通过金融市场筹措资金。

1) 建立有计划的商品经济体制阶段(1979—1991年)

中共十一届三中全会以后我国进入以经济建设为中心的社会主义建设新时期。经济体制进一步过渡到"有计划的商品经济"体制。国家对企业实行"放权让利"的政策,使企业拥有了一定的自主权,企业财务管理的内容、工作环节、方式、方法也随着发生了一系列新的变化。

这一阶段,国民经济在新政策的指导下迅速恢复和发展,国营企业也逐渐建立了适应自身发展的管理方式,财务管理研究出现了新的发展热潮,国家放宽了诸多政策,企业财务管理的作用也逐渐大了起来。此时,企业财务管理体系的特点如下:以筹资管理、投资管理、资产管理、成本管理和利润管理为主要内容,以决策、计划、控制、分析为基本环节。企业自主支配权的实现使得企业财务管理出现筹资和投资的概念,扩展了企业财务管理体系的内容。

2) 建立社会主义市场经济体制阶段(1992—2000年)

1992年10月,中共十四大确定将我国经济体制改革为社会主义市场经济体制。由于改革开放的深入,国内渐渐引入西方的财务管理论,并在自身经济发展的基础上形成了具有中国特色的企业财务管理体系。

这一阶段企业财务管理体系仍是以筹资管理、投资管理、资产管理、成本管理和利润管理为主要内容,并以决策、计划、控制、分析为基本环节,但在财务管理内容、方式和方法上均有所改进和创新。在内容上,西方财务管理理论大量引入,如资本结构理论、投资组合理论、企业并购理论、企业股利分配政策等,同时,在中国经济发展的基础上进行探索和创新,如对财务管理目标、国家与国有企业的财务关系理论的探索。在方式和方法上,由于计算机技术和信息技术的发展,财务管理信息化流程促进了财务的规范管理和精确管理,有力地提升了企业财务管理水平,使企业具备了迎接外来挑战的实力和信心。

3) 完善社会主义市场经济体制阶段(2001年至今)

2001年12月,我国加入世界贸易组织(WTO),这是我国经济全球化过程中的重要里程碑。随着经济全球化和知识经济时代的来临,企业理财环境出现了重大变迁,我国财务管理的地位、作用、目标和使命都出现了重大变化。

在知识经济时代,全球化的扩张使我国企业受到西方财务管理强烈的影响,企业财务管理研究的内容更加丰富,如财务风险及财务预警、并购重组、智力资本、国有资本、内部控制、激励机制、公司治理等。展望未来,科学发展观、金融创新、金融危机要求企业在复杂多变的环境中寻求企业可持续发展的财务保障机制,这些都对财务管理者提出了新的要求。

章节测试

班级_____ 姓名_____ 学号_____ 日期_____ 分数_____

一、单项选择题(每小题 6 分,共 30 分)

1. 财务管理的理论结构是以(　　)为导向。
   A. 财务管理环境　　　　　　B. 财务管理假设
   C. 财务管理目标　　　　　　D. 财务管理主体

2. 下列各项中,不属于研究财务管理假设的意义的是(　　)。
   A. 财务管理理论研究的前提
   B. 建立财务管理理论结构的基本前提
   C. 企业财务管理实践活动的出发点
   D. 建立财务管理理论结构的起点

3. (　　)是现代财务管理的最优目标。
   A. 利润最大化　　　　　　　B. 股东财富最大化
   C. 企业价值最大化　　　　　D. 股票价值最大化

4. 下列各项中,属于理性理财假设的派生假设的是(　　)。
   A. 资金再投资假设　　　　　B. 风险与报酬同增假设
   C. 市场公平假设　　　　　　D. 自主理财假设

5. (　　)是由财务管理内容、财务管理原则、财务管理方法构成的概念体系。
   A. 财务管理的基本理论　　　B. 财务管理的通用业务理论
   C. 财务管理的特殊业务理论　D. 财务管理理论的其他领域

二、多项选择题(每小题 8 分,共 40 分)

1. 根据作用不同,财务管理假设可以分为(　　)。
   A. 财务管理派生假设　　　　B. 财务管理基本假设
   C. 财务管理具体假设　　　　D. 财务管理业务假设

2. 下列各项中,属于以企业价值最大化作为财务管理目标的优点的有(　　)。
   A. 只适合上市公司,对非上市公司很难适用
   B. 只强调股东的利益,而对企业其他关系人的利益重视不够
   C. 考虑了风险与报酬的关系

D. 克服了短期行为

3. 下列各项中,属于财务管理假设的有(   )。
   A. 理财主体假设   B. 持续经营假设
   C. 理财分期假设   D. 资金增值假设

4. 下列各项中,有关财务管理理论结构的论述正确的有(   )。
   A. 财务管理的理论结构是指财务管理理论的组成部分以及这些部分之间的排列关系
   B. 将本金确定为财务管理理论结构的起点是一种最合理的选择
   C. 财务管理的理论结构是由财务管理的基本理论、财务管理的应用理论构成的理论结构
   D. 财务管理的理论结构是以财务管理假设为前提,财务管理目标为导向的

5. 下列各项中,属于高级财务管理基本特征的有(   )。
   A. 以企业整体价值最大化为财务管理目标
   B. 以资本运营为主要研究内容
   C. 向过程控制型财务管理发展
   D. 向财务整合型管理发展

三、判断题(每小题 6 分,共 30 分)

1. 高级财务管理中的"高级"是一个相对概念,是相对于"初级"财务管理和"中级"财务管理而言。按难易程度把财务管理划分为初级、中级、高级,其中初级最简单、中级较难、高级最难。   (   )

2. 我国有些学者认为,中国股票市场已达到半强式有效,但尚未实现强式有效。   (   )

3. 有效市场假设是建立财务管理原则,决定筹资方式、投资方式,安排资金结构,确定筹资组合的理论基础。   (   )

4. 风险报酬原理、利息率的预测原理、投资组合原理都是依据有效市场假设展开论述的。
                                                             (   )

5. 企业价值最大化强调企业价值的增加,是以企业各种利益主体共同价值最大化为目标。从理论上讲,企业价值是企业未来报酬的贴现值。   (   )

第二章　财务战略管理

知识导航

财务战略管理
- 财务战略管理概述
  - 财务战略管理的含义
  - 财务战略管理的基本特征
  - 财务战略的分类
  - 财务战略的制定
- 筹资战略管理
  - 筹资战略的环境和目标
  - 筹资战略的制定
- 投资战略管理
  - 投资战略的环境和目标
  - 投资战略的类型
  - 投资战略的制定
- 股利分配战略管理
  - 股利分配战略的环境和目标
  - 股利分配战略的制定
- 财务战略的实施、评价和控制
  - 财务战略的实施
  - 财务战略的评价和控制

学习目标

1. 理解财务战略概念和分类。
2. 了解财务战略的制定程序。
3. 掌握财务战略管理的过程。
4. 掌握筹资战略、投资战略、股利分配战略的制定。
5. 掌握财务战略的实施、评价和控制。

> **寓德于教**

习近平在企业家座谈会上的讲话（节选）

2020年7月21日，中共中央总书记、国家主席、中央军委主席习近平在京主持召开企业家座谈会并发表重要讲话(节选)。

改革开放以来，一大批有胆识、勇创新的企业家茁壮成长，形成了具有鲜明时代特征、民族特色、世界水准的中国企业家队伍。企业家要带领企业战胜当前的困难，走向更辉煌的未来，就要在爱国、创新、诚信、社会责任和国际视野等方面不断提升自己，努力成为新时代构建新发展格局、建设现代化经济体系、推动高质量发展的生力军。

第一，希望大家增强爱国情怀。企业营销无国界，企业家有祖国。优秀企业家必须对国家、对民族怀有崇高使命感和强烈责任感，把企业发展同国家繁荣、民族兴盛、人民幸福紧密结合在一起，主动为国担当、为国分忧，正所谓"利于国者爱之，害于国者恶之"。爱国是近代以来我国优秀企业家的光荣传统。

第二，希望大家勇于创新。创新是引领发展的第一动力。"富有之谓大业，日新之谓盛德。"企业家创新活动是推动企业创新发展的关键。创新就要敢于承担风险。敢为天下先是战胜风险挑战、实现高质量发展特别需要弘扬的品质。

第三，希望大家诚信守法。"诚者，天之道也；思诚者，人之道也。"人无信不立，企业和企业家更是如此。社会主义市场经济是信用经济、法治经济。企业家要同方方面面打交道，调动人、财、物等各种资源，没有诚信寸步难行。

第四，希望大家承担社会责任。企业既有经济责任、法律责任，也有社会责任、道德责任。任何企业存在于社会之中，都是社会的企业。社会是企业家施展才华的舞台。只有真诚回报社会、切实履行社会责任的企业家，才能真正得到社会认可，才是符合时代要求的企业家。

第五，希望大家拓展国际视野。有多大的视野，就有多大的胸怀。改革开放以来，我国企业家在国际市场上锻炼成长，利用国际国内两个市场、两种资源的能力不断提升。企业家要立足中国，放眼世界，提高把握国际市场动向和需求特点的能力，提高把握国际规则能力，提高国际市场开拓能力，提高防范国际市场风险能力，带动企业在更高水平的对外开放中实现更好发展，促进国内国际双循环。

思考与讨论：结合习近平总书记在企业家座谈会上的重要讲话，谈谈企业发展与国家发展如何紧密联系在一起的。

资料来源：新华网，2020-7-21，《习近平：在企业家座谈会上的讲话》，http://www.gov.cn/xinwen/2020-07/21/content_5528791.htm，有删节。

第一节 财务战略管理概述

一、财务战略管理的含义

(一) 企业战略与财务战略

1. 企业战略

企业战略是指企业在对企业内部条件和外部环境深入分析和准确判断的基础上,为提高企业的竞争能力,对企业全局和未来所进行的总体和长远谋划。

企业战略大致可以分为企业总体战略(企业层战略)、经营单位战略(事业层战略)和职能战略(经营层战略)三个层次。企业战略层次结构图如图 2-1 所示。

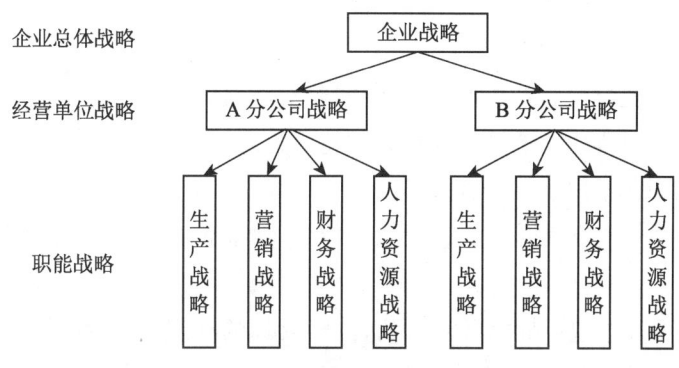

图 2-1 企业战略层次结构图

其中,企业总体战略所要解决的问题是明确企业应该在哪些经营领域中从事经营活动,决定发展或收缩哪些经营领域,进入或退出哪些经营领域,进而将资源合理配置。经营单位战略对于企业集团来说,表现为各分公司战略;对于多产品线的生产企业来说,表现为各产品线相关部门战略,主要解决应开发哪些产品或服务,以及将这些产品或服务提供给哪些市场等问题。职能战略是上述两个层次战略在各职能方面的具体化,如生产战略、营销战略、财务战略、人力资源战略等。

2. 财务战略

财务战略是战略理论在财务管理方面的应用与延伸,将战略思想运用到财务管理来,就形成了企业的财务战略。财务战略是企业职能战略的有机组成部分。财务战略是指企业在财务活动中所做的重大、长远谋划,具体是指在深入分析和准确判断企业内外环境因素对企业财务活动影响的基础上,为了谋求企业资金均衡有效地流动和实现企业战略目标,增强企业财务竞争优势,对企业资金流动进行全局性、长期性和创造性的谋划,并确保其执行的过程。对于财务战略的定义,可以从以下几个方面进行解释。

(1) 企业财务战略的内容不同于其他各种战略的质的规定性,具有相对的独立性,它关注的是企业资金的流动。

（2）企业财务战略的目标是谋求企业资金的均衡、有效地流动和实现企业总体战略。这一目标的几个方面是相互联系的。

（3）企业财务战略强调了企业环境因素的影响。战略管理区别于一般战术管理的根本特征之一就在于它对环境的重视，财务战略当然也不例外。但是，在企业财务战略中，对环境因素的分析，着重考察的是它们对资金流动有何影响。

（4）财务战略除了具备企业战略的一般特征如全局性、长期性和创造性外，还具有独特的特性，如支持性、动态性、导向性等。财务战略的支持性表现在它是企业战略的执行和保障体系；动态性表现在财务战略必须随环境动态而调整；导向性是指财务战略对战略期间内的各种重大财务活动具有长期的方向性指引作用。

（5）上述财务战略的定义既包括了财务战略的制定，也包括了财务战略的实施。

（二）战略管理与财务战略管理

1. 战略管理

战略管理是以企业战略为对象的管理活动，是对战略筹划直至实施全过程的管理。战略管理要解决的问题是急剧变化的环境与战略的持久性之间的矛盾。一般来说，对企业战略管理的基本特征的认识包括以下几个方面。

（1）战略管理是一个连续循环的过程，目的在于保证企业的经营结构能够适应未来的环境变化。

（2）战略管理的程序包括战略环境分析、战略目标的确定、战略生成、战略实施和战略控制这五个环节：①战略环境分析是对企业外部环境和内部条件进行深入分析和正确判断，并在此基础上认识到企业面临的挑战和发展机遇，这是企业战略管理的基础环节。②战略目标的确定，即在对企业内外环境进行分析的基础上确定企业战略最终要达到的目的，这是整个战略管理的出发点和归宿。③战略生成，即根据战略目标对各种战略方案在技术上是否先进和在经济上是否合理进行综合性评价，从中选择一个与企业内外环境相协调的方案，这是企业战略管理的中心环节。④战略实施，是指将企业总体战略分解成各层次和各方面的具体战略，如组织战略、营销战略、科技开发战略等，然后通过发挥操作管理的各种职能，运行计划或预算等方法，分阶段、分步骤地实施战略，这是企业战略管理的关键。⑤战略控制，即对战略实施的整个进程进行跟踪控制，及时揭示差异，查明原因，采取措施，消除不利差异和扩大有利差异。如果在战略实施过程中，发现企业内外环境有重大变化，则应对战略目标或方案作出必要的修正与调整，这将为企业战略管理的有效实施提供保证。

2. 财务战略管理

财务战略管理，也称为战略财务管理或战略性财务管理，是以企业财务战略为对象的管理活动，是对企业财务战略制定直至实施全过程的管理。它是企业战略管理不可或缺的一个重要组成部分，既要体现企业战略管理的要求，又要遵循企业财务活动的基本规律。

财务战略管理的程序和企业战略管理的一般程序基本相同。首先，要正确分析企业内部条件和外部环境对企业财务活动的影响,并明确企业战略目标的要求;其次,确定企业财务战略的目标;再次,在此基础上制定相应的财务战略即财务战略的生成或制定;最后,组织实施财务战略,并对实施过程进行有效控制。财务战略管理的程序如图2-2所示。

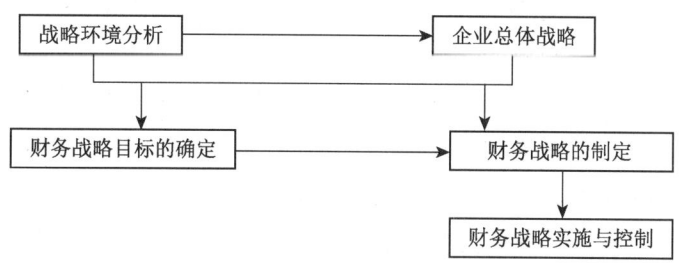

图2-2 财务战略管理的程序

在企业财务战略管理流程图中,战略环境分析是基础环节;战略目标的确定是出发点和归宿;战略方案的制定是中心环节;战略实施是关键;战略控制是保证。

(三)财务战略管理与传统财务管理的区别

财务战略管理与传统财务管理的区别集中体现在以下几方面。

(1)财务战略管理运用理性战略思维,着眼于未来。财务战略管理以企业的筹资、投资及收益的分配为工作对象,规划了企业未来较长时期(至少3年,一般为5年以上)财务活动发展方向、目标以及实现目标的基本途径和策略,是企业日常财务管理活动的行动纲领和指南。传统财务管理多属"事务型"管理,主要依靠经验来实施财务管理工作。

(2)财务战略管理以外部情况为管理重点。传统财务管理以企业内部情况为管理重点,提供的信息一般限于一个财务主体内部。财务战略管理则以企业获得竞争优势为目的,把视野扩展到企业外部,密切关注整个市场和竞争对手的动向,提供金融、资本市场动态变化情况等信息,分析和预测市场变化的趋势,通过与竞争对手的比较分析来发现问题,找出差距,以调整和改变自己的竞争战略。

(3)财务战略管理能够提供更多的非财务信息。传统财务管理提供的信息基本上都是财务信息,以货币为计量尺度。财务战略管理提供的信息不仅包括财务信息,如竞争对手的价格、成本等,更要提供有助于实现企业战略目标的非财务信息,如市场占有率、产品质量、销售和服务网络等,而且非财务信息占有更为重要的地位。

(4)财务战略管理的职能范围比传统财务管理要宽泛得多。财务战略管理除了应履行传统财务管理所具有的筹资职能、投资职能、分配职能、监督职能外,还应全面参与企业战略的制定与实施过程,履行分析、检查、评估与修正等职能。

(5)财务战略管理以战略目标为预算编制的起点。传统财务管理的预算编制着眼于初期的内部规划和运作,以目标成本、费用、利润作为编制预算的起点,所编制的销售、生产、采购、费用等预算与战略目标没有任何关系。财务战略管理则把人力资源管理、技术管理、物流服务等供应链、价值链活动都纳入预算管理体系之中。

二、财务战略管理的基本特征

(一) 动态性

由于财务战略管理以理财环境和企业战略为逻辑起点,理财环境和企业战略的动态性特征也就决定了财务战略管理的动态性。财务战略管理的动态性主要体现在四个方面:一是财务战略管理过程具有连续性;二是财务战略管理具有循环性;三是财务战略管理具有适时性;四是财务战略管理对象具有权变性。正确把握企业财务战略管理的动态性特征非常关键,美国邓恩·布拉德斯特里特公司经过对美国企业长期观察后总结出六条导致企业破产的原因,其中之一就是:企业思想僵化,战略管理缺乏随环境变化而变化的灵活性。

(二) 全局性

财务战略管理面向复杂多变的理财环境,从企业战略管理的高度出发,其涉及的范围更广泛。财务战略管理重视有形资产的管理,更重视无形资产的管理;既重视非人力资产的管理,也重视人力资产的管理。传统财务管理所提供的信息多是财务信息,而财务战略管理由于视野开阔,大量提供诸如质量、市场需求量、市场占有率等极为重要的非财务信息。

(三) 外向性

现代企业经营的实质是在复杂多变的内外环境条件下,解决企业外部环境、内部条件和经营目标三者之间的动态平衡问题。财务战略管理把企业与外部环境融为一体,观察分析外部环境的变化为企业财务管理活动可能带来的机会与威胁,增强了对外部环境的应变性,从而提高了企业的市场竞争能力。

(四) 长期性

财务战略管理以战略管理为指导,要求财务决策者树立战略意识,以利益相关者财富最大化为理财目标,从战略角度来考虑企业的理财活动,制定财务管理发展的长远目标,充分发挥财务管理的资源配置和预警功能,以增强企业在复杂环境中的应变能力,不断提高企业的持续竞争力。

三、财务战略的分类

(一) 按财务管理对象划分

不论企业规模大小,财务管理始终离不开对筹资、投资与分配这三个环节的管理。为此,财务战略按这一标准可分为筹资战略、投资战略和分配战略三种形式。

(1) 筹资战略。筹资战略是企业组建初期和发展期的战略重点,它包括筹资数量的预测、资本结构决策、筹资方式的选择、对子公司的筹资管理政策等一系列内容。

(2) 投资战略。投资战略是有关投资方向确定、投资组合、投资决策标准、投资所需资本筹集、资本预算、并购行动与管理等一系列的战略。它是企业步入发展期、成熟期乃至调整期的战略重点,也是企业财务战略永恒的主题。

(3) 分配战略。分配战略是从属性的,但有时也是主动性的。从属性是指分配战略在很大程度上是筹资及投资战略的补充,如剩余股利政策,即强调股利分配多少与潜在投资机会有关,从而与筹资及投资有关;另外,它又是主动性的,这是因为当企业分配政策有利于协调生产经营时,企业壮大的速度就快,反之则相反。

(二) 按资金筹措与使用特征划分

企业财务战略在资金筹措与使用特征角度总体上可以划分为快速扩张型财务战略、稳健发展型财务战略和防御收缩型财务战略。

(1) 快速扩张型财务战略。这是指以实现企业资产规模的快速扩张为目的的一种财务战略。为了实施这种财务战略,企业往往需要在将绝大部分乃至全部利润留存的同时,大量地进行外部融资,更多地利用负债。快速扩张型财务战略一般会表现出"高负债、低收益、少分配"的特征。

(2) 稳健发展型财务战略。这是指以实现企业财务绩效稳定增长和资产规模平稳扩张为目的的一种财务战略。实施稳健发展型财务战略的企业,一般将尽可能优化现有资源的配置和提高现有资源的使用效率及效益作为首要任务,将利润积累作为实现企业资产规模扩张的基本资金来源。实施稳健发展型财务战略的企业的一般财务特征是"低负债、高收益、中分配"。

(3) 防御收缩型财务战略。这是指以预防出现财务危机和求得生存及新的发展为目的的一种财务战略。实施防御收缩型财务战略的企业,一般将尽可能减少现金流出和尽可能增加现金流入作为首要任务,通过采取削减分部和精简机构等措施,盘活存量资产,节约成本支出,集中一切可以集中的财力用于企业的主导业务,以增强企业主导业务的市场竞争力。"高负债、低收益、少分配"是实施这种财务战略公司的基本财务特征。这类企业往往在发展中遭遇了挫折,因而会形成负债包袱,经营困难,被迫采取防御收缩型财务战略。

(三) 按企业生命周期划分

企业财务战略按企业生命周期划分,可分为初创期财务战略、成长期财务战略、成熟期财务战略及衰退期财务战略。

(1) 初创期财务战略。企业在初创期会面临很多风险,如财务风险、管理风险、信息风险、行业风险等,因此,初创期企业的抗风险能力很弱。优化企业的资源配置使企业生存下来是企业初创期所面临的基本问题。具体而言,在投资方面,企业应根据有限的资金,选择所能达到的投资规模,通过资源在一项业务中的高度集中,增加其主要业务的销售量,提高市场占有率,从而为企业发展进行原始资本积累。在融资方面,企业应根据未来偿债能力选择可以接受的融资方式。处于初创期的企业融资渠道比较少,往往通过留存收益来提供资金。在分配方面,初创期企业收益低且不稳定,实现的税后利润应尽可能多地留存,充实资本,为企业的进一步发展奠定物质基础。

(2) 成长期财务战略。成长期企业的主要任务则是扩大市场规模,在市场上处于领先地位,因此一般才会有积极的财务战略。成长期企业的外部融资变得相对容易,渠道也较多,例如上市、配股、增发、发行可转换债券、申请授信额度、贷款等方式,都可以作为企业认真研究和选择的筹资方式。

在成长时期,企业资产规模的快速扩展使企业的资产收益率相对较低,因此企业成长期的财务战略应以增加财务杠杆利益为出发点,提高债务比重,降低资金成本,减少融资风险,提高企业的权益资本收益率。同时,企业为了快速成长,会较多地使用交易化战略,兼并、收购手段也会被广泛使用。在分配方面,企业的股利分配政策应该在保证未来成长的资金支持的前提下,实现企业所有者利益的增长。

(3) 成熟期财务战略。进入成熟期,企业资源投入达到一定规模后相对稳定,资源结构趋于合理,企业的市场份额相对稳定,同时企业的技术、工艺已经成熟,产品质量稳定,利润达到较高水平,但利润率开始大幅下降。由于企业此时具有较为丰厚的盈余积累,在资金的使用上以内部资金为主,以防出现过重的利息负担。为优化资产负债结构,改善现金流状况,成熟期企业可以采用资产证券化的方式来进行融资,这不仅可以增强发起人的资产流动性,而且风险较小,收益适中,有利于企业获得较高的资信评级,改善企业的财务状况并提升企业的经营状况,使企业的运营进入良性循环状态;同时可以采用积极的销售政策,如赊销来提升经营业绩,从而使企业运营良性循环等。在利润分配方面,企业一般会采取稳定的股利分配政策。

(4) 衰退期财务战略。企业进入衰退期后,企业的产品市场出现萎缩,利润空间减小,企业往往没有能力更新设备、创新产品,致使企业工艺落后,产品过时,生产萎缩,效益低下,企业竞争力很弱,死亡率很高。衰退期企业往往会考虑紧缩目前的经营,因此企业可以采用保守的财务战略。这种战略的目的是防止企业出现财务危机并求得新的生存和发展。这种保守的财务战略并不是全面退缩,而是积累内部力量来寻找新的机会。减少现金流出和增加现金的流入,通过盘活现有的存量资产,节约成本支出等手段,集中一切资源,用于企业的主导业务,来增强企业主导业务的市场竞争力。

(四) 按应用模式划分

企业财务战略按应用模式划分,可分为成本领先战略、利润领先战略、资产整合增值战略、资本运营风险战略和财务战略联盟。

(1) 成本领先战略。这是使企业的经营活动保持同行业最低成本的财务战略。在战略实施时期,降低生产要素成本是企业经营活动及其管理的第一位工作,也是企业在该时期各项作业和发展规划的核心。成本领先战略是企业通用的财务战略。

(2) 利润领先战略。衡量利润增长有利润额和利润率两个标准。利润额可衡量同一企业不同时期利润增长的情况,但不同企业之间不具有可比性。利润率没有利润额那样直观,但利润率既可衡量同一企业也可评价不同企业之间不同时期利润增长情况。利润领先也有两种标准:一种是利润额最大化,另一种是利润适度增长。从战略角度看,长期保持利润最大化是很难实现的,利润领先是利润在长时期内保持适度增长。

(3) 资产整合增值战略。这是以资产的保值、增值和整合为核心,企业各项经营活动都为实现资产整体规模的扩大和增值服务。资产整合增值战略是从投资角度出发制定的财务战略。资产增值的基础是资产保值,资产增值是资产整合的基础。增值战略与利润领先战略相比,不仅涉及价值创造和价值实现,而且涉及利润分配问题,要求层次更高,涉及的领域更广,因此,资产整合增值战略是一种中高级财务战略。

(4) 资本运营风险战略。这是利用风险机制和资本运营规则,冒大的风险去实现高额资本效益的财务战略。例如,高新技术企业的产品由实验室转入产业化生产有较大的风险,因此,高新技术企业的财务管理技术和理念起点较高,一般都采用资本运营风险战略。资本运营风险战略是企业走险棋的财务战略。

(5) 财务战略联盟。这是目前世界上最先进的财务战略。战略联盟产生、演进和发展的过程如图2-3所示。

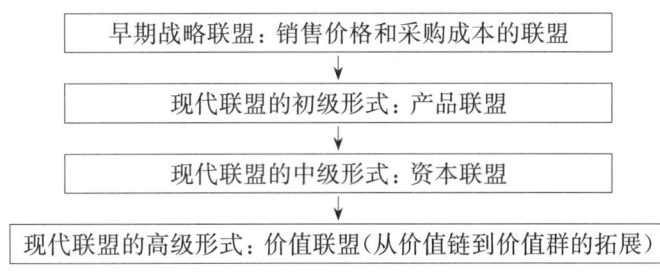

图 2-3 战略联盟产生、演进和发展的过程

资本联盟和价值联盟是财务战略的高级形式。其中,资本联盟是以资本为桥梁的两个或两个以上企业的战略联盟。联盟的目的在于解决资本稀缺问题,使财务部门参与价值创造,实现企业质和量的扩张。价值联盟是把财务战略定义为业务性质、重要性和复杂程度的结合,并将其最重要的资源——资本、知识和对外关系连接起来的不同企业的联合经营方式。企业财务的根本任务是开发和建立价值创造系统,并直接参与价值创造。

四、财务战略的制定

(一) 财务战略环境分析

财务战略环境分析是指对企业外部环境和内部条件进行深入分析和正确判断,并在此基础上认识到企业面临的挑战和发展机遇,这是企业财务战略管理的基础环节。

企业财务战略环境可分为外部环境和内部环境两部分。

1. 财务战略外部环境的构成

存在于企业外部的、影响企业资金流动的客观条件和因素的总和,称为财务战略外部环境。财务战略外部环境又可分为一般外部环境和直接外部环境两部分。

财务战略的一般外部环境主要从宏观方面间接地对企业的资金流动产生影响,它主要包括以下方面:①政治法律环境因素。这是指那些制约和影响企业的政治要素和法律系统,以及其运行状态。它主要包括政治主体的目标、纲领和政策、法律和法规体系、对外方针和政策以及各种社会利害关系集团之间的相互作用过程等。②经济环境因素。经济环境表明了经济资源的分配和使用方式,它的内容很广泛,包括经济增长率、产业结构、国民收入、物价变化、利率变动、通货膨胀、投资动向、国际贸易等。③社会文化环境因素。这种因素反映了企业所处的社会特点,包括社会阶层的形成和变动,人口的地区流动,年龄结构的变化,交通和信息系统的发展,社会中的权利结构、人们的生活方式、价值观、风俗习惯和道德传统观念等。④技术环境因素。科技是第一生产力,它既包括自然科学技术,也包括组织技术、管理技术和信息技术等内容。⑤自然物质环境因素。相对于其他一般环境因素而言,自然物质环境是相对稳定的,但它对于吸引资金的流入是一项极其重要的影响因素。

财务战略的直接外部环境体现了一般环境因素在某一领域里的综合作用,对于企业当前和今后的资金流动产生了直接的影响。它主要包括以下方面:①产业环境因素。企业所属产业的具体环境状况,对企业资金流动模式等具有重大影响。其具体内容包括:供给和需求的平衡状态,企业的集中程度,产品差异化的状况,进入壁垒的高低,各企业的产品战略、价格政策、研究与开发、流通渠道、销售促进等。②竞争环境因素。它是指在某一特定市场中的竞争状态,表现在竞争企业数量的多少,各企业的市场占有率的大小,各企业的产品结构、质量和价格水平,研究与开发动向,主要竞争对手和进入威胁等方面。竞争状况以及本企业竞争优势的大小直接决定着企业资金流动能否达到均衡、有效。③金融环境因素。在市场经济条件下,企业筹集资金、投放资金、运用资金等必须借助于金融环境,所以金融环境的状况对于企业资金流动具有至关重要的影响。其具体内容包括金融机构的种类和数量、金融业务的范围和质量、金融市场的发展程度、金融传统、人们的金融意识、有价证券的种类等。

2. 财务战略内部环境的构成

财务战略的内部环境是指决定或影响企业资金流动的内部条件。它是企业财务战略管理决策制定的内在依据和实施的基础。相对于外部环境来说,内部环境具有稳定性和可控性的特点。同时,企业的性质不同,内部环境也是不同的,具有各自的特点。对于财务战略管理来说,一般可分为组织、人事、生产、营销和其他因素等五个方面。主要包括:①组织方面具体包括沟通体系、组织结构、企业目标层次、企业政策、管理程序、企业规划、管理人员的能力等。②人事方面具体包括劳资、雇佣政策、培训计划、绩效评估、奖惩制度等。③生产方面具体包括工厂布置、研究与开发、技术水平、原材料采购、存货控制等。④营销方面具体包括市场细分、产品战略、定价战略、促销战略、分销战略等。⑤其他方面具体包括企业历史、资本结构、收益状况、企业规模等。

研究分析企业财务战略管理的内部环境,就是要搞清这些因素对企业资金流动的影响,同时发现企业自身的长处与短处、优势与劣势,分析造成这种情况的原因,以充分挖掘潜力,发挥优势,结合外部环境机会制定企业的财务战略。

3. 财务战略环境分析的程序

(1) 搜集企业财务战略环境的信息因素。外部环境信息一般可从各种宣传媒介、专业会议、行业组织、科研机构和管理者个人的经验中获得。内部环境信息可通过组织的内部资料、档案及管理人员和员工的经验等渠道获得。

(2) 分析环境因素对企业资金流动的影响。在掌握大量环境信息并对其趋势进行预测分析的基础上,要进一步分析各环境因素对企业资金流动可能造成的影响,估计影响的性质、大小和发生的时间,从而明确企业未来在资金流动方面受到的威胁和可以利用的机会。

(3) 归纳环境分析的结果。将各种资料和数据进行归纳整理,编写环境分析报告。

企业财务环境检测表如表2-1所示。

表2-1　　　　　　　　　　　　企业财务环境检测表

财务环境		具体说明	企业状况
外部环境	法律环境	国家制定的企业必须遵守的各种法律、法规和制度	遵守经济组织法规； 遵守经济管理法规； 遵守经济合同法规	不符合(0分) 部分符合(5分) 全部符合(10分)
	金融市场环境	为企业提供了筹资、投资的机会和条件，但金融市场复杂多变	及时、科学的筹资、投资决策； 合理利用财务杠杆； 降低资金成本，优化资本结构； 减少投资风险，提高投资收益	不符合(0分) 部分符合(5分) 全部符合(10分)
	经济发展状况	经济发展水平	经济发展处于落后状态时，财务管理可以充分发挥其职能对经济效益提高产生正面的影响	不符合(0分) 部分符合(5分) 全部符合(10分)
		经济发展阶段	在繁荣时期，市场需求旺盛，销量上升，投资活跃，财务人员迅速筹集资金以满足生产经营的需求；在衰退时期，市场萎缩，销售量下降，投资锐减，财务人员及时调整资金的配置，调整生产经营	不符合(0分) 部分符合(5分) 全部符合(10分)
外部环境	通货膨胀	财务人员必须对通货膨胀有所预测，并采取相应措施，减少损失	未引起资金占用的增加； 未引起利率的上升，没有增加筹资成本； 未引起有价证券价格下跌，没有给筹资带来困难； 未引起利润虚增，没有造成资金流失	不符合(0分) 部分符合(5分) 全部符合(10分)
	社会文化环境	财务管理是一种社会活动，必然受到社会文化各因素包括教育、科学、广播电视、价值观念、道德水准等的复杂影响，有的是直接的、明显的，有的是间接的、微弱的		不符合(0分) 部分符合(5分) 全部符合(10分)
内部环境	企业组织结构	根据不同的企业组织形式和筹资方式以及利润分配的要求，采取不同的财务管理方法		不符合(0分) 部分符合(5分) 全部符合(10分)
	企业组织结构	企业组织结构有直线制、职能制、事业部制以及矩阵制等多种形式，企业组织结构对企业财务管理体制的建立有积极影响		不符合(0分) 部分符合(5分) 全部符合(10分)
	企业人员素质	企业人员素质，特别是财务管理人员的素质，对财务管理工作的质量和效率具有积极影响，能充分发挥财务管理作用的组织结构和人员分工，同时也能适应企业的组织机构和人员构成来组织财务管理		不符合(0分) 部分符合(5分) 全部符合(10分)

企业财务环境检测结果评议表如表2-2所示。

表2-2　　　　　　　　　　　企业财务环境检测结果评议表

得分情况	结果评议及改进建议
20分以下	表明企业的财务环境非常差，亟待改善
20～39分	表明企业的财务环境比较差，经常感觉被束缚
40～59分	表明企业的财务环境一般，可着重改善那些得分较低的子项目
60～79分	表明企业的财务环境还不错，偶尔会被其限制
80分以上	表明企业的财务环境比较好，请继续保持

(二)财务战略管理目标的确定

制定财务战略管理目标应坚持以下原则。

(1) 目标的整体系统性原则。财务战略管理活动是企业运行的一个部分,其目标要与企业目标保持一致。同时,由于各部门、各成员不是单个的、孤立的或凌乱的,企业财务管理战略目标是企业中各部门、各基层单位以及个人的分目标、子目标共同形成的一个行为目标,它们必须在整体上形成一个系统。因此,注重目标的整体系统性和协调性是制定目标应该坚持的基本原则之一。

(2) 目标制定的动态性原则。在财务战略管理过程中,随着企业理财环境的变化和实施中信息的反馈,财务战略管理目标常常需要修订和调整,只有这样,才能使目标的制定更加适应企业的实践,更有利于其发挥作用。因此,在制定目标时要注意自觉考察所设目标的运行情况,必要时及时对目标进行修正和调整。

(3) 目标制定的时限性原则。财务战略管理目标在确定时,一般就有一个比较严格的时间限制,即在什么时间内达到一个什么样的目标。如果逾越这个时间界限达到目标,就不能算真正完成了财务战略管理的目标任务。由此可见,时限性是财务战略管理目标确定的重要内容。

(4) 目标制定的先进性和可行性原则。财务战略管理目标必须具有先进性、可行性,否则,目标管理就难以发挥其优势。所谓目标的先进性是指制定的目标应该能够充分激发、调动员工的心智、力量和体能,以保证取得最大的绩效;目标的可行性是指设置的目标的难度,必须建立在对实现目标的人力、物力、财力和主客观条件正确分析和准确把握的基础之上,设置的目标要切实可靠,因此,目标的设置应该既是先进的,又是经过人们努力奋斗可以实现的。

(5) 目标制定的可分性原则。财务战略管理目标应具有可分性,可以按照一定的标准层层分解为各部门的分目标。这种原则保证了目标的具体落实,保证了目标能够调动全体员工的积极性。

(6) 目标制定的具体性和可评价性原则。虽然一般目标也具有用来评价、检验实践活动的作用,但是财务战略管理目标应具有较强的可评价性,如果所设置的目标可评价性很差,就会给目标管理工作带来影响。而要增强目标管理的可评价性,就要使目标具有具体性的特点,即在目标设置阶段,尽可能地使所设置的目标明确、具体、数量化。

(三)财务战略的制定程序

企业财务战略的制定是财务战略管理的中心环节。为使企业制定和选择出一个确保企业可持续发展的财务战略,并使财务战略得以良好地贯彻和执行,就必须采用科学的方法和遵循必要的程序来制定企业的财务战略。遵照企业战略的生成程序,可以得到企业财务战略的制定程序,财务战略的制定程序如图2-4所示。

首先,在企业内外环境分析和确定战略目标的基础上,广泛地寻求企业各种可能的备选方案,备选方案越多,企业最终确定的战略方案的覆盖面越广。其次,由于财务战略只是企业

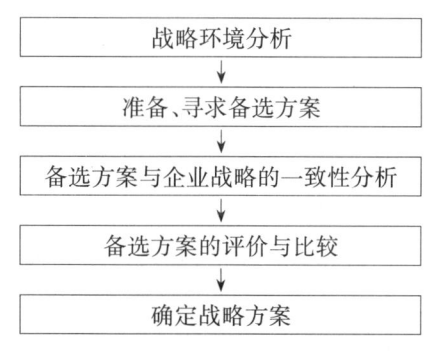

图 2-4 财务战略的制定程序

战略的子战略,前者要服从于后者,应检测各种备选方案与企业战略的一致性,不一致的备选方案应该被剔除。在符合一致性的备选方案之间,通过各种具体指标进行综合评价与比较,从中择优。最后,在通盘考虑的基础上,确定企业应该选择的战略方案。

第二节 筹资战略管理

筹资战略主要涉及的问题是筹资能力、筹资结构和筹资方式,它不是具体的资金筹措实施计划,而是为适应未来环境和企业战略的要求,对企业资金筹措的重要方面所持的一种长期的、系统的构想。

筹资战略管理是要根据企业内外环境的特点,对企业的筹资目标、筹资渠道和筹资方式等进行长期的谋划,在企业资本结构得到不断优化的过程中为企业战略的实施提供资金保障。筹资战略管理从内容上讲包括了筹资战略的环境和目标、筹资战略的制定等几个问题。

一、筹资战略的环境和目标

(一) 筹资战略环境分析

企业在面临不同的环境因素时,应选择不同的筹资战略。影响企业筹资战略选择的环境因素主要有以下几个方面。

(1) 经济周期。从经济的不同发展阶段来看,当经济景气时,企业面临的经济环境与市场条件比较有利,产品销路好,则举债可以增强企业的发展能力和盈利能力;反之,经济不景气时,产品销路下降,银根紧缩,则举债容易增加风险与债务危机。

(2) 行业差别。各行业的具体情况不同,因此其负债能力也不尽相同,从而可以采取的资本结构具有较大的差别。造成这种差别的原因主要有以下三种因素:资产流动性、资金密集度、行业成熟度。通常资产流动性较强,或属于资金密集型企业,或属于新兴且发展速度快的行业的企业,资产负债率可以高一些。

(3) 资金市场。直接融资市场比较发达时,企业的资产负债率可能较低;间接融资市场比较发达时,企业的资产负债率可能较高。

(4) 所有制形式。不同的所有制形式会在一定程度上影响其所有者、债权人和经营者等有关方能够接受和承担的资金风险水平,因而对企业可以采用的资金来源结构有重要决定作用。

(5) 企业经济效益水平、变现速度和平稳程度等因素。获利能力越大、财务状况越好、变现能力越强的企业,就越有能力承担财务上的风险。经营业务与销售状况是否稳定对资金结构也具有重要影响,如果企业的销售和盈余稳定,则可以较多地负担固定的债务费用;如果销售和盈余波动较大,则负担固定的债务将冒很大的风险。

(6) 投资项目的性质和生产技术配备能力。投资项目建设周期短,现金净流量多,生产经营状况好,产品适销对路,资金周转快,资产负债率可以适当高些,并可提高短期资金来源的比例。此外,产品结构比较单一的企业,自有资本比例应大些,因为这类企业内部融通资金的选择余地较小。相反,产品结构多元化的企业,因内部融通资金的余地较大,可适当提高资产负债率。

(7) 金融与经济传统。金融界和企业界的不同传统对企业资金来源结构有重要影响。例如,像日本企业那样依靠大量贷款迅速扩大生产,虽然会获得很快的发展速度,但短期内利润必然要受影响,对此具有追求短期利益传统的美国企业界及股东就很难接受。

(8) 其他因素。企业的规模、国家的宏观经济政策的变动等都对企业资产负债率有不同程度的影响。

(二) 筹资战略目标的确定

筹资战略目标体系一般应包含以下几个方面。

(1) 满足资金需要目标。即为企业筹集到足够数量的资金,保证企业及时实施战略计划与投资战略等方面的资金需求。具体包括以下三个方面:①维持企业正常生产经营活动的需要。②保证企业发展的资金需要。③应对临时资金短缺的需要。

(2) 扩大和保持现有融资渠道目标。其目的在于保持随时再筹集到足够数量资金的能力。企业筹资战略的一个重要特点就是不贪图一时的低成本或低风险的资金来源,也不局限于单纯满足企业当时的资金需要,而是从长计议,以战略观点来设计、保持和拓展筹资渠道。

(3) 低资金成本目标。资金成本高低会直接影响企业生产经营成本,进而波及企业的竞争地位,并对于企业战略与投资战略的顺利实现及其实施效果产生很大的影响。因此企业筹资不仅是单纯从数量上满足企业需求,而是应该能够以较低的资金成本筹集到足够数量的资金满足企业需求。

(4) 低筹资风险目标。各种不同来源的资金除了资金成本不同,其风险也有很大不同,对企业的风险地位也会有不同的影响。所以企业在制定筹资战略时,不仅要考虑低资金成本这一目标,而且还要考虑如何降低筹资风险,把筹资风险控制在可以接受的范围之内,这也是筹资战略目标的一个重要方面。

(5) 提高筹资竞争力目标。从长远来看,提高筹资竞争力是企业不断获得稳定可靠、低成本、低风险资金的可靠保证。该目标进一步又可分为以下几个目标:①筹资市场地位目标,即相对于筹资竞争者在资金市场上的竞争位置。②筹资市场信誉目标,即资金提供者对企业的信任和满意程度。③筹资技术创新目标,即对于传统筹资方式、手段、技术等作出的改变。④高筹资效率目标,即筹资过程中组织筹划的高效率。

二、筹资战略的制定

(一) 筹资能力的分析与开发

1. 筹资能力的分析

企业的资金来源可分为企业内部资金来源与企业外部资金来源两大类。企业内部资金来源是指企业通过自身生产经营成果的积累而形成的可用资金;而企业外部资金来源是企业通过不同筹资方式从企业外部获得的可用资金。企业外部资金又有两个主要来源:一是筹集负债资金;二是筹集权益资金。企业从这三条渠道筹集资金的能力构成了企业资金筹措能力的主要内容。

(1) 企业内部资金筹措能力。企业内部资金来源是指企业在其所获得的收入和利润中重新投入到企业生产经营过程中,参加资金再循环的那部分资金。所以企业内部资金筹措能力主要决定于企业的收入水平、盈利能力及有关财务政策等因素。

(2) 负债资金筹措能力。企业负债资金来源是指企业通过举债的方式所能获得的资金。企业的负债筹资能力主要取决于企业的盈利水平与资金来源结构。一定的盈利水平是企业偿还借款本息的重要保证,而资金来源结构则反映了企业财务风险的大小。在一般情况下,只有这两个方面的情况良好,潜在的债权人才会有信心把资金借给企业,企业才能以合理的利率和条件得到所需的资金。

(3) 权益资金筹措能力。权益资金来源即企业通过发行新股或以其他方式增资获得资金的能力。股东或潜在的股东们投资于某一企业,主要目的是期望得到较高的利益回报。因此,权益资金筹措能力主要决定于企业的盈利能力及给股东的回报。股东一般总是很关心其每股盈余的高低。当企业准备发行新股时,股东一般并不希望每股盈余被稀释。如果预期新股发行会导致这样的结果,他们就会表示反对并向董事会施加压力以求改变。所以企业要想增加新的股权资金,在可能的情况下应选择经营情况和金融市场状况最好的年份发行新股,力求在这 1 年里使企业的利润和每股盈余有一个较大幅度的增长,为新股发行提供基础,使之不会被稀释而降低。

综上所述,企业总的资金筹措能力是其内部资金筹措能力、负债资金筹措能力和权益资金筹措能力的总和,但不能视为上述三个估计值的简单相加。这是因为:一方面,上述三种能力之间是互相联系、互相影响的。另一方面,资金筹措能力还受到企业多方面其他因素的影响,具体可分为内部因素和外部因素,上述估计只能看作是一种大致的预测。所以,企业要分析、预测自身的筹资能力,还必须在上述估计的基础上,结合其他重要影响因素进行综合分析,才能比较准确地把握企业资金的筹措能力,从而更有效地制定和实施筹资战略。这些因素可能包括企业规模的大小(通常规模大的企业筹资能力较强)、企业创办时间的长短(通常创办时间越长的企业筹资能力越强)、企业领导和管理人员的专业能力和知识结构、企业资产的性质,以及政治经济环境等。

2. 筹资能力的开发

筹资能力是企业自己可以控制的,可以通过自身有意识、有成效的努力而在一定程度上予以加强,这就是所谓的筹资能力的开发。企业筹资能力的开发可以从以下几方面着手。

(1) 提高盈利能力,改善资本结构。企业的留存收益等内部积累本身是企业资金来源的一条重要渠道,盈利能力强、资本结构合理的企业,其留存收益也会大大提高,从而增强企业的内部筹资能力。如果企业的盈利能力高,资本结构健康,则对潜在的投资者、债权人等的吸引力就会较大,从而使企业的外部筹资能力大大增强。此外,良好的盈利能力和资本结构还会改善企业的信誉状况,扩大企业的影响,从而使企业的外部筹资能力得到加强。

(2) 提高与金融机构的交涉能力。企业外部筹资的很大比重来自金融机构的贷款。因此提高与金融机构的交涉能力十分重要,它能在很大程度上影响和决定企业获取贷款的能力。提高企业与金融机构的交涉能力可从以下三个方面着手:充分理解金融机构的贷款政策与方针;选择贷款政策合理的金融机构;与金融机构保持良好的关系。

(3) 增强企业领导和资金筹措人员不断开发利用新的融资渠道和工具的能力。归根到底,资金筹措是由企业领导和资金筹措人员决定和进行的。他们是否具备良好的素质和知识储备,是否具有开拓能力,是否具有与金融机构和投资者沟通的能力等,都对企业筹资能力有着重要影响。另外,随着金融创新的不断推进,现代企业可利用的筹资渠道和工具众多,因此,资金筹措人员应有能力研究、开发和利用新的融资工具进行筹资,以分散筹资风险。

(4) 扩大企业影响,提高企业信誉。企业为了能以较为有利的条件稳定地获得所需资金,还应努力提高社会知名度,扩大企业影响,提高企业信誉。例如,通过分析投资者的要求,加强同投资者的联系,来加强投资者对企业的了解;积极参与社区公益活动;与政府机关保持良好协作关系等都是有效的办法。企业社会影响大,信誉高,资金供给者就比较放心,乐意以较为有利的条件为企业提供资金,这有利于企业开发利用多种融资渠道和工具,增强筹资能力,改善融资环境。

(5) 促进产融结合。工业资本与金融资本的相互融合是经济发展到一定阶段的必然产物,而且对增强企业筹资能力具有重大影响。产融结合有助于企业得到金融方面的支持,在企业面临困难时更是如此。

(6) 制定有效的企业战略。从长期来看,企业的筹资能力取决于企业在产品市场上的表现。只有未来能在产品市场竞争中取得成功的企业,其筹资能力才有可能稳步加强。有效的企业战略可以增强企业在产品市场上的竞争和发展能力,提高企业产品成功的可能性,从而增强企业在金融市场上获得资金的能力。

(二) 筹资战略的制定程序

筹资战略的制定程序可以概括为以下几个步骤。

(1) 分析、预测企业的内部和外部环境,寻求可行的资金来源结构战略备选方案。企业资金来源结构受许多因素的制约和影响,并非是企业可以任意选择的。因此,资金来源结构战略的有效生成,应先保证它的现实可行性,即要充分考虑企业环境因素对筹资结构的制约作用。企业外部环境中的许多因素,如金融市场状况、经济周期、竞争状况、行业状况、通货膨胀率的高低、税赋的松紧、法律规定、政府的政策等共同作用的结果,往往决定了企业实际可以利用的资金来源、资金量以及可以接受的风险水平等。企业内部环境中的许多因素,如企业组织形式、企业规模、利润稳定性、资产组合、企业信誉、创办时间、对企业控制权的保护态度等共同作用的结果,将会进一步决定该企业对不同资金来源的可利用程度,以及经营者愿意和企业能够承受的风险水平。因此,企业在制定资金来源结构战略时,必须对企业内外环境中的有关因素进行综合分析与评价,并据以提出各种可行的备选方案。

(2)评估提出的备选资金来源结构战略方案与企业战略之间的一致性,选出能够支持企业战略的资金来源结构战略方案。这是选择资金来源结构方案的关键环节。筹措资金的主要目的是满足企业战略的需要,支持企业战略的实施。实施一项没有确切的资金保证的战略将会显著地增加其失败的风险。企业战略在制定时就应考虑到资金来源的实际情况,以保证它具有可行性。资金来源结构方案应该符合企业战略的要求,积极主动地支持和促进企业战略的实施。因此,是否与企业战略相协调,能否支持企业战略的顺利实施,应是选择企业资金来源结构方案的主要标准。

(3)分析选出的符合企业战略要求的方案,对其资金成本与资金风险进一步运用资本结构理论进行分析评价,以低成本和低风险为标准,从可行的方案中选择最佳方案。应该注意的是,确定最佳资金来源结构不一定是某一最佳点,而更可能是一个最佳范围。这样做的原因如下:一是实务上更具可行性;二是设计筹资结构时更具有灵活性,以期应对动荡的筹资环境。

(4)批准执行,即把已确定的方案投入实施。企业资金来源结构并不是固定的结构,而是动态的结构。因为每一次筹资活动都会对企业资金来源结构产生影响。但从企业战略的角度来看,如果企业战略未发生重大变化,资金来源结构即应保持相对的稳定性,以便保持与企业战略之间的协调一致。所以实施资金来源结构战略方案要区分不同情况进行,在企业原有资金结构已经合理的情况下,应使之继续保持;而如果原有结构不尽合理,则应通过筹资活动进行调整,使之趋于合理。

(三)筹资渠道与方式的比较

企业在从战略角度选择筹资渠道和方式时,应该对各种筹资渠道和方式所筹集资金的特点进行详细的分析,在此基础上,结合企业战略目标分析,即可对筹资渠道与方式作出合理的战略选择。不同筹资渠道与方式所筹资金的特点如表2-3所示。

表2-3　　　　　　　　　　不同筹资渠道与方式所筹资金的特点

筹资渠道	资金成本	使用期限	使用额度	对企业经营控制权的影响	筹资速度
留存收益	除了占用资金的机会成本,几乎没有其他成本	无限制	基于利润,如果没有利润也无留存收益	不分散企业经营控制权	容易取得,速度快

(续表)

筹资渠道	资金成本	使用期限	使用额度	对企业经营控制权的影响	筹资速度
股票	成本较高,需要负担发行费用和股利、分红	无限制	根据股价和股票发行数量确定	分散企业经营控制权	因相关手续较多,所以耗时长
贷款	成本通常低于公司债券,但是公司经营业绩不佳时,成本也较高	受限制	受限制,分短期和中长期贷款,需要到期还本,按期付息	不分散企业经营控制权,但有时会受到干预	手续简单
公司债券	成本通常高于贷款,取决于债券利率水平,业绩不佳时,成本也较高	受限制	受限制,中长期债券为主,需要到期还本,按期付息	不分散企业经营控制权	手续较多,耗时长,业绩不佳时难以筹措
赊购款	隐性成本,用资费用包含在价格或现金折扣中	受限制,期限较短	受限制,仅限于应付暂未支付的款项	无影响	容易取得,速度快
租赁	高于直接购买设备的成本	设备使用年限	受限制,仅限于设备的价格	无影响	容易取得,速度快

(四) 筹资渠道与方式的战略类型

在分析不同筹资方式特点的基础上,根据企业自身的能力及企业所处的环境,企业筹资渠道与方式的战略可分为以下几种类型。

(1) 内部资金筹措战略。该战略是指从企业内部开辟资金来源,筹措所需资金。这一战略主要的资金来源包括:从利润中提取而形成的一般盈余公积和公益金等;从销售收入中回收的折旧、摊销等无须用资金支付的费用;资金占用减少、周转速度加快所形成的资金节约等。

内部资金筹措战略主要适用于以下情况的企业:①企业外部资金来源渠道匮乏。②企业内部资金来源丰富、充裕,足以满足现阶段资金需要。③企业战略要求采用内部资金筹措战略等。采用内部资金筹措战略,必须采取切实有效的实施措施,这些措施主要有:①适应市场环境的变化。②加强内部管理,节约各项费用。③降低利润分配率,提高留存收益。④合理制定和利用折旧计划等,以增加积累,减少税收支出。⑤减少资金占用,加速资金周转。⑥加强企业内部资金的调度,避免资金闲置。

(2) 金融型资金筹措战略。这是一种从企业外部以间接金融方式筹集资金的战略,它是指企业通过与金融机构建立起密切的协作关系,有效地利用这些金融机构的信贷资金,以保证随时获得长期稳定贷款。金融机构信贷资金主要有政策性银行信贷资金、商业银行信贷资金、非银行金融机构的信贷资金等。

(3) 证券型资金筹措战略。该战略是指主要依靠社会资金来源,通过发行各种有价证券,特别是发行股票和债券等方式来筹集资金的战略。企业通过在证券市场上公开发行股票和债券可以直接吸纳个人、金融机构的资金,其他企业和某些公共团体出于种种考虑也会将一部分资金投入证券市场,因此发行有价证券筹资面对的是异常广阔和雄厚的资金来源。随着证券市场的发展和股份制经济的推广,这一筹资战略的作用会越来越大。

(4) 联合型资金筹措战略。该战略是指主要依靠企业间的联合,通过企业间信用、吸收、合并、收买、投资等方式,充分利用其他企业资金力量和金融力量进行筹资的战略。

联合型资金筹措战略的主要形式有：①通过企业间信用筹资,如应付账款、应付票据等。②通过企业间的联合,突破单一企业筹措资金的能力界限,从而取得金融机构的贷款或者是支付的资金援助。③通过吸收、合并、收买等方式利用外资来解决资金短缺问题。④通过开办合资企业、合营企业和补偿贸易等方式利用外资来解决资金短缺问题。

(5) 结构型资金筹措战略。该战略是指企业多种筹资渠道与方式并重,不存在单一的筹资渠道与方式。这种战略实际上是一种综合性的筹资战略,它是上述四种不同筹资渠道的某种组合。对于大多数企业而言,为了获取足够的资金或保持稳定的资金来源与优良的资本结构,常常需要采取前述四种筹资战略的某种合理组合进行筹资。

上述五种情况是企业资金筹措战略方案的基本类型。企业在具体开展资金筹措战略时,要根据企业自身的能力及企业所处的金融环境等选择合理的筹资渠道与方式战略。

第三节 投资战略管理

投资战略是指企业为了长期生存和发展,在充分估计影响企业长期发展的内外环境中的各种因素的基础上,对企业长期的投资行为所作出的整体筹划和部署,它是企业战略不可分割的一部分。

投资战略管理包括投资战略的环境和目标、投资战略的类型、投资战略的制定等。

一、投资战略的环境和目标

(一) 投资战略环境分析

1. 投资战略外部环境分析

一般而言,与投资战略有关的外部环境因素有：

(1) 政治因素：政府制定的产业经济政策、法律规定,国内外政治经济形势,尤其是与经济有关的政治形势。

(2) 社会文化因素：社会价值观念、风俗习惯、宗教信仰、地理条件、人口结构、人力资源素质等。

(3) 科学技术因素：与行业有关的科学技术的水平和发展趋势,主要是新技术、新设备、新工艺、新材料等。

(4) 经济因素：包括宏观经济形势、世界经济形势、行业在国民经济发展中的地位以及企业的直接市场等内容。其中,企业的直接市场是与企业关系最密切、影响最大的环境因素,主要有商品市场和资本市场。商品市场上本企业所需的原辅材料、零部件、能源动力的供应情况、客户、竞争对手情况及其发展趋势、市场状况、消费趋向；资本市场上各类资金供应者的资本成本、供应条件等。

2. 投资战略内部环境分析

内部环境因素主要包括：企业发展的最大能力与潜力、企业生产装备状况及资产的适用性、资金规模及其配置情况、经济效益、人员素质和组织结构状况。透过内外环境分析，企业可以从中发现环境制约的风险与机会、企业的优劣势、企业资金的筹措能力、企业规模扩大的可能性和必要性等，为制定合理的投资战略提供依据。

（二）投资战略目标的确定

企业投资目的是以较少的资金投放和较低的投资风险获得较大的投资收益和竞争优势。但是，由于企业投资战略的制定和实施必须充分考虑企业内外环境因素和企业战略的要求，因此，为了保证企业战略目标的顺利实现，企业投资战略目标应切实可行，具有挑战性、多元性和弹性等特征。这些目标主要包括：

（1）收益性目标，是指企业获利程度方面的目标，如利润额及利润率、投资报酬率、每股盈余和股票价格等指标，都可用来表达企业资金投放所追求的收益性。

（2）成长性目标，是指通过投资战略带来的企业的发展空间和水平，表现为那些能表明企业成长、发展程度的目标，如企业规模扩大、企业产量增加、销售额上升、技术装备水平提高等，都可视为企业资金投放的成长性目标。

（3）市场占有目标，是指以占领市场、提高企业市场占有率为企业资金投放的直接目标。投资战略的制定与实施，要有助于企业进入新市场，提高市场占有率等。

（4）技术领先目标，是指企业投资战略的制定与实施，要有助于企业能在某项技术上占据领先地位，由此可以获得技术优势。

（5）产业转移目标，是指通过投资战略，可使企业改变生产方向，从一个行业转向另一个行业。

（6）一体化目标，是指企业投资的目的是进行前向、后向或水平一体化，以取得或建立有保证的销售渠道、关键技术、原材料供应基地和能源供给保证等，这是企业避开竞争威胁，增强竞争优势的重要途径。通过投资战略，企业可取得或建立有保证的销售渠道、关键技术、原材料供应基地和能源供给，达到产前、产中、产后一体化的目标。

（7）社会公益目标，是指投资战略的制定应考虑社会公共利益方面的目标，如环境保护、公共交通、节约能源等。此类投资是维护人们正常生产、生活环境所必不可少的，企业和社会对此应越来越重视。

上述目标相互联系，共同构成一个多元化的投资战略目标体系。

二、投资战略的类型

（一）按投资战略的性质分

按投资战略的性质划分，企业的投资战略可分为稳定型投资战略、扩张型投资战略、紧缩型投资战略和混合型投资战略。

（1）稳定型投资战略是一种维持现状的战略，即在外部环境短期内无重大变化的情况下，将现有战略继续进行下去,最有效地利用现有的资金和条件,继续保持现有市场,维持现有投资水平(可以是企业现有的投资规模,也可以指现有投资的增长水平,但一般来讲是指前者),降低成本和改善企业现金流量,以尽可能多地获取现有产品的利润,积聚资金为将来发展做准备。稳定型投资战略实际上是产品转向的一个过渡阶段,其过渡时间的长短,取决于现有产品的生命周期和转入新产品的难易程度。

(2)扩张型投资战略是一种不断扩大现有投资水平的战略。企业通过扩大投资规模或提高投资的增长速度,来不断扩大企业的生产经营规模,增加生产和经营产品的种类,提高市场占有率,其核心是发展与壮大。扩张型投资战略具体包括市场开发战略(企业现有的各种产品开拓新任务、新市场)、产品开发战略(战略目标是创造新产品以替代公司现有产品)、市场渗透战略(战略目标是以其目前的产品市场组合为发展焦点,力求增大目前产品的市场占有率)和多角化经营战略(战略目标是同时为公司开发新产品和新任务、新市场)。

(3)紧缩型投资战略是一种收缩现有投资规模的战略。企业从进取竞争中退下来后,从现有经营领域抽出投资,缩小经营范围,休养生息。这种战略可分为完全紧缩型投资战略和部分紧缩型投资战略。前者是指企业受到全面威胁时,将全部资产清算以收回资金、偿还债务。后者是指将企业部分非关键产品或非核心技术出卖,紧缩经营。企业在经营决策失误,经营优势丧失时,或者在取得竞争胜利后,放慢竞争节奏时,宜采用紧缩型投资战略。

(4)混合型投资战略是指企业在一个战略时期内同时采用稳定、扩张、紧缩等几种战略,多管齐下,全面出击。其战略核心是在不同阶段或不同领域,采用不同的投资战略。

(二) 按投资经营对象的差异分

按照投资经营对象的差异可分为密集型投资战略、一体化投资战略和多样化投资战略。

(1)密集型投资战略是指企业在以单产品为投资对象的条件下,采取积极措施,开辟新的经营领域,增加新的品种,扩大市场面,从而全面扩大生产和销售。

(2)一体化投资战略是指企业在供、产、销三个方面投资与经营实现一体化,使原料供应、加工制造和市场销售实行联合,从而扩大生产和销售的能力。

(3)多样化投资战略是指企业的新产品和新市场相结合,从事相关多元化投资和经营的战略。

三、投资战略的制定

(一) 投资战略的设计依据

(1)财务整体战略。财务投资战略方案的设计是为了实现财务整体战略,因此在设计方案时需以财务整体战略为指导,在其规定的框架内进行,具体方案应与战略保持一致。

(2)资金投放的盈利和增值水平。追求尽可能多的投放收益和实现尽可能大的投资增值是每一个投资项目都不可忽视的重要目标。设计投资项目时,对其盈利与增值水平的考虑是重要的设计思想之一。

(3)资金投放风险。资金投放收益与风险共存,多数投资项目都有不能获得预期收益的可能性,因此设计投资方案时,分析投资风险,考虑如何利用或避免风险是不可或缺的一个重要内容。

(4) 资金投放成本。资金投放是降本求利的过程。因此设计资金投放项目,不仅要考虑其产出因素,还要考虑其投入因素,即投资成本。资金投放成本主要包括前期费用、实际投资额、资金成本、投资回收费用等。

(5) 投资管理与经营控制能力。没有良好的管理与控制,再好的投资项目亦不能达到预期目的。因此资金投放项目的设计还要考虑企业的投资管理和经营控制能力。

(6) 融资能力。任何资金投放项目都要求企业能及时、足额、低成本地筹集到投资所需资金。如果企业资金短缺,融资能力又较弱,势必会影响到资金投放方案的选择。

(7) 资金投放环境。设计资金投放方案时,应熟知资金投放环境,预知资金投放环境的发展变化,根据投资环境的发展变化,设计相应的投资方案。

(二) 投资战略的制定方法

1. SWOT 分析法的基本原理

SWOT 分析法是一种在综合考虑企业内部条件和外部环境的各种因素,正确认识自身优势与劣势的基础上,进行系统评价,扬长避短,抓住机会,避开威胁从而选择最佳投资战略的方法。它是由美国哈佛商学院最先采用的一种经典分析方法。SWOT 是由英文"优势"(strengths)、"劣势"(weaknesses)、"机会"(opportunities)和"威胁"(threats)四个单词的第一个字母组合而来的。企业的内部优势、劣势是相对于竞争对手而言的,一般表现在企业的资金、技术、产品、市场等方面;企业外部的机会是指环境中对企业有利的因素,如政府支持、高新技术的应用等;企业外部的威胁是指环境中对企业不利的因素,如市场增长率减慢、技术老化等。

2. SWOT 分析法的战略生成过程及应用

企业内、外部的优势与劣势、机会与威胁一旦确定,管理者即可着手制定投资战略。投资战略应充分利用外部机会,避免或克服外部威胁;充分利用内部优势,克服内部劣势。在此过程中,一定要注意两个方面的一致性:一是内部的一致性,即投资战略要与企业战略相一致;二是外部的一致性,即投资战略要与外部环境相一致。

对于内部优势、劣势和外部机会、威胁因素的不同组合来说,总有一些投资战略与之相对应,也就是说企业在特定的情况下,有些特定的投资战略可供选择。SWOT 分析法的分析过程包括了以下八个步骤:①列出企业的关键外部机会。②列出企业的关键外部威胁。③列出企业的关键内部优势。④列出企业的关键内部劣势。⑤将内部优势与外部机会相匹配,得出优势—机会战略(SO)。⑥将内部劣势与外部机会相匹配,得出劣势—机会战略(WO)。⑦将内部优势与外部威胁相匹配,得出优势—威胁战略(ST)。⑧将内部劣势与外部威胁相匹配,得出劣势—威胁战略(WT)。

图 2-5 表明了某些投资战略与不同的 SWOT 因素组合之间的关系。图中横、纵两轴把平面分为四个区域,横轴表示内部优势与劣势,纵轴表示外部机会与威胁。

其中,区域 A 是最理想状态,属于优势——机会(SO)战略。在该区域内企业内部条件具有优势,同时外部环境提供机会。处于这种状态下的企业应当发挥优势、利用机会,适用扩张型战略。

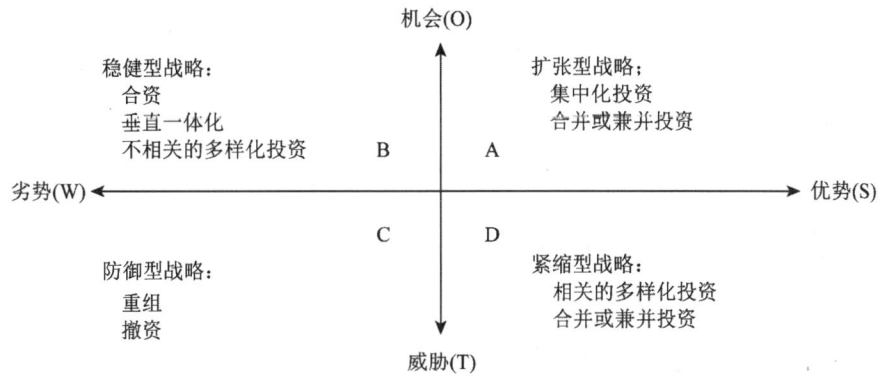

图 2-5　SWOT 分析图

区域 B 属于劣势—机会(WO)战略,环境机会很多,却受到内部劣势限制。处于这种状态下的企业应利用机会,克服弱点,适用于稳健增长型战略,可以采取合资、混合多元化投资等战略。

区域 C 是最不利的区域,属于劣势—威胁(WT)战略,在该区域内企业不仅内部条件处于劣势,而且,还面临着巨大的外部威胁。处于这种状态下的企业应采取防御型战略,收缩或退出是唯一明智的选择。

区域 D 属于优势—威胁(ST)战略,企业内部条件具有优势,但外部环境构成威胁和挑战。处于这种状态下的企业应当尽可能地发挥自身优势、回避威胁。例如,可以在相关领域内进行多样化投资,利用自己的优势,在多样化经营上寻找长期发展的机会,在相关领域内与其他企业合并或兼并其他企业都是恰当的投资战略。

(三) 投资战略的实施步骤

(1) 分析战略变化。资金投放战略实施的第一步是对新老资金投放战略进行对比,从而清晰地了解要使新的资金投放战略实施成功需要在哪些方面及多大程度上作出变化。

(2) 分析组织结构。组织结构代表着管理当局规定的各种资源之间的关系。因为资金投放战略实际上代表着企业资金这种关键资源在企业组织中的重新配置,故资金投放战略会影响到组织内部的资源关系,即影响到组织结构,要求资源关系在形式、规模、结构等方面作出相应调整。

(3) 分析组织文化。组织文化不仅影响资金投放战略的制定,而且影响资金投放战略的实施,它包括组织成员的共同信念、价值观等。

(4) 选择战略实施方式。资金投放战略的实施方式是指组织、管理投资项目实施活动的形式。一个投资项目经审慎决策和计划被批准之后,如何尽快完成实施任务,一个重要问题是如何选择合理的实施形式,如自营方式、承包方式或综合方式等。

(5) 资金投放战略实施与控制。在这个阶段中,管理者的职责是具体组织实施工作,首先,要对资金投放战略进行空间和时间上的分解,形成执行目标;其次,要有效地分配任务、时间和其他资源,建立内部经济责任制;最后,要利用多种管理技能激励员工,克服困难,保证任务的有效完成。在整个实施过程中,管理者还要对其实行有效的控制才能保证资金投放战略的顺利完成。

(四) 投资战略方案的评价与选择

选定企业投资战略方案后,还应该对这些方案运用一定的方法进行评价、筛选,以最终确定与企业发展实际相吻合的投资结论。

对于投资战略方案的评价可以利用贴现现金流量法进行,如净现值法、内部报酬率法等。与常规投资项目评价不同之处在于,战略性投资方案的有关指标预测、分析的难度空前加大,导致相关模型所需数据的预测值的准确性难以保证。因此,对利用贴现现金流量法所得结论不能过分依赖,还应配合适当的定性分析,才能作出最终的结论。影响投资战略方案评价与选择的因素如表2-4所示。

表2-4 影响投资战略方案评价与选择的因素

因素	资金成本
市场因素	(1)该投资方案与哪个市场或其细分部分相关?(2)该投资方案对企业经营战略是否起着关键作用?(3)资产寿命是否超过了产品的经济周期?(4)进行了哪些市场研究以支持该投资方案的有关市场假设?(5)对于扩展方案,增加的产量是否能够销售出去?(6)对于新产品投资方案,该产品是否经过完善的技术与市场测试?
生产因素	(1)投资方案所确定的产品处于生命周期中的哪一阶段?它对有关数量、单位成本和销售价格的假设有何影响?(2)组织内部或外部对该种投资有无已知的经验?如果有,如何能够获得这种经验?如果没有,是否能用一定的方法预测该投资的前景?(3)生产设施能否充分地达到投资方案中所假定的关于质量、时间和成本等方面的要求?(4)该投资方案对短期、中期、长期的生产能力利用程度有何影响?
财务因素	(1)该方案所应用的折现率或肯定当量系数能否被证明是合理的?(2)该方案是否产生了特别的融资机会?(3)除了按实际假设进行了计算分析外,对于"最好"或"最坏"的情景是否进行了定量计算与分析?(4)是否进行了敏感性分析?关键假设变动多大百分比会使该方案变为不可接受?(5)该项目的风险在多大程度上来自于微观经济因素或来自宏观经济因素?
竞争因素	(1)该投资方案的主要竞争对手有哪些?(2)这些竞争对手的实力和潜力如何?(3)竞争对手的反应会对有关投资假设及结果产生何种影响?(4)在竞争对手面前,我们可以采取的措施有哪些?
宏观经济政治因素	(1)目前的宏观经济状况如何?哪些因素是对企业有利的?(2)该方案的成功对于汇率、商品价格、通货膨胀率、利率及政府经济政策等各项宏观经济因素的敏感程度有多大?(3)该方案的成功在多大程度上依赖于政府的支持?
人员因素	(1)企业内部是否存在专业员工操作该方案?该方案是否需要对人员进行另外的培训?(2)管理当局能否很好地处理这种项目?(3)现有管理结构与程序对新的投资是否适当?(4)新的投资对管理当局及现在的职工队伍有何影响?(5)是否以适当形式征求了职工和工会的意见?(6)企业中各种正式组织与非正式组织对战略方案的支持程度如何?

第四节 股利分配战略管理

在股份制公司理财活动中,股利分配始终占据着重要地位。股利分配是股东权益的具体化,也是股份制公司有关权益分配和资金运作方面的重要决策,它直接关系公司股票价格和企业的生存、发展。股利分配战略正是在这种背景下,由企业管理层依据企业战略的要求和内外环境状况,对股利分配所进行的全局性和长远性谋划。

与通常所说的股利政策相比,股利分配战略具有以下特点。

(1) 股利分配战略不是从单纯的财务观点出发决定企业的股利分配,而是从企业的全局出发,从企业战略的整体要求出发决定股利分配。

(2) 股利分配战略在决定股利分配时,是从长期效果着眼的,它不过分计较股票价格的短期涨落,更关注股利分配对企业长期发展的影响。

(3) 股利分配战略要处理的内容主要包括:确定股利支付率;企业股利的稳定性,即企业实施什么股利政策;通过股利分配所要传达给投资者的信息内容。确定股利支付率是股利战略的核心问题。

企业股利分配战略的内容包括股利分配战略的环境和目标、股利分配战略的制定等。

一、股利分配战略的环境和目标

(一) 股利分配战略环境分析

1. 股利分配战略外部环境分析

影响股利分配战略的外部因素主要有:

(1) 法律方面的限制。某些方面的法律规定将会直接或间接影响企业的股利分配战略,如资本约束、利润分配程序方面的法律规定,某些国家还存在超额累计利润方面的限制。

(2) 债务合同条款限制。债权人为保护其合法权益,防止股东以发放股利为名减少企业资本,通常在债务合同中对债务人资金运用作出某种程度的限制。如限制企业在一定期间内股利支付的最高额度;有的条款还明确规定,企业不得分配以前年度的未分配利润等。这些是企业制定股利分配战略时应予以考虑的。

(3) 股东对股利分配方案的意见。股东作为企业的所有者,可以通过投票影响企业的发展,因此,他们对股利分配的影响是巨大的。不同股东进行投资的目的不同,对股利分配战略的要求也不同。因此,制定股利分配战略应考虑股东在股利收入、控制权、避税等方面的要求。

(4) 宏观经济状况。整个社会的经济发展水平、速度,通货膨胀等宏观经济因素也会对企业的股利分配战略产生影响。

2. 股利分配战略内部环境分析

影响股利分配战略的内部因素主要有:

(1) 现金流量因素。现金流量的多少是影响股利战略的重要因素之一,这一点对股利分配战略中现金股利的发放尤为重要。

（2）筹资能力因素。不同筹资能力的企业选择的股利分配战略将会有所差异，如外部筹资能力强的企业对内部筹资的依赖性较弱，因而会采取较为宽松的股利分配战略；相反外部筹资能力较弱的企业往往会倾向于选择较紧的股利分配战略。

（3）投资机会因素。投资机会就意味着对资金的需求，而资金的多少又直接关系着企业的股利支付能力和股利分配战略。企业在有良好投资机会和暂无较好投资机会的时期所采取的股利分配战略是不同的。

（4）股利分配的惯性。股东之间存在一定的"观望效应""攀比效应"，目前的股东大会关注过去一段时期内股东的收益，从而使股利分配战略的制定存在"路径依赖"，要充分关注股利分配的惯性。

（二）股利分配战略目标的确定

股利分配战略目标是指通过制定、实施股利分配战略所要达到的目的。一般而言，股利分配战略的目标主要包括：

（1）稳定股票价格。股票价格受多种因素的影响，股利稳定性是其中一个重要影响因素。适合的股利战略，有助于企业股票价格的稳定。此目标是股利分配战略的最基本目标。

（2）维护股东权益，平衡股东间的利益关系。股利是股东的财产所有权在经济上的实现形式，是股东获得报酬的主要形式，因此，多数股东对股利极为关注，对不同的股利分配战略也极为敏感。所以，企业应该注意保护股东的权益，通过制定股利分配战略，协调、平衡股东之间的各种利益关系，从而使企业各项活动顺利进行。

（3）促进企业的长期发展，最终实现企业资金均衡、有效流动。作为企业财务战略的子战略，其目标要服从于财务战略的总目标，因此，制定的股利分配战略要有利于企业资金的充分利用，促进企业资金的流转即促使资金均衡、有效流动。股利分配战略的制定还应从股东的利益出发，将长远利益和当前利益有机结合。

二、股利分配战略的制定

（一）股利分配战略的制定程序

企业股利分配战略的制定过程一般遵循下述程序：

第一步，分析影响股利分配战略的内外环境。

第二步，在综合分析环境因素对股利分配影响的基础上，拟定可行的股利分配战略的备选方案。

第三步，按照企业战略的要求对各种备选方案进行分析与评价，从中选出与企业战略协调一致的股利分配方案，确定为企业在未来战略期间内的股利分配战略，并组织实施。

（二）股利分配战略的选择

股利分配战略的选择要从不同的方面来考虑。就股利支付率而言，企业应根据内外环境考虑采取全部发放股利的战略还是高股利或低股利抑或不支付股利的战略；从股利的稳定性而言,企业应采取固定股利政策还是固定股利支付率政策抑或低正常股利加额外股利政策;对股利的支付方式而言,企业在内外条件下,应该采取何种支付方式。不同的企业战略通常要求不同的股利分配战略予以支持,主要包括:

(1) 对于发展型企业战略而言,企业需要扩大原有的经营领域或开拓新的经营领域,因此具有以下特点:①企业需要大量的资金。②经营会面临较大的不确定性,致使企业收益在一定时期内较不稳定。③企业的投资者往往具有较强的风险承受能力。在这种情况下的股利分配战略为:选择低现金股利加额外股利政策,并且尽量采用股票股利方式支付股利。

(2) 对于稳定型企业战略而言,企业不改变现有的经营范围和规模,这类企业通常具有以下特点:①企业不需要大量的资金。②企业所面临的外部环境较为稳定。③企业的投资者往往不具有较强的风险承受能力。这种情况下的股利分配战略为:选择稳定或持续增加的股利政策,以现金股利为主,必要时以股票股利相配合。

第五节 财务战略的实施、评价和控制

一、财务战略的实施

在完成了企业财务战略规划后,就进入了战略实施阶段,财务战略作为企业经营战略的一个重要组成部分,在配合企业竞争战略提升核心竞争力方面应当发挥重要的作用,因此更需要战略的实施能力,这种能力也是企业核心竞争力的一个重要方面。提高企业的财务战略实施能力,应做好以下两个方面的基础工作。

(一) 财务战略实施的制度基础——公司治理结构

公司治理是现代企业制度中最重要的组织架构,所要解决的问题是所有权和经营分离条件下的代理问题,即通过建立一套既分权又能相互制衡的制度来降低代理成本和代理风险,防止经营者对所有者利益的背离,从而达到保护所有者的目的。

公司治理是一个多角度、多层次的概念。狭义的公司治理主要是指股东对经营者的一种监督与制衡机制,即通过一种制度安排,来合理地配置所有者与经营者之间的权利与责任。其主要特点是通过股东大会、董事会、监事会及管理层所构成的公司治理结构的内部治理。广义的公司治理则不局限于股东对经营者的制衡,而是涉及广泛的利益相关者,包括股东、债权人、供应商、雇员、政府和社区等与公司有利益关系的各方。公司治理是通过一套包括正式或非正式的、内部或外部的制度或机制来协调公司与所有利害关系者之间的利益关系,以保证公司决策的科学化,从而最终维护公司各方面的利益。治理的目标不仅是股东利益的最大化,而且要保证公司决策的科学性,从而保证公司各方利益相关者的利益最大化。

作为公司战略决策的一个重要组成部分,财务战略决策也离不开一定的制度基础或条件。公司治理结构是财务战略决策和管理的制度基础。每一家公司的财务战略都在其特定的治理结构条件下形成和发展的。研究企业财务战略,绝不应该脱离公司治理结构。建立良好的公司治理结构是财务战略实施的重要制度保证。

(二)财务战略实施的方法基础——有效的预算管理

财务战略与企业的整个资源相联系,它涉及企业有多少资源,这些资源如何获取,资源投向哪些领域,以及如何投放等问题。而企业预算是反映企业未来一定时期的生产经营及财务成果的一系列目标与规划。

预算管理是利用预算这一主线对企业内部各部门、各种财务及非财务资源进行的控制、反映与考评等一系列活动。它的主要内容是对企业资源的组织、使用作出合理安排,借此提高企业管理水平和管理效益。

预算管理的预测性制约着筹资战略的选择,由于企业所处环境的多变性和经济事件的不确定性,预测在企业的经营活动中是必不可少的。精确的预算不仅作用于企业的战略选择方面,还是企业选择不同筹资战略的重要参考指标。

预算管理的规划性也制约着投资战略的选择,预算从其本质上看属于计划的范畴,因为它是对企业未来行动所制定的计划。在这一计划中,企业如何对内部资源进行整合、利用,如何与外部资源进行协调、对接,以及资源投向都有着具体的安排。而这种安排是企业战略有效落实的保证,尤其是资本预算,直接影响着企业的投资战略。

二、财务战略的评价和控制

企业财务战略评价和控制是指从企业发展战略的角度评价财务战略的实施状况、成果并实施有效控制。

企业财务战略的评价和控制阶段主要应做好以下三个方面的工作:一是根据内外环境的变化,经常检查企业经营战略的根据或基础;二是经常比较战略实施的预期和实际进度结果;三是及时采取纠正行动或应急措施以保证目标或计划的实现。

(一)评价企业财务战略的依据

在企业财务战略实施期间,公司内外环境并不是静止不变的。如果这些变化是关键性的,就会动摇企业财务战略成立的依据,公司就要及时调整其战略。企业应重新审查企业财务战略的依据是否集中于那些重要战略因素上,包括构成战略基础的外部机会与威胁以及内部优势与劣势,应不断地监视其发生的变化。企业财务战略评价关键问题如表2-5所示。

表2-5　　　　　　　　企业财务战略评价关键问题

(1)	企业的内部优势是否仍是优势?
(2)	企业的内部优势是否有所加强?如果是,体现在何处?
(3)	企业的内部劣势是否仍为劣势?
(4)	现在是否又有了其他新的内部劣势?如果是,体现在何处?
(5)	企业的外部机会是否仍为机会?

(续表)

(6)	现在是否又有了其他新的外部机会？如果是，体现在何处？
(7)	企业的外部威胁是否仍为威胁？
(8)	企业是否又有了其他新的外部威胁？如果是，体现在何处？

(二) 评价企业财务战略实施的表现——衡量企业绩效

企业财务战略评价标准的选择取决于企业的规模、行业、经营战略和管理宗旨。

1. 财务战略绩效评价的原则

不同的战略取向会存在不同的评价标准，但一般来说财务战略的评价和企业绩效的衡量应遵循以下基本原则。

(1) 绩效性原则。评价重点战略实施的实际结果。一项文字形式很好的财务战略，若未被真正实施，那它要么形同虚设，要么无法检验其有效性，总之它只会浪费企业在战略制定上所花费的时间、金钱和精力，不会对企业财务战略目标的实现带来任何实际性的好处。因此，绩效评价要对战略实施的结果予以验证，而不能流于形式。

(2) 全面性原则。评价的内容要全面，要将反映企业经营业绩的各种因素纳入评价范围，并具体设计出相应的指标体系才能综合反映企业财务战略的绩效。

(3) 科学性原则。评价方法要科学，科学的评价方法要求评价目标、评价内容和指标体系之间具有较强的相关性，评价的组织体系和评价过程能够确保得出客观、真实的评价结果。

(4) 公正性原则。评价必须客观公正，企业财务战略评价是企业上层单位对其下属单位的评价或本单位的自我评价。作为企业上层单位对其下属单位的评价，如果不能做到客观公正，以致作出错误的决策，不但使下属单位不服，而且会挫伤下属单位的积极性，其负面影响大，不利于企业财务目标的实现。自我评价不能做到客观公正，其评价结果也就失去意义。要使评价客观公正，除坚持上述各项原则外，对同类单位的评价标准必须统一，不搞特殊化；评价操作程序要规范，防止"暗箱操作"。

(5) 可控性原则。评价指标要有可控性，根据责任会计的要求，企业内部各责任中心只能对其责权范围内可控制的成本、收入、利润和投资报酬负责，在责任预算和业绩报告中也只能包括他们能够控制的项目，对于他们不能控制的项目则应一律排除在外，或只作为参考资料列示，以保证责、权、利关系的紧密结合。应注意的是，可控与不可控是相对的，要视具体情况而定；不同的责任层次其可控的范围也不一样。通常责任层次越高，可控范围也就越大。

(6) 责、权、利相结合的原则。要使企业战略被真正实行，各责任中心应严格按照经济责任制的要求，贯彻责、权、利相结合的原则，使每个人的努力、报酬与风险相适应。这一原则要求确定每个责任单位、每笔收支项目和每项消耗定额由谁负责，同时赋予责任者与其所承担的职责范围的大小相适应的权力，并规定出相应的业绩考核标准。

2. 财务战略绩效评价的指标体系

财务战略绩效评价有定量和定性两种标准。

(1) 定量指标体系。企业财务战略绩效评价的定量指标体系是建立在传统的财务管理绩效评价定量指标体系基础上的,它是对传统的财务管理绩效指标的总括反映,但它考核的不是企业内部某一责任中心的经营业绩,而是企业最高管理当局总的绩效情况,是对企业战略决策和战略实施情况的综合衡量。各种财务比率被广泛地用作财务战略评价的定量标准。然而,采用定量标准进行企业财务战略评价有一些潜在的问题:第一,绝大多数定量标准都是为年度目标而不是为长期目标制定的;第二,对很多定量指标,用不同的会计方法计算会得出不同的结果;第三,在制定定量指标时总要利用直觉性判断。鉴于此,定量财务战略评价需要定性指标来弥补其缺陷。

(2) 定性指标体系。企业财务战略评价中的指标体系只是着重从价值管理的方面对企业战略管理的结果作出评价,但要作全面分析还必须将这些指标同企业战略决策的其他方面结合起来。具体而言,定性指标常是以提出若干定性问题来评价的,还有一些需要作出定性的和直觉性判断的附加问题。具体如表2-6所示。

表2-6　　　　　　　　　　定性指标体系问题及附加问题

序号	定性指标体系问题	附加问题
1	财务战略是否与企业内部条件相一致?	企业是否在高风险投资和低风险投资间保持适当的平衡?
2	财务战略是否与企业外部环境相一致?	企业是否在长期投资和短期投资间保持适当的平衡?
3	从可利用资源的角度看,财务战略是否适当?	企业是否在对慢速增长市场的投资和对快速增长市场的投资间保持适当的平衡?
4	财务战略所涉及的风险程度是否可以接受?	企业如何平衡对各分部的投资?
5	财务战略实施的时间表是否恰当?	企业是否保持资本结构和负债结构的稳定以及经营杠杆和财务杠杆的平衡?
6	财务战略是否可行?	企业关键内部因素与关键外部因素间的关系如何?
7		短期目标是否与长期目标保持平衡?

章节测试

班级_____ 姓名_____ 学号_____ 日期_____ 分数_____

一、单项选择题(每小题6分,共30分)

1. 战略管理区别于一般战术管理的根本特征之一在于它对(　　)的重视。
   A. 内部环境　　　　　　　　B. 外部环境
   C. 环境　　　　　　　　　　D. 目标

2. 在企业财务战略管理的程序中,基础环节是(　　)。
   A. 战略环境分析　　　　　　B. 战略目标的确定
   C. 战略方案的形成　　　　　D. 战略实施

3. 企业筹资战略管理主要涉及的是企业筹资能力战略、筹资结构战略和(　　)。
   A. 战略环境分析　　　　　　B. 战略目标的确定
   C. 筹资方式战略　　　　　　D. 筹资结构的选择

4. 下列各项中,主要依靠社会资金来源,通过发行各种有价证券,特别是发行股票和债券等方式来筹集资金的战略是(　　)。
   A. 金融型资金筹措战略　　　B. 证券型资金筹措战略
   C. 联合型资金筹措战略　　　D. 结构型资金筹措战略

5. 下列各项中,不属于股利战略目标的是(　　)。
   A. 稳定股票价格
   B. 保护股东权益,平衡股东间的利益关系
   C. 促进公司的长期发展,最终实现企业资金均衡、有效流动
   D. 扩大和保持现有融资渠道

二、多项选择题(每小题8分,共40分)

1. 筹资战略管理从内容上讲包括了(　　)等几个问题。
   A. 筹资战略管理的环境分析　　B. 筹资战略管理的目标确定
   C. 筹资战略的制定或生成　　　D. 具体的资金筹措实施计划

2. 从企业基本财务活动的角度观察企业财务战略的内容,主要包括(　　)。
   A. 资金筹措战略　　　　　　B. 资金投放战略
   C. 收益分配战略　　　　　　D. 资金运营战略

3. 企业财务战略管理的程序包括（　　）。
   A. 战略环境分析　　　　　　　　B. 战略目标的确定
   C. 战略方案的形成　　　　　　　D. 战略实施和控制
4. 制定企业投资战略的方法包括（　　）。
   A. SWOT 分析法　　　　　　　　B. 波士顿矩阵法
   C. 通用电气经营矩阵分析法　　　D. 生命周期矩阵分析法
5. 从企业资金筹措和使用特征来看，企业财务战略可分为（　　）。
   A. 快速扩张型财务战略　　　　　B. 稳健发展型财务战略
   C. 防御收缩型财务战略　　　　　D. 企业并购战略

三、判断题（每小题 6 分，共 30 分）

1. 筹资战略主要涉及的问题是为适应未来环境和企业战略的要求，对企业筹资能力、筹资结构和筹资方式等重要方面所持的一种长期的、系统的构想，而不是具体的资金筹措实施计划。　　　　　　　　　　　　　　　　　　　　　　　　　　（　　）
2. 企业通过与金融机构建立起密切的协作关系，有效地利用这些金融机构的信贷资金，以保证随时获得长期稳定贷款的筹资状况，这是一种证券型资金筹措战略。　（　　）
3. 按照投资战略的性质不同可将投资战略分为密集型投资战略、一体化投资战略和多样化投资战略。　　　　　　　　　　　　　　　　　　　　　　　　　　（　　）
4. 在 SWOT 分析法中，属于优势——机会（SO）战略区域的，企业应该采取防御型战略。
   　　　　　　　　　　　　　　　　　　　　　　　　　　　　　　　　　　（　　）
5. 在 SWOT 分析法中，属于劣势——威胁（WT）战略区域的，企业应该采取增长型战略。
   　　　　　　　　　　　　　　　　　　　　　　　　　　　　　　　　　　（　　）

第三章 预算控制

知识导航

```
            ┌─ 预算控制概述 ┬─ 预算
            │              └─ 预算控制
            │
            │              ┌─ 全面预算的内容
预算控制 ───┼─ 全面预算    │
            │              └─ 全面预算体系
            │
            │                        ┌─ 预算控制程序
            └─ 预算控制程序与方法 ───┼─ 预算控制方法
                                     └─ 预算变更
```

学习目标

1. 理解预算的概念和分类。
2. 了解预算控制的概念。
3. 掌握全面预算的内容。
4. 掌握不同预算控制方法的优缺点。
5. 掌握预算变更的原因。

 寓德于教

凡事预则立,不预则废

　　秦朝末年,楚汉相争。有一次,韩信将1500名将士与楚王大将李锋交战。苦战一场,楚军不敌,败退回营,汉军也死伤四五百人,于是,韩信整顿兵马也返回大本营。当行至一山坡,忽有后军来报,说有楚军骑兵追来。只见远方尘土飞扬,杀声震天。汉军本来已十分疲惫,这时队伍大哗。韩信兵马到坡顶,见来敌不足五百骑,便急速点兵迎敌。他命令士兵3人一排,结果多出2名;接着命令士兵5人一排,结果多出3名;他又命令士兵7人一排,结果又多出2名。韩信马上向将士们宣布:我军有1073名勇士,敌人不足五百,我方居高临下,以众击

寨,一定能打败敌人。汉军本来就信服自己的统帅,这一来更认为韩信是"神仙下凡""神机妙算"。于是士气大振。一时间旌旗摇动,鼓声喧天,汉军步步逼近,楚军乱作一团。交战不久,楚军大败而逃。

思考与讨论:以上历史故事说明了什么道理?对财务管理工作有何启示?

资料来源:今日头条,2018-12-6,《韩信点兵——中国剩余定理》,https://www.toutiao.com/article/6631715701587444227/,有删节。

第一节 预算控制概述

一、预算

(一) 预算的概念

预算是企业在预测、决策的基础上,用数量和金额以表格的形式反映企业未来一定时期内经营、投资、筹资等活动的具体计划,是为实现企业目标而对各种资源和企业活动所做的详细安排。

预算与计划之间既存在密切的联系,又存在着区别。一方面,两者本质上是一致的,都是对未来经营活动的一种预测与安排;另一方面,预算所具有的功能与计划经济时代的计划存在显著区别。国有企业的计划往往侧重于经营计划,是对未来经营活动的一种量化说明,不是以货币形式反映的,也就是没有对未来经营活动进行价值量化,如销售计划只是对计划年度销售品种、数量及时间进行安排;生产计划只是对计划年度的生产品种、数量及进度进行安排,一般不涉及价值量。预算则主要是以货币或价值形式对未来经营活动进行说明,不仅包括财务预算,也侧重于价值量的反映。

(二) 预算的特征

预算具有两个典型特征:一是预算与企业的战略目标保持一致。由于预算是为了实现企业目标而对各种资源和企业活动所做的详细安排。二是预算是数量化的并具有可执行性的。预算作为一种数量化的详细计划,它是对未来活动的细致安排,是未来经营活动的依据。

(三) 预算的分类

1. 按预算涉及的内容分类

按照预算涉及的内容进行分类,企业预算主要分为经营预算、专门决策预算和财务预算三类。

(1) 经营预算是反映预算期内企业可能形成现金收付的生产经营活动(或营业活动)的预算,一般包括销售或营业预算、生产预算、制造费用预算、产品成本预算、营业成本预算、采购预算、期间费用预算等。

(2) 专门决策预算是指企业重大的或不经常发生的、需要根据特定决策编制的预算,包括投融资决策预算等。专门决策预算直接反映相关决策的结果,是实际中已选方案的进一步规划。如资本支出预算,其编制依据可以追溯到决策之前搜集到的有关资料,只不过预算比决策估算更细致、更精确一些。例如,企业购置固定资产都必须在事先做好可行性分析的基础上编制预算,具体反映投资额需要多少、何时进行投资、资金从何筹得、投资期限多长、何时可以投产、未来每年的现金流量是多少等。

(3) 财务预算是在预测和决策的基础上,围绕企业战略目标,对一定时期内企业资金取得和投放、各项收入和支出、企业经营成果及其分配等资金运动所作的具体安排。它以经营预算、资本预算为基础,以经营利润为目标,以现金流为核心进行编制,并主要以现金预算、预计资产负债表和预计利润表等形式反映。

财务预算一般按年度编制,业务预算、资本预算、筹资预算分季度、月份落实。财务预算与经营预算、专门决策预算共同构成企业的全面预算。

2. 按预算管理的功能分类

企业管理具有经营与管理两个功能,因此,企业预算可以分为经营预算和管理预算两个层次。

经营预算是企业高层次的、全面的预算,通常情况下以较为综合的财务指标为主;管理预算是企业较低层次的、具体执行性的预算,一般运用财务指标和非财务指标进行衡量,并且越低层次,非财务指标运用越多。

3. 按预算体系的核心点分类

在企业财务管理中,企业预算体系可选择不同的模式:以销售为核心、以目标成本为核心、以现金流量为核心和以目标利润为核心构建的不同预算管理体系。

以销售为核心的全面预算体系,它能使企业内部的各项生产经营活动围绕市场需求这一核心来组织,使预算较为客观。以目标成本为核心进行预算管理的企业的竞争优势主要来源于较低的成本,因此成本控制是管理的重心。以现金流量为核心的预算体系则是通过对现金流量的规划和控制来达到对企业内部各项生产经营活动的控制。以目标利润为核心的预算管理较为强调所有者对经营者的利益要求,一般用于企业较高层次的经营预算。

值得注意的是,各种预算模式并不是相互排斥的,大型企业集团可以以一种模式为主、其他为辅,针对不同层次的企业组织特点选择多种模式,形成全面系统的预算管理体系。

4. 按预算存在期间限制分类

按预算存在期间限制分类,企业预算可以分为期间预算和项目预算。

期间预算是以一定时期内的生产经营活动为规划对象的预算,以涉及的时期长短为标准,又可分为短期预算、中期预算和长期预算。一般来说,涉及较长时期的预算往往是有战略意义的远景规划,带有方向性,但在数据上较为粗略,正常经营预算和财务预算大多是以1年为期,年内再按季、月细分的短期预算,指标较为具体和确定。

项目预算是针对特定问题的将来活动预算,它是不受时期制约的预算。例如,新产品开发预算、设备投资预算、研究预算、追加投资预算等,是对个别问题或项目制定的。经营的最上层所决定的预算,差不多都是项目预算。项目预算中,有很长时期才能实现的,也有短期内可以完成的。

二、预算控制

预算最重要和最基本的功能在于控制。预算控制是指预算执行过程的控制与预算执行结果的报告分析。预算控制过程是通过预算的形式规范组织的目标和经济行为的过程,调整与修正管理行为与目标偏差,保证各级目标、策略、政策和规划的实现。

(一) 预算控制原则

企业进行预算控制,一般应遵循以下几个原则。

(1) 战略导向原则。预算控制应围绕企业的战略目标和业务计划有序开展,引导各预算责任主体聚焦战略、专注执行、达成绩效。

(2) 过程控制原则。预算控制应通过及时监控、分析等把握预算目标的实现进度并实施有效评价,为企业经营决策提供有效支撑。

(3) 融合性原则。预算控制应以业务为先导、以财务为协同,将预算管理嵌入企业经营管理活动的各个领域、层次、环节。

(4) 平衡管理原则。预算控制应平衡长期目标与短期目标、整体利益与局部利益、收入与支出、结果与动因等关系,促进企业可持续发展。

(5) 权变性原则。预算管理应刚性与柔性相结合,强调预算对经营管理的刚性约束,又可根据内外环境的重大变化调整预算,并针对例外事项进行特殊处理。

(二) 预算控制工作的组织

企业实施预算管理应当设立相应的机构,配备相应的人员,建立必要的制度。预算管理的机构设置、职责权限和工作程序应与企业的组织架构和管理体制互相协调,保障预算管理各环节职能衔接,流程顺畅。企业应建立健全预算管理制度、会计核算制度、定额标准制度、内部控制制度、内部审计制度、绩效考核和激励制度等内部管理制度,夯实预算管理的制度基础。企业应充分利用现代信息技术,规范预算管理流程,提高预算管理效率。

我国《中华人民共和国公司法》以下简称《公司法》规定:公司的年度财务预算方案、决算方案由公司董事会制订,经股东会审议批准后方可执行。预算工作的组织包括决策层、管理层、执行层和考核层。具体包括以下几方面。

(1) 企业董事会或类似机构应当对企业预算的管理工作负总责。企业董事会或者经理办公会可以根据情况设立预算管理委员会或指定财务管理部门负责预算管理事宜,并对企业法定代表人负责。

(2) 预算管理委员会负责审批公司预算管理制度、政策,审议年度预算草案或预算调整草案并报董事会等机构审批,监控、考核本单位的预算执行情况并向董事会报告,协调预算编制、预算调整及预算执行中的有关问题等。

(3) 企业财务管理部门负责企业预算的跟踪管理,监督预算的执行情况,分析预算与实际执行的差异及原因,提出改进管理的意见与建议。

(4) 企业内部生产、投资、物资、人力资源、市场营销等职能部门具体负责本部门业务涉及的预算编制、执行、分析等工作,并配合预算管理委员会或财务管理部门做好企业总预算的综合平衡、协调、分析、控制与考核等工作。其主要负责人参与企业预算管理委员会的工作,并对本部门预算执行结果承担责任。

(5) 企业所属基层单位是企业预算的基本单位,在企业财务管理部门的指导下,负责本单位现金流量、经营成果和各项成本费用预算的编制、执行、分析等工作,接受企业的检查、考核。其主要负责人对本单位财务预算的执行结果承担责任。

第二节 全 面 预 算

一、全面预算的内容

全面预算包括经营预算、专门决策预算和财务预算。

(一) 经营预算

经营预算中包括销售预算、生产预算、成本与费用预算等内容。

1. 销售预算

销售预算是指在销售预测的基础上根据销售计划编制的,用于规划预算期销售活动的一种经营预算。销售预算是整个预算的编制起点,其他预算的编制都以销售预算作为基础。甲公司本年的销售预算(为方便计算,本章均不考虑增值税)如表3-1所示。

销售预算的主要内容是销量、单价和销售收入。销量是根据市场预测或销货合同并结合企业生产能力确定的;单价是通过价格决策确定的;销售收入是两者的乘积,在销售预算中计算得出。本例中,假设每季度销售收入中的60%于本季度以现金形式收到,另外的40%要到下季度才能以现金形式收到。

表3-1　　　　　　　　　　　　销售预算　　　　　　　　　　　　单位:元

项目	第一季度	第二季度	第三季度	第四季度	年度
预计销售量(件)	1 000	1 500	2 000	1 800	6 300
预计销售单价	2 800	2 800	2 800	2 800	2 800
销售收入	2 800 000	4 200 000	5 600 000	5 040 000	17 640 000
预计现金收入:					
上年应收账款(元)	620 000				620 000
第一季度 (销货2 800 000元)	1 680 000	1 120 000			2 800 000
第二季度 (销货4 200 000元)		2 520 000	1 680 000		4 200 000

(续表)

项目	第一季度	第二季度	第三季度	第四季度	年度
第三季度 （销货 5 600 000 元）			3 360 000	2 240 000	5 600 000
第四季度 （销货 5 040 000 元）				3 024 000	3 024 000
现金收入合计	2 300 000	3 640 000	5 040 000	5 264 000	16 244 000

在销售预算的控制中，关注目标应该集中于销售价格和销售数量，监督两者在预算期间的变化，可以采取以下措施：首先，将销售预算涉及的地区划分为若干部分，每部分由专人负责，如分区销售经理。其次，建立销售预算完成计划时间进度表，随时检验预算完成情况。最后，建立有效的预算评估程序，对每一阶段预算执行情况进行评价。另外，在销售预算中还涉及了对产品期初期末存货的考虑。销售量的波动由于各种环境的影响会比较频繁，为了维持生产的稳定，对存货的预算也应该进行控制，使存货数量处在最低安全存量和最高安全存量之间。

2. 生产预算

生产预算是为规划预算期生产规模而编制的一种经营预算，它是在销售预算的基础上编制的，并可以作为编制直接材料预算和产品成本预算的依据。在生产预算中，只设计实物量指标，不涉及价值量指标，主要考虑产量预算、直接材料预算、直接人工预算以及制造费用预算的控制。

（1）产量预算的控制。产量会受到销售预算和存货预算控制结果的影响，一般来说，产量预算控制的指导原则应包括：①决定每项或每类产品的标准存货周转率。②利用每项或每类产品的标准存货周转率和销售预测值来决定存货数量的增减。③预算期内的生产数量就等于销售预算加减存货增减数量。甲公司本年的产量预算如表 3-2 所示。

表 3-2　　　　　　　　　　　产量预算　　　　　　　　　　单位：件

项目	第一季度	第二季度	第三季度	第四季度	年度
预计销售量	1 000	1 500	2 000	1 800	6 300
加：预计期末产成品存货	150	200	180	200	200
合计	1 150	1 700	2 180	2 000	6 500
减：预计期初产成品存货	100	150	200	180	100
预计生产量	1 050	1 550	1 980	1 820	6 400

生产预算的"预计销售量"来自销售预算。生产预算在实际编制时是比较复杂的，企业的产量受到生产能力的限制，产成品存货数量受到仓库容量的限制，只能在此范围内来安排产成品存货数量和各期生产量。总之，产量预算的控制必须符合管理控制政策，使生产稳定，将存货数量保持在最低安全存量以上，但要使之处在可能的最低水平，同时，还要控制在管理决策

所决定的最高存货量范围内。

（2）直接材料预算的控制。直接材料控制的基本目的有两个：一是关于直接材料存货，通过预算控制使相关人员能够在最适当的时候发出订单，以适当价格和质量获得适当数量的直接材料；二是关于直接材料消耗，通过控制使材料消耗符合预算标准，将损失控制在确定范围之内。甲公司本年的直接材料预算如表3-3所示。

表 3-3　　　　　　　　　　　直接材料预算

项目	第一季度	第二季度	第三季度	第四季度	年度
预计生产量（件）	1 050	1 550	1 980	1 820	6 400
单位产品材料用量（千克/件）	10	10	10	10	10
生产需用量（千克）	10 500	15 500	19 800	18 200	64 000
加：预计期末存量（千克）	3 100	3 960	3 640	4 000	4 000
减：预计期初存量（千克）	3 000	3 100	3 960	3 640	3 000
预计材料采购量（千克）	10 600	16 360	19 480	18 560	65 000
单价（元/千克）	80	80	80	80	80
预计采购金额（元）	848 000	1 308 800	1 558 400	1 484 800	5 200 000
预计现金支出：					
上年应付账款（元）	235 000				235 000
第一季度（采购 848 000 元）	424 000	424 000			848 000
第二季度（采购 1 308 800 元）		654 400	654 400		1 308 800
第三季度（采购 1 558 400 元）			779 200	779 200	1 558 400
第四季度（采购 1 484 800 元）				742 400	742 400
合计	659 000	1 078 400	1 433 600	1 521 600	4 692 600

有效的直接材料存货控制需要做到：供应生产所需的材料，保证生产的连续性；在供应短缺时（季节性等因素造成），设法提供充足的材料供应，并预期价格波动；以最少的处理时间和成本储存材料，并避免火灾、盗窃等意外情况以及减少自然消耗；有系统的报告材料状况，使过期、过剩、陈旧的材料项目降到最低程度。以上要求可以通过定期汇报，定期检查，限定材料存货最低量、最高量等手段来实现。

（3）直接人工预算的控制。有效的直接人工预算控制取决于各级主管人员的持续监督和观察，以及主管人员与员工的接触。直接人工预算中最重要的环节是单位小时人工标准的确定。

另外,工作流程的规划以及物料、设备的布置安排等因素,均会对直接人工总成本产生影响。

在一定的工时标准基础上,员工的工作效率如何会直接影响生产数量和质量。所以,对直接人工的预算控制可以从两个角度着手:一是通过控制人工标准和员工人数,控制工资费用总额。从最终的财务结果来讲,总的工资费用才是直接相关的,所以必须对总的工资费用进行预算控制。首先,要控制员工工资、奖金等支付标准,结合国家、行业的相关规定和企业的实际情况制定出适合本企业的人工支付标准。其次,要控制员工人数,遵守定员标准,增减员工要通过一定的审批程序来进行。最后,监督劳动生产率情况。监督劳动生产率主要是控制生产工人的出勤率、时间利用率以及工时定额的完成情况。其目的在于通过提高劳动生产率来提高产品产量,从而降低单位产品成本中的工资费用。但是,也不能盲目地追求产量增加,还要注重对产品质量的控制。甲公司本年的直接人工预算如表3-4所示。

表3-4　　　　　　　　　　　直接人工预算

项目	第一季度	第二季度	第三季度	第四季度	年度
预计生产量(件)	1 050	1 550	1 980	1 820	6 400
单位产品工时(小时/件)	10	10	10	10	10
人工总工时(小时)	10 500	15 500	19 800	18 200	64 000
每小时人工成本(元/小时)	60	60	60	60	60
人工总成本(元)	630 000	930 000	1 188 000	1 092 000	3 840 000

(4)制造费用预算的控制。制造费用预算控制的基本原则是区分可控因素和不可控因素。制造费用预算控制中的可控因素与材料和人工预算的控制有关联,制造费用中的材料和人工控制方法可以参照直接材料和人工的预算控制。制造费用预算控制中的不可控因素,如分摊来的折旧和管理费用等,则只能由负责计算分摊这些费用的部门实施控制,调控费用总额和分配给相应受益部门的份额。接受这些间接费用的部门则不须承担控制责任。甲公司本年的制造费用预算如表3-5所示。

表3-5　　　　　　　　　　　制造费用预算　　　　　　　　　　　单位:元

项目	第一季度	第二季度	第三季度	第四季度	年度
变动制造费用:					
间接人工(20元/件)	21 000	31 000	39 600	36 400	128 000
间接材料(15元/件)	15 750	23 250	29 700	27 300	96 000
修理费(20元/件)	21 000	31 000	39 600	36 400	128 000

(续表)

项目	第一季度	第二季度	第三季度	第四季度	年度
水电费（10元/件）	10 500	15 500	19 800	18 200	64 000
小计	68 250	100 750	128 700	118 300	416 000
固定制造费用：					
修理费	10 000	11 400	15 000	15 000	51 400
折旧	100 000	100 000	100 000	100 000	400 000
管理人员工资	119 000	131 000	110 000	110 000	470 000
保险费	15 500	17 100	19 000	27 000	78 600
财产税	6 000	6 000	6 000	6 000	24 000
小计	250 500	265 500	250 000	258 000	1 024 000
合计	318 750	366 250	378 700	376 300	1 440 000
减：折旧	100 000	100 000	100 000	100 000	400 000
现金支出	218 750	266 250	278 700	276 300	1 040 000

3. 成本与费用预算

（1）成本预算的控制。成本预算是对直接材料、直接人工、制造费用预算的总结概括，因此成本预算控制是站在一个更高层次的角度对产品成本总的监督，而不是分项目的详细控制。如果在以销定产，而且在从目标利润倒推生产成本的情况下，对成本预算的控制就是对直接材料、直接人工和制造费用预算控制的基础，通过成本预算中要求的各项目的完成情况，详细制定各项目的控制措施。甲公司本年的产品成本预算如表3-6所示。

表3-6　　　　　　　　　　产品成本预算

项目	单位成本			生产成本（元）	期末存货（元）	销货成本（元）
	单价（元/千克或小时）	单耗（千克或小时）	成本（元）	6 400件	200件	6 300件
直接材料	80	10	800	5 120 000	160 000	5 040 000
直接人工	60	10	600	3 840 000	120 000	3 780 000
变动制造费用	6.5	10	65	416 000	13 000	409 500
固定制造费用	16	10	160	1 024 000	32 000	1 008 000
合计			1 625	10 400 000	325 000	10 237 500

（2）销售费用预算的控制。销售费用可以分为变动销售费用和固定销售费用，对这两种销售费用的控制方法也不同。变动销售费用是指与产品销售数量成正比例变动的费用，如销售佣金、包装费、运输费等。对于变动销售费用，一般应在不影响销售的前提下控制其单位消

耗,如通过采用更科学的打包技术,降低包装物的消耗,从而减少单位产品的包装费。固定销售费用是指与产品销售数量没有直接关系的销售费用,如广告费、销售部门管理人员的工资等。由于固定销售费用与销售量没有直接关系,因此控制的时候以总额控制为主,如限定预算期间用于广告费用的支出金额。

(3)管理费用预算的控制。管理费用预算由许多明细项目组成,对于不同项目的费用,应采用不同的控制方法,但就费用水平而言,应采用费用预算总额控制的方法。比如,对于可能发生的坏账,事先应该按照应收账款的一定比率和账龄长短核定预算年度的坏账准备,如果实际发生的坏账超过了预算数额,则在核销的时候应该由有权控制的部门核准,查找发生超额坏账的原因并写出报告。

甲公司本年的销售及管理费用预算如表 3-7 所示。

表 3-7　　　　　　　　　　销售及管理费用预算　　　　　　　　　单位:元

项目	金额	项目	金额
销售费用:		福利费	80 000
销售人员工资	300 000	保险费	60 000
广告费	550 000	办公费	140 000
包装费、运输费	300 000	折旧	150 000
保管费	270 000	合计	2 350 000
折旧	100 000	减:折旧	250 000
管理费用:		每季度支付现金	525 000
管理人员薪金	400 000	现金支出	1 575 000

(二)专门决策预算

专门决策预算主要包括资本预算、筹资预算等内容。它通常涉及长期建设项目的资金投放与筹集,并经常跨越多个年度。专门决策预算的要点是准确反映项目资金投资支出与筹资计划,它同时也是编制资金预算和预计资产负债表的依据。甲公司本年的专门决策预算如表 3-8 所示。

表 3-8　　　　　　　　　　专门决策预算　　　　　　　　　　单位:万元

项目	第一季度	第二季度	第三季度	第四季度	年度
投资支出预算	500	—	600	—	1 100
借入长期借款	300	—	600	—	900

1. 资本预算

对资本预算,在控制的时候并非仅仅是压制支出,还应该根据实际情况的变化,随时调整支出项目,使资本资产的取得、维护、重置等能够顺利进行,一旦发生无法预计和解决的问题,

需要及时停止资本支出项目以最大限度地减少损失。资本预算的控制分为三个阶段:

第一阶段是正式授权进行特定资本项目的计划。对主要的资本支出计划,需要最高管理当局批准,批准的形式可以是正式或非正式的通知,相应的,对重要性程度递减的资本性支出计划,则由相应级别负责的管理部门授权即可。

第二阶段是资本支出项目进行中的支出控制。一旦资本支出项目经批准并开始实施,应立即设立专门档案加以记录发生的成本、费用支出,并根据责任范围编制工作进度作为补充资料。每个资本支出项目的进展情况报告,都应该每隔一段时间呈报给相应的管理机构,重要的资本项目则需要将报告呈送企业最高管理当局审核。报告应包括的项目有:

(1) 成本项目。成本项目中应列明资本项目的预算金额,到报告期为止的累积支出和尚需支付的待付款项,预算中未使用的金额,已经超过或低于确定支出的数额。

(2) 收入项目。如果资本项目投入后马上就可以产生收益,或在报告期内产生了收入,则应在报告中列明收入数额,取得收入的原因和方式等。

(3) 进度报告。进度报告中需要说明项目的开始日期,预计的进度表,实际的进展程度,预计项目完成尚需的时间。

(4) 其他需要说明的情况。没有包括在上述三个项目中,但又比较重要的问题可以放在这个项目中,如项目的质量、一些事先没有估计到的问题等。

第三阶段是资本项目完成后的记录归档。项目完成后,关于该项目的资料档案也记录完毕,实际情况、预算情况,以及两者的对比、分析、解决,项目的验收和试运行情况等一一包括在内。这些档案资料经相应管理机构核准后可以归档。

经过以上阶段,对资本支出预算的控制已经基本完成,但如果是重大的资本支出项目,还需要跟踪观察,进行定期研究,确定该项目是否产生当初分析时所预期的结果。这样的考察是十分必要的,因为可以对初始分析的适当性提供良好的测验,还可以为将来的经营决策提供有价值的参考资料。

2. 筹资预算

筹资预算的控制,主要关注筹资方案的可行性、筹资渠道与方式的合法性、筹集资金使用的合理性、筹资风险的可控性等。

企业应当根据经营和发展战略的资金需要,确定融资战略目标和规划,结合年度经营计划和预算安排,拟定筹资方案,明确筹资用途、规模、结构和方式等相关内容,对筹资成本和潜在风险作出充分估计。如果是境外筹资,还需要考虑所在地的政治、经济、法律和市场等因素。企业应组织相关专家对筹资方案进行可行性论证,可行性论证是筹资预算控制的重要环节。通过可行性论证的筹资方案,需要在企业内部按照分级授权审批的原则进行审批,重点关注筹资用途的可行性。重大筹资方案,应当提交股东(大)会审议,筹资方案需经有关管理部门批准的,应当履行相应的报批程序。企业应根据审核批准的筹资方案,编制较为详细的筹资计划,经过财务部门批准后,严格按照相关程序筹集资金。企业要严格按照筹资方案确定的用途使用资金,确保款项的收支、股息和利息的支付、股票和债券的保管等符合有关规定。筹资活动完成后要按规定进行筹资后评价,对存在违规现象的,严格追究相关人员责任。

(三) 财务预算

财务预算作为全面预算体系的最后环节,它是从价值方面总括地反映企业经营预算、资本预算与筹资预算的结果,故也称为总预算,其他预算则相应成为辅助预算或分预算。显然,财务预算在全面预算中占有举足轻重的地位。

财务预算是指与企业资金收支、财务状况或经营成果等有关的预算,包括资金(现金)预算、预计资产负债表、预计利润表等。

财务预算的内容主要包括资金预算、预计利润表、预计资产负债表。

1. 资金预算

资金预算是以经营预算、资本预算等为依据编制的,专门反映预算期内预计现金收入与现金支出,以及为满足理想现金余额而进行筹资或归还借款等的预算。资金预算由可供使用现金、现金支出、现金余额、现金筹措与运用四部分组成。

2. 预计利润表

预计利润表用来综合反映企业在计划期的预计经营成果,是企业最主要的财务预算表之一。编制预计利润表的依据是各经营预算、资本预算、筹资预算和资金预算。通过编制预计利润表,企业可以了解预期的盈利水平。如果预算利润与最初编制方针中的目标利润有较大差距,就需要调整部门预算,设法达到目标,或者经企业领导同意后修改目标利润。

3. 预计资产负债表

预计资产负债表的编制需以计划期开始日的资产负债表为基础,结合计划期间各项经营预算、专门决策预算、资金预算和预计利润表进行编制。它是编制全面预算的终点。预计资产负债表用来反映企业在计划期的期末预计的财务状况。编制预计资产负债表的目的,在于判断预算反映的财务状况的稳定性和流动性。如果通过预计资产负债表的分析,发现某些财务比率不佳,必要时可修改有关预算,以改善财务状况。

二、全面预算体系

各种预算是一个有机联系的整体。一般将由经营预算、专门决策预算和财务预算组成的预算体系,称为全面预算体系。全面预算体系结构如图 3-1 所示。

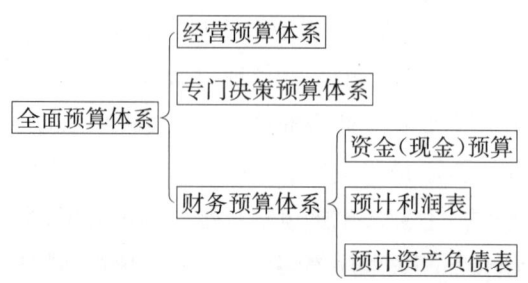

图 3-1　全面预算体系图

第三节 预算控制程序与方法

一、预算控制程序

预算控制程序的概念有广义和狭义之分。广义的预算控制程序是指预算控制系统运行的环节,包括预算目标确定、预算编制、预算控制和预算考评等环节。预算控制程序的广义概念图如图3-2所示。

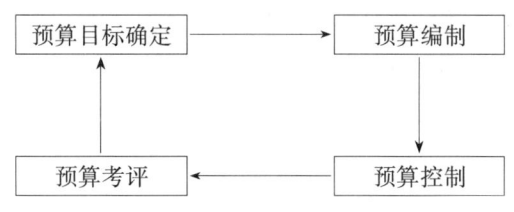

图3-2 预算控制程序的广义概念图

狭义的预算控制程序是指预算编制程序。在现代企业中,一般按照分级编制、逐级汇总的方式,采用自上而下、自下而上、上下结合或多维度相协调的流程编制预算。具体编制程序主要分为以下五个步骤。

(一) 下达目标

企业董事会或经理办公会根据企业发展战略和预算期经济形势的初步预测,在决策的基础上,提出下一年度企业预算目标,包括销售或营业目标、成本费用目标、利润目标和现金流量目标等,并确定预算编制的政策,由预算管理委员会下达至各预算执行单位。

(二) 编制上报

各预算执行单位按照企业预算管理委员会下达的预算目标和政策,结合自身特点以及预算的执行条件,提出本单位详细的预算方案,上报企业财务管理部门。

(三) 审查平衡

企业财务管理部门对各预算执行单位上报的财务预算方案进行审查、汇总,提出综合平衡的建议。在审查、平衡过程中,预算管理委员会应当进行充分协调,对发现的问题提出初步调整意见,并反馈给有关预算执行单位予以修正。

(四) 审议批准

企业财务管理部门在有关预算执行单位修正调整的基础上,编制出企业预算方案,报企业预算管理委员会讨论。对于不符合企业发展战略或者预算目标的事项,企业预算管理委员会应当责成有关预算执行单位进一步修订、调整。在讨论、调整的基础上,企业财务管理部门正式编制企业年度预算草案,提交董事会或经理办公会审议批准。

(五) 下达执行

企业财务管理部门对董事会或经理办公会审议批准的年度总预算,一般在次年3月底以前,分解成一系列的指标体系,由预算管理委员会逐级下达各预算执行单位执行。

二、预算控制方法

预算控制方法的概念同样有广义和狭义的区分。广义的预算控制方法是指预算控制系统中所运用的方法,包括预算目标制定方法、预算编制方法、预算控制方法和预算考评方法。关于预算控制目标制定方法,在前文已经介绍过。预算编制方法,即在预算编制过程中所使用的方法。预算控制方法,是在预算控制环节中所使用的方法,包括预算执行控制方法和预算分析控制方法,这是预算控制方法的狭义概念,也是本节着重论述的内容。预算考评方法,是在预算考评环节所采用的方法,这与业绩评价和激励方法是一致的。

预算编制可以采用多种方法,根据预算编制的出发点特征,可分为增量预算和零基预算两种编制方法;根据预算编制所依据的业务量的数量特征,可分为固定预算和弹性预算两种编制方法;根据预算期的时间特征,有定期预算和滚动预算两种预算编制方法。不同类型的预算编制方法各有利弊,企业可以根据不同预算编制方法的适用条件和适用范围进行选择。

(一) 增量预算法与零基预算法

编制预算的方法按其出发点的特征不同,可分为增量预算法和零基预算法两大类。

1. 增量预算法

增量预算法,是指以历史期实际经济活动及其预算为基础,结合预算期经济活动及相关影响因素的变动情况,通过调整历史期经济活动项目及金额形成预算的编制方法。

增量预算法以过去的费用发生水平为基础,主张不需在预算内容上作较大的调整,它的编制遵循以下假定。

第一,企业现有业务活动是合理的,不需要进行调整。

第二,企业现有各项业务的开支水平是合理的,在预算期予以保持。

第三,以现有业务活动和各项活动的开支水平,确定预算期各项活动的预算数。

增量预算法的缺陷是可能导致无效费用开支无法得到有效控制,使得不必要开支合理化,造成预算上的浪费。

2. 零基预算法

零基预算法,是指企业不以历史期经济活动及其预算为基础,以零为起点,从实际需要出发分析预算期经济活动的合理性,经综合平衡,形成预算的编制方法。零基预算法适用于企业各项预算的编制,特别是不经常发生的预算项目或预算编制基础变化较大的预算项目。零基预算法包括以下应用程序。

第一,明确预算编制标准。企业应搜集和分析对标单位、行业等外部信息,结合内部管理需要形成企业各预算项目的编制标准,并在预算管理过程中根据实际情况不断分析评价、修订完善预算编制标准。

第二,制订业务计划。预算编制责任部门应依据企业战略、年度经营目标和内外环境变化等安排预算期经济活动,在分析预算期各项经济活动合理性的基础上制订详细、具体的业务计划,作为预算编制的基础。

第三,编制预算草案。预算编制责任部门应以相关业务计划为基础,根据预算编制标准编制本部门相关预算项目,并报预算管理责任部门审核。

第四,审定预算方案。预算管理责任部门应在审核相关业务计划合理性的基础上,逐项评价各预算项目的目标、作用、标准和金额等,按战略相关性、资源限额和效益性等进行综合分析和平衡,汇总形成企业预算草案,上报企业预算管理委员会等专门机构审议后报董事会等机构审批。

零基预算法的优点表现在:一是以零为起点编制预算,不受历史期经济活动中的不合理因素影响,能够灵活应对内外环境的变化,预算编制更贴近预算期企业经济活动需要;二是有助于增加预算编制透明度,有利于进行预算控制。

其缺点主要表现在:一是预算编制工作量较大、成本较高;二是预算编制的准确性受企业管理水平和相关数据标准准确性影响较大。

(二)固定预算法与弹性预算法

编制预算的方法按其业务量基础的数量特征不同,可分为固定预算法和弹性预算法。

1. 固定预算法

固定预算法又称静态预算法,是指以预算期内正常的、最可实现的某一业务量(是指企业产量、销售量、作业量等与预算项目相关的弹性变量)水平为固定基础,不考虑可能发生的变动的预算编制方法。

固定预算法的缺点表现在两个方面:

一是适应性差。因为编制预算的业务量基础是事先假定的某个业务量,在这种方法下,不论预算期内业务量水平实际可能发生哪些变动,都只按事先确定的某一个业务量水平作为编制预算的基础。

二是可比性差。当实际的业务量与编制预算所依据的业务量发生较大差异时,有关预算指标的实际数与预算数就会因业务量基础不同而失去可比性。例如,某企业预计业务量为销售 100 000 件产品,按此业务量给销售部门的预算费用为 5 000 元。如果该销售部门实际销售量达到 120 000 件,超出了预算业务量,固定预算法下的费用预算仍为 5 000 元。

2. 弹性预算法

弹性预算法又称动态预算法,是指企业在分析业务量与预算项目之间数量依存关系的基础上,分别确定不同业务量及其相应预算项目所消耗资源的预算编制方法。

理论上,弹性预算法适用于编制全面预算中所有与业务量有关的预算,但实务中主要用于编制成本费用预算和利润预算,尤其是成本费用预算。

编制弹性预算,要选用一个最能代表生产经营活动水平的业务量计量单位。例如,以手工操作为主的车间,就应选用人工工时;制造单一产品或零件的部门,可以选用实物数量;修理部门可以选用直接修理工时等。

弹性预算法所采用的业务量范围,视企业或部门的业务量变化情况而定,务必使实际业务量不至于超出相关的业务量范围。一般来说,可定在正常生产能力的70%～110%,或以历史上最高业务量和最低业务量为其上下限。弹性预算法编制预算的准确性,在很大程度上取决于成本性态分析的可靠性。

与按特定业务量水平编制的固定预算法相比,弹性预算法的主要优点是考虑了预算期可能的不同业务量水平,更贴近企业经营管理的实际情况。弹性预算法的主要缺点:一是编制工作量大;二是市场及其变动趋势预测的准确性、预算项目与业务量之间依存关系的判断水平等会对弹性预算的合理性造成较大影响。

企业应用弹性预算法,一般按照以下程序进行。

第一步,确定弹性预算适用项目,识别相关的业务量并预测业务量在预算期内可能存在的不同水平和弹性幅度。

第二步,分析预算项目与业务量之间的数量依存关系,确定弹性定额。

第三步,构建弹性预算模型,形成预算方案。

第四步,审定预算方案并上报企业预算管理委员会等专门机构审议后,报董事会等机构审批。

弹性预算法又分为公式法和列表法两种具体方法:

(1) 公式法。公式法是运用总成本性态模型,测算预算期的成本费用数额,并编制成本费用预算的方法。根据成本性态,成本与业务量之间的数量关系可用公式表示为:

$$y = a + bx$$

式中,y 表示某项预算成本总额,a 表示该项成本中的固定基数,b 表示与业务量相关的弹性定额,x 表示预计业务量。

例如,某公司制造费用中的修理费用与修理工时密切相关。经测算,预算期修理费用中的固定修理费用为20 000元,单位工时的变动修理费用为30元;预计预算期的修理工时为1 500小时。运用公式法,测算预算期的修理费用总额应为:20 000+30×1 500=65 000(元)。

公式法的优点是便于在一定范围内计算任何业务量的预算成本,可比性和适应性强,编制预算的工作量相对较小。其缺点是按公式进行成本分解比较麻烦,对每个费用子项目甚至细目逐一进行成本分解,工作量很大。另外对于阶梯成本和曲线成本只能先用数学方法修正为直线,才能应用公式法。必要时,还需在"备注"中说明适用不同业务量范围的固定费用和单位变动费用。此外,应用公式法编制预算时,相关弹性定额可能仅适用于一定业务量范围内。当业务量变动超出该适用范围时,应及时修正、更新弹性定额,或改为列表法编制。

(2)列表法。列表法是指企业通过列表的方式,在业务量范围内依据已划分出的若干个不同等级,分别计算并列示该预算项目与业务量相关的不同可能预算方案的方法。

应用列表法编制预算,要先在确定的业务量范围内,划分出若干个不同水平,然后分别计算各项预算值,汇总列入一个预算表格。

列表法的优点是:不管实际业务量多少,不必经过计算即可找到与业务量相近的预算成本,如混合成本中的阶梯成本和曲线成本,可按总成本性态模型计算填列,不必用数学方法修正为近似的直线成本。但是,运用列表法编制预算,在评价和考核实际成本时往往需要使用插值法来计算"实际业务量的预算成本",比较麻烦。

(三)定期预算法与滚动预算法

编制预算的方法按其预算期的时间特征不同,可分为定期预算法和滚动预算法两大类。

1. 定期预算法

定期预算法是指在编制预算时,以固定会计期间(如日历年度)作为预算期的一种预算编制方法。这种方法的优点是能够使预算期间与会计期间相对应,便于将实际数与预算数进行对比,也有利于对预算执行情况进行分析和评价。但定期预算法以固定会计期间(如1年)为预算期,在执行一段时期之后,往往使管理人员只考虑剩下时间的业务量,缺乏长远打算,导致一些短期行为的出现。

2. 滚动预算法

滚动预算法是指企业根据上一期预算执行情况和新的预测结果,按既定的预算编制周期和滚动频率,对原有的预算方案进行调整和补充、逐期滚动、持续推进的预算编制方法。

按照预算编制周期,可以将滚动预算分为中期滚动预算和短期滚动预算。中期滚动预算的预算编制周期通常为3年或5年,以年度作为预算滚动频率。短期滚动预算通常以1年为预算编制周期,以月度、季度作为预算滚动频率。短期滚动预算通常使预算期始终保持12个月,每过1个月或1个季度,立即在期末增列1个月或1个季度的预算,逐期往后滚动,因而在任何一个时期都使预算保持为12个月的时间长度。这种预算能使企业各级管理人员对未来始终保持整整12个月时间的考虑和规划,从而保证企业的经营管理工作能够稳定而有序地进行。短期滚动预算可分为逐月滚动、逐季滚动和混合滚动。

(1)逐月滚动。逐月滚动是指在预算编制过程中,以月份为预算的编制和滚动单位,每个月调整一次预算的方法。例如,在2021年1月至12月的预算执行过程中,需要在1月末根据当月预算的执行情况修订2月至12月的预算,同时补充下年1月的预算,到月末可根据当月预算的执行情况,修订2021年3月至2022年1月的预算,同时补充2022年2月的预算;以此类推。按照逐月滚动方式编制的预算比较精确,但工作量较大。逐月滚动预算方式如图3-3所示。

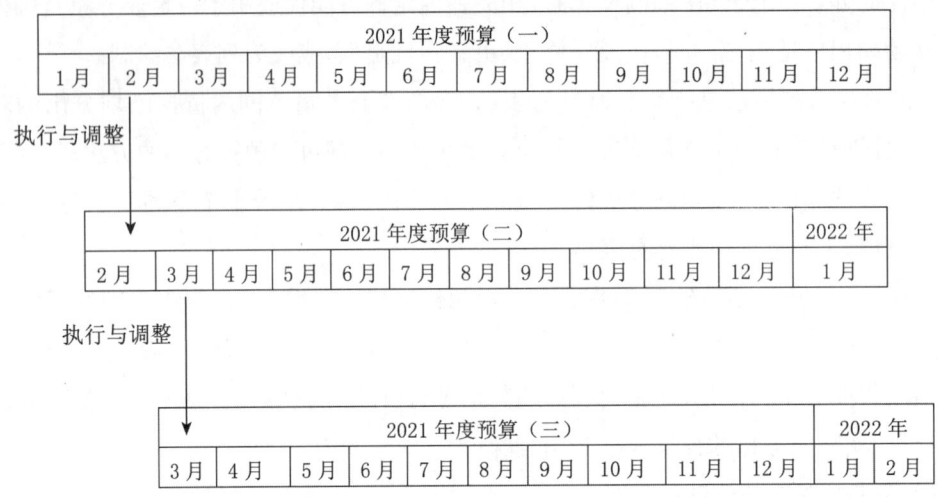

图 3-3 逐月滚动预算方式

（2）逐季滚动。逐季滚动是指在预算编制过程中，以季度为预算的编制和滚动单位，每一个季度调整一次预算的方法。逐季滚动编制的预算比逐月滚动的工作量小，但精确度较差。

（3）混合滚动。混合滚动是指在预算编制过程中，同时以月份和季度作为预算的编制和滚动单位的方法。这种预算方法的理论依据是：人们对未来的了解程度具有对近期的预计把握较大、对远期的预计把握较小的特征。

滚动预算的主要优点：通过持续滚动预算编制、逐期滚动管理，实现动态反映市场。建立跨期综合平衡，从而有效指导企业营运，强化预算的决策与控制职能。

滚动预算的主要缺点：一是预算滚动的频率越高，对预算沟通的要求越高，预算编制的工作量越大；二是过高的滚动频率容易增加管理层的不稳定感，导致预算执行者无所适从。

三、预算变更

预算变更是对预算执行中发现的错误和由于环境因素变化造成的不恰当的预算标准进行更改，更改要求由具体的预算执行人提出，视重要程度由相应级别的管理人员批准，并经预算管理委员会审核。

预算编制中的错误是不可能完全避免的，对其更改也不需经过讨论研究，基本的更改审批程序与环境变化造成的预算更改相同，所以以下主要对由于环境变化引起的预算更改加以说明。

（一）预算变更的原因

预算变更的最重要原因是时间和空间的变化和不协调。

1. 时间变化

预算执行所在的期间和预算编制的期间一般来说是不相同的，这种时间的差距很可能使预算编制环境和执行环境、预算编制人员和执行人员乃至企业具体的短期目标发生变化。这些因素的变化都需要预算作出相应调整。

（1）预算编制环境和执行环境不同。由于预算编制的时候是以当时情况和未来预测发展为基础的，虽然考虑了可能出现的不确定性，但无法做到与未来环境的完全一致。在预算执行中，如果环境发生变化，使得原来编制的预算已经不能适应新情况的需要，为了企业预算期间的目标实现，乃至长远的发展，应对已经不合时宜的预算标准进行更改。

（2）预算编制人员和执行人员不同。企业的预算一般是在预算年度开始之前几个月就着手编制，预算执行要在一段时间之后，在这期间，如果出现人事变动，使某一具体项目预算编制和执行的人员不同，可能会由于每个人的思考和解决问题的方式和能力不同，造成原有的预算标准不恰当。这时，适当、及时地更改是必要的。

（3）预算编制的短期目标和执行中的短期目标不同。预算编制的时候需要充分考虑企业的长期和短期目标，为了实现这些目标而努力。但在预算执行中，企业的短期目标很可能发生变化，与预算编制时确定的目标不同。比如，企业预算中确定的预算期间的目标是销售额增加200万元，但在预算执行中，由于应收账款回收渠道不畅通等原因，造成企业现金严重短缺，这时，企业的短期目标就不是扩大销售，而是保障正常生产经营的现金需要。相应的，有关预算标准也要变更。

2. 空间变化

空间变化主要指的是进行预算编制和预算执行的部门和人员不同。

预算编制是通过上下级之间的反复沟通协调实现的具有普遍接受性的目标。在这个过程中，具体的预算执行人员虽然参与了预算编制，但预算框架体系、关键数据、重大任务还是主要由财务部门和各级管理人员，特别是高级管理人员确定的。这样，预算编制和具体的预算执行人员的不统一，可能会造成目标和实际情况脱节财务部门和管理人员不可能完全了解预算具体执行中遇到的问题。所以，在预算执行中，具体的操作人员会发现在预算中没有明确提出或描述的一些特殊或突发情况，及对涉及这些情况的预算标准，要及时修改，才能使计划和实际合拍。

（二）预算变更的程序

预算是企业预算期间生产经营的标准，保证其稳定性能够使企业的业务目标连续、一致，并且有利于员工的理解和执行。因此，预算变更必须经过严格的审批程序，不能随意更改。企业的预算变更一般要经过以下程序。

首先，发现和报告预算错误和环境变化引起的预算更改。预算中的错误和不当之处一般都是由具体的预算执行人员发现的，但是他们并没有更改预算的权力，所以，预算执行人员在发现需要修改的预算标准以后，需要作出一个简明的报告，呈送主管人员。报告中应该包括的内容有：原有的预算标准需要更改的原因、更改预算之后可能出现的结果、相关人员签字。

其次，主管人员审查预算更改报告，判断是否需要修改。预算执行人员的直接主管人员需要对预算更改报告进行分析，加以筛选。对限额标准以下并且确实要修改的情况，批准修改，并将修改情况写出报告，一份交上级主管机构审核，一份留存备查。对限额标准以上需要修改的项目,在原预算更改报告中加注自己意见并签名呈送上级主管机构。这一程序根据企业规模和员工级别设置情况,可以逐级向上传递,直到预算管理的最高机构——预算管理委员会。预算管理委员会对重大预算更改直接负责。

最后,跟踪预算更改后业务进展。预算更改之后,相关项目业务还要继续进行,通过对其进展情况的跟踪报告,可以发现更改的效果如何,作为业绩评价和今后预算执行的一个参考资料。

章节测试

班级_____ 姓名_____ 学号_____ 日期_____ 分数_____

一、**单项选择题(每小题 6 分,共 30 分)**

1. 下列各项中,属于总预算的是( )。
   A. 资本支出预算   B. 资金预算
   C. 管理费用预算   D. 销售预算

2. 某企业采用公式法编制制造费用预算,业务量为 100 万件时,变动制造费用为 3 000 万元,固定制造费用为 1 000 万元,则预计业务量为 120 万件时,制造费用预算( )万元。
   A. 2 600   B. 4 800   C. 4 600   D. 3 600

3. 下列各项费用预算项目中,最适宜采用零基预算编制方法的是( )。
   A. 人工费   B. 培训费   C. 材料费   D. 折旧费

4. 下列各项中,属于编制全面预算的终点是( )。
   A. 经营预算   B. 资金预算
   C. 预计资产负债表   D. 预计利润表

5. 在生产预算中,不需要考虑的预算控制是( )。
   A. 产量预算   B. 直接材料预算
   C. 直接人工预算   D. 销售费用预算

二、**多项选择题(每小题 8 分,共 40 分)**

1. 下列各项中,属于零基预算法特点的有( )。
   A. 不受历史期经济活动中的不合理因素影响
   B. 有助于增加预算编制透明度
   C. 预算编制工作量较大
   D. 成本较高

2. 下列关于财务预算的表述中,正确的有( )。
   A. 财务预算多为长期预算
   B. 财务预算又称总预算
   C. 财务预算是全面预算体系的最后环节
   D. 财务预算主要包括资金预算和预计财务报表

3. 企业预算的作用体现在( )。
   A. 预算通过规划、控制和引导经济活动,使企业经营达到预期目标
   B. 预算是业绩考核的重要依据
   C. 预算是企业对外进行财务报告披露的主要依据
   D. 预算可以实现企业内部各个部门之间的协调
4. 下列各项中,属于财务预算包括的内容有( )。
   A. 资金预算　　　　　　　　B. 资本预算
   C. 预计资产负债表　　　　　D. 预计利润表
5. 编制预算的方法按其预算期的时间特征不同,可分为( )和( )两大类。
   A. 定期预算法　　B. 滚动预算法　　C. 零基预算法　　D. 增量预算法

三、判断题(每小题6分,共30分)

1. 在全面预算体系中,企业应当先编制财务预算,然后在此基础上编制经营预算与专门决策预算。( )
2. 预算管理是指企业以战略目标为导向,通过对未来一定期间内的经营活动和相应的财务结果进行全面预测和筹划的过程。( )
3. 相对于弹性预算法,固定预算法以事先确定的目标业务量作为预算编制的基础,因此固定预算法的适应性比较差。( )
4. 采用弹性预算法编制成本费用预算时,业务量计量单位的选择非常关键,自动化生产车间适合用机器工时作为业务量的计量单位。( )
5. 在中期滚动预算法下通常以月度作为预算滚动频率。( )

第四章　评价控制与激励机制

> **知识导航**

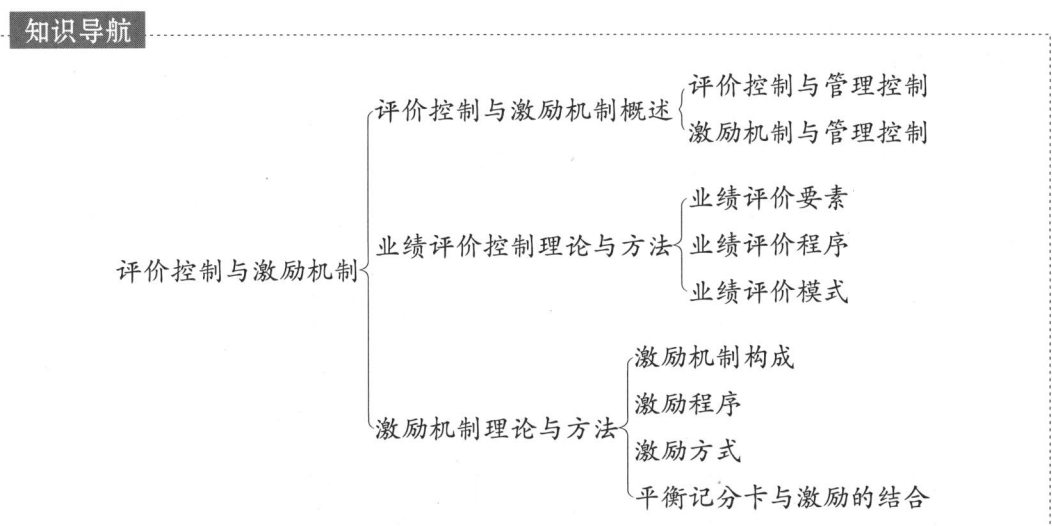

学习目标

1. 理解评价控制的概念。
2. 了解激励机制的概念和分类。
3. 掌握 EVA 评价体系的特点。
4. 掌握激励机制的程序。

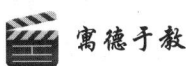寓德于教

鸿星尔克捐 5 000 万物资驰援河南爆红出圈

鸿星尔克,一个已淡出很多人记忆的国货品牌,意外感动了众多网友,久违的站上了话题风口。2021 年 7 月 21 日,鸿星尔克在官方微博宣布,捐赠 5 000 万元物资驰援河南灾区。第二天,置顶的一条评论"感觉你都要倒闭了,还捐了这么多",让鸿星尔克成功出圈,随后,话题#鸿星尔克的微博评论好心酸#登上微博热搜榜榜首。同日,网友为"舍不得开微博会员"的鸿星尔克冲了十年微博会员,到 23 日其官方账号会员年数更被网友续费至 2140 年。与此同

时,鸿星尔克电商直播间涌入大量网友,人们用下单购买表示对这个品牌的认同。截至24日,鸿星尔克淘宝直播间粉丝量已突破千万,其抖音直播间销售数据突破了1亿元。线下门店销售也同样火爆,更是有诸如"男子在鸿星尔克买500付1 000拔腿就跑"的新闻事件出现。然而,在7月25日,从业多年、坐拥500余万粉丝的知名记者"理记"在社交平台上就"鸿星尔克驰援河南"一事发文质疑鸿星尔克捐赠款项,壹基金、郑州慈善总会以及鸿星尔克总裁吴荣照先后回应鸿星尔克"诈捐"。鸿星尔克因为为河南捐助物资而出圈一事,在网络上引发广大网友热议。

思考与讨论：作为当代大学生的我们,在评价品牌时应该考虑哪些因素？

资料来源：文旅中国,2021-7-27,《舆情关注：鸿星尔克捐5 000万物资驰援河南爆红出圈》,https://new.qq.com/rain/a/20210727A02C9P00,有删节。

第一节 评价控制与激励机制概述

一、评价控制与管理控制

现代企业要实现其股东价值最大化目标,需要建立基于价值管理的制度体系。管理控制本质上是一种基于价值管理的系统,是建立价值管理体系的基础。因为管理控制的目的就是执行战略,使组织的目标得以实现。如果公司战略是实现组织目标的途径,那么管理控制就是战略执行的控制,是战略实施的手段。

从管理控制系统的要素角度看,评价控制是构成管理控制系统的重要因素之一。评价控制是指组织通过评价的方式规范组织中各级管理者及员工的经济目标和经济行为。评价控制强调的是控制目标而不是控制过程,只要各级管理目标实现则组织的战略目标也将得以实现,业绩评价是评价控制的关键。作为管理控制系统要素或环节的业绩评价,是指对一个组织的管理者的管理控制结果或业绩进行评价,即对管理者执行组织战略的效果和效率进行评价。一个组织的业绩与组织中管理者的业绩可能是不同的。业绩评价属于一种行为,涉及一个由谁组织、对什么进行评价的问题,管理控制中的业绩评价更侧重于对管理者或战略执行控制者的业绩评价,其评价主体主要是公司董事会和各级管理者。

管理控制需要业绩评价,管理控制中的业绩评价侧重于对管理者或战略实施控制者业绩的评价。管理控制的实质就是业绩评价,因为从企业存在的意义角度出发,一个企业只有在其业绩表现良好时,即有效实施恰当战略时,这个企业才完成了其使命。如果没有业绩评价,就无从了解企业经营活动,也就无从了解战略实施过程的效果和效率,就会导致战略目标的实现失去控制。另外,对管理者而言,如果公司不对战略执行控制的效果和效率进行评价,那么管理者的主动性和积极性也就无从提起。

正如企业财务管理需要管理控制那样,评价控制或业绩评价在财务管理中发挥着重要作用。业绩评价的作用发挥主要是通过公司预算。管理控制系统以股东价值最大化（通过组织目标体现）为起点,通过战略规划选择战略的类型并进一步明确了公司的战略目标;通过战略计划寻找出影响战略实现的关键成功因素,也就是价值驱动因素,并确定衡量关键成功因素实现效果和效率的业绩评价指标（控制变量）和业绩评价标准（控制标准）。战略计划不是传统意义上的预算。战略计划应该既是对未来财务结果的预测,包含了财务目标（这是传统预算的内容）,又是对未来财务结果实现途径的安排,应包括非财务活动。因此,战略计划实现了组织目标、战略与业绩评价的联结。

企业组织目标中的财务目标通过战略规划、战略计划和预算等环节,逐层进行分解细化,形成了预算控制指标体系和预算控制标准体系,最终落实到各部门,成为各级管理者执行战略的依据。企业要最终实现其财务目标,就需要利用业绩评价这一工具了解各级管理者执行战略的效果和效率,就需要评价各级管理者实现预算控制标准的程度。如果缺乏对各级管理者的业绩评价,那么对管理者而言,就会缺乏执行战略落实预算的主动性和积极性,会导致管理者的行为偏离既定的预算控制目标。对企业而言,就可能难以掌握各级管理者执行战略落实预算的效果和效率,可能难以实现公司预算总目标。可见,业绩评价对于部门预算目标和企业整体预算目标的实现具有不可或缺的重要作用。实际上,构成预算控制系统重要环节的预算考评就包含了业绩评价,这里的业绩评价主要是针对部门预算目标和企业整体预算目标能否实现的评价。

管理控制系统中的业绩评价还侧重于对企业组织目标的非财务目标实现效果和效率进行评价,即包含非财务评价。实际上,随着知识经济时代的来临,非财务活动在企业中发挥着越来越重要的作用,如市场开拓、研究开发、员工培训等,而且从长期来看,一个企业要在未来获得良好的财务业绩,必须依靠非财务活动的持续改进。因此,知识经济环境中的企业进行业绩评价,不应该仅仅重视财务活动的业绩评价,还需要注重非财务活动的业绩评价;企业完善的业绩评价系统,不仅包括财务业绩评价指标和评价标准（即预算控制指标和预算控制标准）,而且包括非财务业绩评价指标和评价标准。

二、激励机制与管理控制

从管理控制系统的要素角度看,激励机制同样是构成管理控制系统的重要因素之一。从管理控制系统的程序角度看,管理者报酬同样是战略执行控制过程的重要环节。作为管理控制系统要素或环节的激励机制,是指根据业绩评价结果对管理者进行奖励与惩罚。管理者报酬的构成主要有工资、福利和激励三部分。工资往往根据管理者的学历、经历、以前的业绩和职位等确定,福利往往是根据企业或组织整体业绩状况及管理者的职位确定,激励往往是根据管理者当期对企业或组织的贡献大小确定。只有激励才是管理者贡献价值的体现,管理控制水平高低或效果如何应与对管理者激励相结合。从控制角度看,激励机制是管理者报酬的关键。

管理控制需要激励机制。如果没有激励机制,对于管理者而言,战略执行就会既缺乏动力,又缺乏压力;对于企业而言,战略就难以得到有效执行,战略目标就难以实现。要实现企业战略目标,就要正确引导管理者的行为,而要正确引导管理者的行为,就要建立相应的激励机制。所以,只有与管理者的报酬相挂钩才能保证管理控制的长期有效运行。通过激励机制的构建,一方面激发管理者采取正确行动的内在积极性,诱导期望行为的发生;另一方面不允许某种行为发生,一旦发生则需要考虑对管理者进行处罚。

业绩评价和激励机制之间存在密不可分的关系。业绩评价必须通过将管理者的业绩评价结果与其个人利益相挂钩才能发挥作用,而对管理者实施激励要以业绩评价结果为依据和基础。业绩评价和激励机制之间的关系主要是由管理控制系统的特性所决定的。管理控制系统是一个闭环系统,战略目标分解、控制标准制定、管理控制报告、经营业绩评价和激励机制这些子系统环环相扣,周而复始,推动着企业价值创造能力不断提高,促使企业价值不断提升。五个子系统之间存在着相互依存、相互支持的密切关系。如果没有战略目标分解和控制标准确定,业绩评价就会失去基础和依据。如果没有管理控制报告,那么业绩评价就无法及时获得准确、相关的信息,业绩评价就无法得出正确结论。如果没有业绩评价,一方面无法在组织所要实现的战略规划和所采取的行动方式之间建立起一种清晰的关联,也就无法引导管理者采取正确的行动;另一方面也会导致激励机制的实施缺乏依据。如果没有激励机制,那么管理控制就会失去动力,管理者实施战略的积极性就会受到打击。

正是由于激励机制同业绩评价具有密切的关系,激励机制同样在企业理财活动中发挥着重要作用。换言之,激励机制在企业理财活动中的重要性是和业绩评价一脉相承的。如果仅仅对管理者执行战略落实预算的效果和效率进行评价,而不将评价结果与其个人利益即报酬相挂钩,那么管理者就缺乏动力和压力去执行战略,管理者就会不重视预算的落实,这样一来,业绩评价就会流于形式,难以起到应有的作用。如果长此以往不加改变,就会形成恶性循环,不仅会影响到当期部门预算目标和企业整体预算目标的实现,而且还会影响到企业下年预算期预算目标分解的合理性和预算编制的准确性,最终影响到企业战略目标的实现。可见,激励机制对于部门预算目标和企业预算总目标的实现同样具有不可或缺的重要作用。实际上,构成预算控制系统重要环节的预算考评就包含了激励机制,这里的激励机制主要是基于部门预算目标和企业整体预算目标实现效果和效率的。基于同样的道理,知识经济时代中的企业激励机制不仅要以财务活动的业绩评价结果为依据和基础,而且要考虑非财务活动的业绩评价结果。

第二节　业绩评价控制理论与方法

一、业绩评价要素

业绩评价作为管理控制系统的一个子系统,其本质上属于一个由各个要素组成的具有整体目的性和内在联系性的综合体。一个典型的业绩评价系统应该由评价主体、评价客体、评价目标、评价指标、评价标准、评价方法、评价报告等基本要素构成。管理控制系统中的业绩评价的评价主体和评价客体基本明确,评价主体主要是公司董事会和各级管理者,评价客体是各级管理者。

(一) 评价目标

评价目标是与评价主体和评价客体相联系的一个内容,因为不同的评价主体对于同一评价客体存在着不同的需求,不同的评价客体又存在着不同的情形。评价目标与组织目标相关,但更多的是依赖于战略目标的分解,体现为影响战略实现的关键成功因素。对于现代企业而言,其评价目标也趋于多元化,既包括财务目标,又包括非财务目标;既要追求股东价值最大化,又要考虑关键利益相关者的要求。

(二) 评价指标

评价指标是指对评价客体的哪些方面进行评价。从业绩评价演变的进程观察,评价指标的变化趋势具有三种特征:第一,评价指标的表现形式已经从过去的单一指标逐渐过渡到多元的指标体系;第二,评价指标的计算基础已从当初仅仅只有会计基础财务指标逐渐发展成为各种基础皆有;第三,评价指标的反映内容已经从过去的关注财务结果逐步进化到目前的关注驱动财务结果的非财务活动。

在评价指标的选择方面应该遵循的原则是:第一,结果指标与动因指标相结合;第二,财务指标和非财务指标相结合;第三,内部指标和外部指标相结合;第四,不同计算基础指标相结合。

(三) 评价标准

评价标准是判断评价客体业绩优劣的基准。评价标准最初是以实际的业绩水平为准来评判的,是采取绝对基础。随着组织背景的逐渐变化,采用绝对基础作为评价标准的做法也逐渐被以相对基础(选择别的参照物为基础)作为评价标准的做法所替代,而后相对基础的评价标准,又由最开始的历史标准逐渐产生了预算标准和行业标准。因此,就目前而言,业绩评价系统最为常用的三类标准是预算标准、历史标准和行业标准(包括竞争对手的标准)。

在选择何种类型的评价标准时,除了主要考虑战略计划和评价目标以外,还需要注意:第一,区分绝对基础和相对基础评价标准;第二,区分不同相对基础评价标准(主要是历史标准、行业标准和预算标准三种类型);第三,区分个人基础和集体基础评价标准。

(四) 评价方法

评价方法解决的是如何评价的问题,即采用一定的方法运用评价指标和评价标准,从而获得评价结果。没有科学合理的评价方法,评价指标和评价标准就成了孤立的评价要素,也就失去了本身存在的意义。目前,在实践中应用比较广泛的评价方法主要有三类:单一评价方法、综合评价方法、多角度平衡评价方法。

(1) 单一评价方法是指应用一个最综合的指标评价经营业绩,以控制评价客体评价目标的实现的方法,以经济增加值(EVA)方法为典型代表。

(2) 综合评价方法是指运用一系列指标从不同角度或侧面评价经营业绩的方法,具体又可以分为指标分解评价方法和指标综合评价方法，前者以杜邦财务分析体系和帕利普财务分析体系为代表，后者包括综合指数法、功效系数法等。

(3) 多角度平衡评价方法本质上也属于指标综合评价方法，但是由于这一类型的方法与传统的评价方法相比，更多的是注重不同类型指标之间的平衡关系，强调不同类型指标之间的因果关系或互动关系，并且在评价指标设计、评价程序确立等方面具有一定的创新。所以，单独列为一类方法，其中又以平衡计分卡和业绩三棱柱为典型方法。

(五) 评价报告

评价报告实际上属于业绩评价系统的输出信息，也是业绩评价系统的结论性文件。评价主体以评价客体为对象，通过管理控制信息系统，获取与评价客体有关的信息，通过加工和整理计算评价指标，将评价指标实际数值与预先设置的评价标准进行对比，分析差异的产生原因、责任及影响，从而得出评价结论，最终形成评价报告。评价报告的编制应按评价指标计算、差异计量与分析、评价结论形成、奖惩建议等几个步骤进行，但其关键步骤在于评价指标计算和差异分析。

业绩评价系统各要素之间存在相互依存相互支持的关系，具体表现在：评价目标是业绩评价系统的指南和目的，它决定了评价指标的选择、评价标准的设置、评价方法的确立和评价报告的编报。评价目标从定性和定量两个维度又分解为评价指标和评价标准，即评价指标反映评价目标的具体内容，评价标准反映评价目标的具体水平。评价指标和评价标准相互影响。评价指标和评价标准是形成评价方法的基础，其类型的选择会影响评价方法的确立。评价方法不仅是对评价指标和评价标准的具体运用，而且是对实际业绩是否达到评价目标的判断过程和处理过程。评价报告是整个业绩评价系统的输出信息，是对业绩评价系统其他要素的最终反映和综合体现。当然，评价报告的深度、广度与可信度要取决于评价指标、评价标准和评价方法的科学性。

二、业绩评价程序

业绩评价需要遵循一定的程序。业绩评价的程序是指业绩评价系统的实施步骤，包括设计、应用、调整等方面。合理的程序是从组织方面为业绩评价系统的设计和应用提供保障。一般而言，业绩评价程序包括以下基本步骤。

第一，确定评价目标。评价目标包括财务目标与非财务目标，其中财务目标实际上是企业预算总目标。

第二，分析评价客体。对评价客体进行分析，并对评价客体进行分类，最重要的目的在于明确责任。不同的评价客体在企业价值创造中承担着不同的责任，因此，需要区别评价。

第三，建立评价指标体系。通过战略规划和战略计划，将评价目标进行逐层分解细化。财务目标通过预算进行层层分解，逐步落实到各级管理者岗位，成为部门预算控制目标。

第四，设置评价标准。根据战略目标，主要参考历史数据和行业数据，结合市场预测，最终确定各评价指标的具体水平，即设置评价标准。对于财务目标而言，就是形成各级管理者的预算控制标准,使之执行战略具有行动的依据。

第五,选择评价方法。在评价指标和评价标准确定之后,需要采用一定的方法运用评价指标和评价标准,才能获得评价结果。企业可以根据自身实际情况采用合适的评价方法。对于多元财务目标的业绩评价,通常采用综合指数法、功效系数法等。

第六,收集并整理评价数据。没有基础数据,就难以与预先设定的评价标准进行对比,无法进行正确的业绩评价。会计信息系统需要为财务目标的业绩评价提供基础财务数据。

第七,形成评价报告。应用所选择的评价方法,利用评价数据,将评价指标的实际结果与评价标准进行对比,计算出业绩评价的最终结果,并提交评价报告。财务业绩评价结果计算和评价报告编制需要由企业财务部门负责。

第八,调整业绩评价系统。如果企业的外部环境和内部环境发生了根本性的变化,或者根据业绩评价系统运行结果发现存在不合理之处,那么需要对现行的业绩评价系统进行调整。

通过以上程序的介绍,我们可以发现财务总监在业绩评价中扮演着非常重要的角色。业绩评价系统的建立,需要高级管理者根据企业的实际情况综合各部门的意见决定,业绩评价的实施也是由企业各部门共同完成的,但不可否认的是,财务总监在这个过程中起到关键性的作用。这是由业绩评价系统的本质和企业的根本目标所决定的。企业追求的是股东价值最大化,而业绩评价本质上是将经营的结果与事先设定的标准或目标相对比,而财务目标是股东价值最重要的体现,反映的是股东的需求,这就意味着大部分的评价目标是以财务数据的形式表现出来的,或者是以财务数据为基础。

财务总监在业绩评价中发挥的作用主要体现在以下四个方面。

第一,参与企业战略目标的制定。直接参与企业战略目标的制定对企业业绩评价来说是很关键的一环。财务总监应参与企业战略目标的制定,应对企业的最高管理层所确立的战略任务有充分认识,在如何把战略任务转化为战略目标,尤其是预算目标的问题上要提出自己的专业意见,供最高管理层决策时参考。

第二,参与评价指标体系的设计。在业绩评价中通常都会用到财务指标,财务总监主要参与财务指标的选择和设计。

第三,参与评价标准的确定。实际上管理控制中的业绩评价主要是采用预算控制标准,而财务总监在企业预算管理体系中扮演着非常重要的角色,预算控制标准的制定任务需要由财务总监承担。

第四,参与编制业绩评价报告。评价需要信息,包括财务会计信息、管理会计信息和非财务信息等。财务总监主要负责从财务的视角作出评价结论。因此,在得出财务评价结论之前,要收集和整理企业财务方面的信息资料。这个工作主要是通过企业内部的会计信息系统,以日常报告的形式来完成的。会计信息系统提供的数据应当能够满足评价指标结果的计算,而且最好在口径范围和计算方法上保持一致。

三、业绩评价模式

业绩评价系统根据不同的划分标准可以划分为不同的模式。迄今为止,企业业绩评价的演进已经有两个多世纪了,从内部评价的角度看,总体上可以划分为五个阶段,分别是以成本控制业绩评价时期、会计基础业绩评价时期、经济基础业绩评价时期、战略管理业绩评价时期和利益相关者业绩评价时期,这五个阶段分别产生了成本控制、会计基础、经济基础、战略管理和利益相关者五种业绩评价模式。这五种模式主要的区别在于评价指标的计算基础不同,此外,还包括了评价目标、评价方法等其他因素的不同。其中,会计基础、经济基础和战略管理是目前为止已被广泛接受并在实践中得到普遍应用的业绩评价模式。本章将重点介绍这三种业绩评价模式。

(一)会计基础业绩评价模式

会计基础业绩评价时期的起止时间为 20 世纪初至 20 世纪 70 年代。1903 年,面对如何协调垂直式综合性企业的多种经营部门和如何有效配置资源以实现利润最大化等问题,杜邦公司的高层管理者创造了大量的经营管理方法,并设计了多个重要的业绩评价指标。其中持续时间最长的,也最为重要的指标是投资报酬率,投资报酬率为评价企业整体业绩和部门业绩提供了依据。早期,杜邦公司的资源分配是高层管理者的职能,部门经理不必对投资报酬率表现负责。他们认为部门现有的规模是确定的,每一部门只需着力于提高部门内部运行过程的效率就可以了。因此,只有高层管理者运用投资报酬率来指导资源分配,评估各运营部门的表现。

在 20 世纪 20 年代至 20 世纪 60 年代,运用最为广泛的财务业绩评价指标是销售利润率。这是因为在当时的情况下,许多控股公司的重点目标是税负最小化,母公司一般只注重子公司的资本安全和现金流量,长期的获利能力是次要问题,对业绩评价问题更是很少关注。许多控股公司出于成本效益及管理便利考虑,常借助"投资中心"或"利润中心"实施对子公司的管理与控制,虽然投资报酬率和剩余收益开始被用于业绩评价,但是销售利润率常常被认为是更重要的指标。随着杜邦公司、通用汽车公司这类多部门企业组织形式的发展,投资报酬率指标的应用范围才得到拓展。人们开始认识到有必要针对子公司特有的经营环境,建立适合控股公司的特定业绩评价方法。到了 20 世纪 70 年代,投资报酬率成为应用最为广泛的财务业绩评价指标。

尽管非财务指标在这一阶段已开始出现,并且开始用于对部门管理者业绩的评价,但是在 20 世纪初到 20 世纪 80 年代之前,以销售利润率、投资报酬率等为典型代表的会计基础财务指标长期以来一直是内部管理业绩评价的主流。

会计基础业绩评价模式的内容和方法根据评价对象与评价目的的不同而有所不同。它可以是对筹资活动、投资活动、经营活动和分配活动的综合评价,也可以是对盈利能力、营运能力、偿债能力和增长能力的综合评价。我国企业经济效益评价体系(1995)从评价指标体系看,是对盈利能力、偿债能力和社会贡献能力三个方面进行综合评价。我国企业绩效评价体系

(2002)从财务指标体系看,是对财务效益状况、资产营运状况、偿债能力状况和发展能力状况四个方面进行评价。2006年国务院国资委颁布的《中央企业综合绩效评价实施细则》将财务绩效指标分成盈利能力、资产质量、债务风险和经营增长四个方面。会计基础业绩评价的方法有许多,包括综合指数法、综合评分法、功效系数法等。目前,我国企业经济效益评价使用的是综合指数法;我国中央企业综合绩效评价使用的是功效系数法。

(二)经济基础业绩评价模式

经济基础业绩评价时期的开始时间为20世纪80年代,经济增加值(EVA)的出现是其最重要标志。与传统的会计基础业绩评价模式相比,经济基础业绩评价模式更注重股东价值的创造和股东财富的增加。

20世纪80年代以来,股东价值观念在美国掀起了第二次浪潮,"价值基础管理"和"股东价值分析"这些观念更加深入人心。企业管理思想的这种改变同时也影响着传统企业业绩评价方法的改变。于是在这种背景下,美国先后出现了几种新的企业业绩评价方法,其中最引人注目和应用最广泛的是EVA方法。EVA这一指标是由美国纽约斯特恩·斯图尔特咨询公司于1982年正式提出的。

EVA指标出现的主要原因是会计基础指标存在内在缺陷。会计基础指标虽然应用广泛,但随着传统的市场经济发展为现代市场经济,企业的目标从利润最大化发展为股东价值最大化,这种传统方法越来越无法反映企业的真实经营业绩,具体体现在:第一,会计收益的计算未考虑所有资本的成本,仅仅解释了债务资本的成本,然而却忽略了对权益资本成本的补偿。第二,由于会计方法的可选择性以及财务报表编制的计算有相当大的弹性,使得会计收益存在某种程度的失真,往往不能准确地反映企业的经营业绩。第三,会计收益是一种"短视指标",片面强调利润容易造成企业管理者为追求短期效益而牺牲企业长期利益的短期行为。

自EVA评价方法产生以来,有不少著名的跨国公司在实际当中采用该方法评价本企业以及企业内部各业务部门的经营业绩,如AT&T,Coca-Cola,Chrysler,Compaq Computer,GE,Quaker Oats,Scott Paper等,进一步推动了EVA的应用。

美国纽约斯特恩·斯图尔特咨询公司还在EVA的基础上创造衍生出系列指标,如MVA,FGV,EVAPS,STDEVA等。与此同时,除了EVA之外,美国学术界还提出了其他的一些业绩评价指标,如经济利润、CVA等指标,这些股票期货收益指标与EVA大同小异,不仅都考虑了股东权益资本成本,并反映了股东价值的创造,而且都可以用于部门层次的业绩评价。

EVA是经济基础业绩评价模式的典型代表。EVA指标衡量的是企业资本收益和资本成本之间的差额。EVA指标最大的和最重要的特点是从股东角度重新定义企业的利润,考虑了企业投入的所有资本(包括权益资本)的成本。这种利润实质上是属于投资者所有的真实利润,也就是经济学上所说的经济利润。EVA指标由于在计算上考虑了企业的权益资本成本,并且在利用会计信息时尽量进行调整以消除会计失真,因此,能够更加真实地反映一个企业的业绩。更为重要的是,EVA指标的设计着眼于企业的长期发展,而不是像净利润一样仅仅是一种短视指标。因此,应用该指标能够鼓励经营者进行能给企业带来长远利益的投资决策,如新产品的研究和开发、人力资源的培养等。能减少企业管理者短期行为。此外,应用EVA能够建立有效的激励报酬系统,该系统通过将管理者的报酬与从增加股东财富的角度衡量企业业绩的EVA指标相挂钩,正确引导管理者的努力方向,促使管理者充分关注企业的资本增值和长期经济效益。

(三)战略管理业绩评价模式

战略管理业绩评价模式源于20世纪90年代,此时人类社会开始由工业经济向知识经济转轨。引入非财务指标并将评价指标与战略相联系是战略管理业绩评价模式的显著特点。平衡计分卡(BSC)是这一模式的典型代表,强调财务指标与非财务指标之间的平衡。

如果说工业经济时代强调的是财务资本,那么在知识经济时代限制企业发展的关键因素是知识,或者说智力资本。无形资产在企业生产经营中起到越来越重要的作用,是影响企业价值的关键驱动因素。因此,企业界的管理者基于传统财务业绩指标的固有局限性,有必要对股东价值创造的流程进行监控,有必要评价企业在其他非财务领域中的业绩。基于此背景,实务界和理论界逐渐致力于将财务指标、非财务指标和战略联系起来,对战略业绩评价的研究迅速升温。

1990年,马克奈尔、林奇和克罗斯提出了一个把企业总体战略与财务和非财务信息相互结合起来的业绩金字塔模型。该模型从战略管理角度给出了业绩指标体系之间的因果关系,反映了战略目标和业绩评价指标之间的互动性,揭示了战略目标自上而下逐级反复运动的层级结构。

战略管理业绩评价模式中最具有代表性,也最具有广泛影响力的是BSC。1992年,哈佛商学院教授罗伯特·卡普兰和复兴全球战略集团创始人戴维·诺顿在《哈佛商业评论》上联合发表了一篇题为《BSC:驱动业绩的评价指标》的文章。该文章是以1990年参与项目小组的10家公司试用BSC业绩评价方法所得到的实证数据为基础的。这篇文章在理论界和实务界引起了巨大轰动。之后,他们通过发表文章和出版著作等多种形式,进一步解释了企业在实践中应该如何运用BSC作为控制战略实施的重要工具。卡普兰和诺顿的这些文章和著作集中体现了BSC自产生以来的发展历程:不仅评价指标不断丰富和创新,而且系统本身也逐渐从单纯的业绩评价提升到了战略管理的高度。

BSC的基本思路是将影响企业运营的包括企业内部条件和外部环境、表面现象和深层实质、短期成果和长远发展的各种因素划分为几个主要的方面,即财务、客户、内部业务流程和学习与成长四个方面,并针对这四个主要的方面,设计出相应的评价指标,以便让平衡计分卡系统、全面、迅速地反映企业的整体运营状况,为企业的平衡管理和战略实现服务。因此,BSC是以企业的战略为导向,以管理为核心,以各个方面相互影响、相互渗透为原则,建立起来的一个网络式的业绩评价系统。

BSC作为一种业绩评价系统,其优点在于:第一,战略目标逐层分解并转化为被评价对象的绩效指标和行动方案,使整个组织行动协调一致;第二,从财务、客户、内部业务流程、学习与成长四个维度确定绩效指标,使绩效评价更为全面完整;第三,将学习与成长作为一个维度,注重员工的发展要求和组织资本、信息资本等无形资产的开发利用,有利于增强企业可持续发展的动力。正是由于BSC的这些优点,BSC自20世纪90年代初产生以来,便迅速在西方受到广泛关注并取得长足发展。2004年《哈佛商业评论》将BSC评论为过去75年来最具影响力的管理思想。越来越多的企业应用BSC,BSC已成为西方企业的一项重要管理工具。BSC自产生以来在西方显示出旺盛的生命力,它适用于各种行业与组织,可以通过不同模式为不同目的服务,并创造出千变万化的具体结构和内容。

BSC也存在一定局限性,具体体现在:第一,专业技术要求高,工作量比较大,操作难度也较大,需要持续地沟通和反馈,实施比较复杂,实施成本高;第二,各指标权重在不同层级及各层级不同指标之间的分配比较困难,且部分非财务指标的量化工作难以落实;第三,系统性强、涉及面广,需要专业人员的指导、企业全员的参与和长期持续地修正与完善,对信息系统、管理能力有较高的要求。

第三节 激励机制理论与方法

一、激励机制构成

激励是指组织通过设计适当的激励方式和创造良好的工作环境,来激发、引导、保持和规范组织成员的行为,以有效地实现组织及其成员个人目标的行动。激励既有正面激励,强调利益引导的方面,也有约束和控制之意,因而,激励本身也可称为激励控制。管理控制中的激励控制是指公司通过激励的方式重点控制管理者的行为,使管理者的行为与公司目标、战略目标相一致。

激励机制与战略计划、管理报告、业绩评价一样,都属于管理控制系统中的一个子系统,它以利益导向控制为基本特征,通过管理者与股东的目标协调,使管理者根据不断变化的公司环境,及时调整战略和行动,为股东创造更多价值。

激励机制与战略计划、管理报告、业绩评价之间存在密切的关系,因此,要使激励机制有效发挥作用,需要在设计激励机制时注意其与其他管理控制子系统之间的衔接关系。就激励机制本身而言,激励机制包括激励目标、激励方式、激励中的约束等若干个环节。

激励目标是激励机制需要达到的目标。现代企业中存在所有者与管理者的目标不一致的情况,再加上信息不对称,就造成了管理者产生逆向选择和道德风险的问题。因此,股东需要设计一套激励机制来防范这些问题。针对管理者的隐蔽信息而导致的逆向选择问题,激励机制的目标是如何使管理者"自觉地"显示他们的真实信息;针对管理者的隐蔽行动而可能面临的道德风险问题,激励机制的目标是如何使管理者"自觉地"尽最大努力去工作,不断提高企业的价值。因此,激励目标是发挥管理者的积极性和创造性,引导管理者在既定的规则下努力工作,以实现组织目标和战略目标。需要明确的是,激励目标并不是完全排斥管理者的个体目标,激励机制要有效运作,不仅需要关心管理者的个体动机,而且需要重视对管理者需求的满足。

激励方式,或称为激励手段,是激励的作用形式或功能载体。激励方式有不同角度的分类,按照激励的因素可以分为精神激励和物质激励,按照激励的具体形式可将物质激励分为薪酬激励和股权激励,按照激励的时效性又可将物质激励分为短期激励和长期激励。管理控制中的精神激励和物质激励都是必要的,两者不可偏废。在社会物质财富还没有极大丰富的情况下,物质激励的作用可能更突出,而在物质激励中,长期激励可能更为重要。股权激励是种长期激励形式,股权激励的实现是通过管理者的长期努力,提升企业价值,管理者则在提升企业价值的过程中实现自身的经济补偿。因此,股权激励有利于减少管理者的短期化行为,使管理者能够更好地控制战略的实施,更有利于企业目标和战略目标的实现。

激励中的约束是通过对管理者行使权利过程的控制和结果的监督,从而达到规范、限制管理者行为的目的。激励和约束是一个硬币的两面,是互相依赖、不可或缺的。如果仅仅强调激励而忽视约束,这将导致管理者为所欲为,为了满足激励目标而从事有损股东价值的行为。为防止管理者的经营行为造成股东利益风险过大以及管理者目标短期化的情形出现,需要对激励中所涉及的风险进行合理限制。激励中的约束机制包括完善公司治理结构、强化董事会中的薪酬委员会和审计控制的作用、在报酬契约中对财务与行为进行确定或限定等。

二、激励程序

激励机制的设计与应用也需要遵循一定的程序。激励程序是指激励机制的实施步骤,包括设计、应用、调整等方面。合理的程序同样能从组织方面为激励机制的设计和应用提供保障。

一般而言,激励的设计程序主要包括确定报酬的组成部分、各部分的构成比例、各部分报酬的业绩评价基础等环节。在这一过程中,还需要进行需求分析,即确定企业战略与激励机制之间的桥梁关系,明确各级管理者的需求内容。在激励的设计中,比较集中的问题是报酬计划如何与业绩评价挂钩。实际上,在实践中人们通常将业绩评价和激励结合在一起考虑,也就是报酬计划的设计要和业绩评价系统的设计相配合,促进长期利益和短期利益、财务目标和非财务目标的平衡。

激励的应用程序一般包括建立和健全配套制度、培训和形成操作管理细则、形成激励兑现方案等环节。激励机制要发挥有效作用,需要建立和健全与激励机制相配套的管理制度,还需要制定激励计划操作管理细则,并对激励主体、激励对象和激励计划的操作者进行培训。在业绩评价报告形成之后,激励计划的操作部门应该负责将业绩评价结果与管理者的报酬相挂钩,根据激励机制预先设定的内容,计算出管理者应获得的报酬,并形成兑现方案。

需要说明的是,在设计和应用激励机制的过程中,财务总监同样扮演着非常重要的角色。换言之,激励机制在设计和应用的过程中涉及许多财务与会计问题,这些都需要财务与会计部门的介入。财务总监在激励机制中的作用主要体现在以下六个方面。

第一,参与设计激励机制。现代企业的激励机制设计主要是基于以业绩为本的薪酬理念。这种理念是以业绩作为管理者薪酬的主要标准,业绩越好管理者报酬越高。这种薪酬理念将管理者的利益和股东的利益结合在一起,鼓励管理者为企业创造更大的价值,体现了股东价值最大化的组织目标,是受到广泛提倡的薪酬理念。因此,业绩评价系统是否科学合理将影响基于以业绩为本的激励机制的使用。业绩评价系统与激励机制应该充分整合,实现良性循环,形成一个闭环系统,共同引导管理者朝创造股东价值的方向前进。在实践中,大多数的企业是将管理者的报酬建立在财务业绩的基础之上的。

第二,计量激励成本。激励机制的实施是需要支付代价的,这就需要正确计量激励成本。为企业选择合适的激励方式需要注重分析其成本。企业财务的突出特征之一就是定量化。企业财务能够明确激励方式的成本收益,为决策者提供定量化的信息进行各项激励方式的取舍。当然,企业财务的这一作用受其自身科学局限性的限制,并非所有激励方式的成本收益都能够通过企业财务来反映,为此需要进一步深入研究公司财务,进行公司财务创新。

第三,约束管理者财务行为。管理者的一些财务行为可能会对业绩评价结果产生重大影响,进而影响激励效果。因此,激励主体在设计管理者激励机制和应用时需要考虑这些财务因素的影响,对管理者的某些财务行为进行约束。通常这些财务行为包括股利分配政策、股票分割、股票合并、股票回购、行权股票来源等。例如,由于股票价格决定着管理者股权激励方式所带来收益的大小,管理者激励机制中要对企业的股利政策进行限定,使得企业股利政策在激励机制有效期限内尽可能保持一致。

第四,组织财务业绩评价。没有会计信息系统和管理报告机制,就无法进行财务业绩评价;没有财务业绩评价结果,基于财务业绩的激励机制的实施也难以进行。从激励机制所需的财务信息质量角度分析,财务总监应该加强财务信息的相关性和可靠性,为此需要进一步完善企业会计信息系统和管理报告机制的建设。在对责任中心的业绩评价中,如果没有财务总监的参与,评价者可能会掉进"创造性会计"的陷阱,被盈余管理所欺骗。

第五,进行税收筹划。激励机制中的税收筹划是非常重要的,很多激励方式的兴衰都与税法的变化有关系。税收利益影响着激励方式的选择。税收筹划是指企业在不违反法律、法规的前提下,通过对企业经营、投资和筹资活动的事前筹划与安排,尽可能减轻税收负担的行为,实现税收利益。

第六,规范会计处理。对激励机制进行相关会计处理,关键在于对激励方式的成本计量和费用分摊。比如股票期权的会计处理,关键在于对股票期权价值的确认以及费用分摊处理。股票期权价值的确认可以采用内在价值法、公允价值法等财务模型。股票期权成本分摊与股票期权激励方式及特点相关,可采取不同的方式。

三、激励方式

在社会物质财富还没有极大丰富的情况下,物质激励与精神激励相比更能激发管理者执行战略的积极性从而按照激励的具体形式不同,物质激励可分为薪酬激励和股权激励。在实践中,应用比较普遍而作用又较为明显的管理者薪酬激励方式是年薪制,而股权激励在我国企业的实践中通常可分为实股激励、期股激励和期权激励三种形式。

(一) 薪酬激励

薪酬激励是管理者激励的一种方式,主要是以奖金等形式支付给管理者报酬。年薪制是我国企业实践中较为常见的高级管理者的薪酬激励方式。年薪制,通常是以高级管理者为激励对象,以年度为考核周期,根据高级管理者的经营业绩、工作难度和职业风险,合理确定其年度收入的一种管理者收入分配方法。因此,年薪制应该从两个角度理解:形式上是以年度为薪酬支付周期;实质上是以相应的经营业绩为薪酬确定依据。

在年薪制下,高级管理者的年薪制收入一般由基础年薪和风险收入构成。我国实践中的年薪制模式大体可以分为五种:第一种为"基薪+津贴+养老金计划"的准公务型;第二种为"单一固定数量年薪"的一揽子型;第三种为"基薪+津贴+风险收入(效益收入+奖金)"的非持股多元化型;第四种为"基薪+津贴+含股权、股票期权等形式的风险收入+养老金计划"的持股多元化型;第五种为"基薪+津贴+以分配权、分配权期权等形式的风险收入+养老金计划"的分配权型。一般而言,设计一项年薪制方案至少需要明确以下四个问题。

1. 定主体

年薪制应由企业的股东主导。一般而言,年薪制的实施对象为企业的高级管理者,在某些情况下也可以适当扩大,比如中层管理人员和营销人员,甚至是高级技工。但是,鉴于企业的长期经营业绩与企业高级管理人员经营决策和管理水平的相关性远远高于其他人员,年薪制的实施对象应以高级管理人员为主。此外,企业股东应该对经营者的范围进行界定。

2. 定比例

定比例(定基数)问题具体包括以下两个方面:第一,基础年薪的确定。由于基础年薪是与业绩评价结果挂钩的,同时基础年薪又往往作为确定业绩年薪的基数,因此,基础年薪的确定变得非常重要。确定基础年薪的办法有两种代表性思路:思路一是以"历史和内部公平性"为出发点,主要考虑在某项年薪制办法实行范围内的规模(资产、利润、人员等)、地区经济水平、员工平均工资等,以公式确定;思路二是以"市场和外部竞争性"为出发点,先通过市场调研了解某一行业、某一地区、某类企业、某种岗位的人力资本市场价值,以该市场价值为导向根据企业实际情况确定该岗位的年度目标总薪酬,再根据合理的薪酬结构分拆出其中的基础薪酬的水平。第二,基础年薪和业绩年薪之间的比例设置。在国外,高级管理人员的年薪收入中业绩薪酬部分(含股权性收入)通常占到其总收入的60%以上,甚至高达90%以上。有人认为,基础年薪和业绩年薪差距不宜过大,可控制在2～5倍;有人认为,业绩特别好的企业经营者收入就应该与职工拉开较大差距,如两者可以相差20倍。

3. 定业绩评价

不论是单独确定业绩年薪基数,还是以基础年薪本身作为业绩年薪的基数,都只是基数而已。年薪制的魅力就在于业绩年薪的不确定性,基数再大,乘数为0,业绩年薪结果也是0。把不确定变成确定的工具是业绩评价,在方案中事先需要确定业绩评价结果与业绩年薪的挂钩系数,即乘数。业绩评价发挥乘数功能时未必只表现为倍数,也可以设计成分级累进等方式。

4. 定兑现

能否严格兑现是年薪制是否成功的又一关键。兑现有奖有罚,奖要真奖,罚要真罚。兑现的周期通常会结合当期和延期。兑现的标的可以是现金、实物、股权或其他福利、保险、待遇等。在兑现方式中还可以结合经营者持股或其他方式的股权激励。采取多样化兑现的目的是解决年薪制的长期激励不足的问题。管理者如果片面追求短期利益,就会形成短期行为,进而影响公司的可持续发展,损害股东的根本利益。

(二) 股权激励

1. 实股激励

实股激励是让企业高级管理人员或关键岗位员工实际持有公司股份,以实现经营激励的方式。实股激励的具体形式又分为股票赠与计划和股票购买计划两种。

股票赠与计划是一些企业为吸引并留住高级管理人员和技术人才,向他们赠送股票的一种激励措施。这是由于《公司法》规定的是注册资本制,公司的股份数是公司成立时的实收资本,公司没有"库藏股",用于股权激励的股票只能是存量股票主体之间的变换。2013年新修订的《公司法》规定了上市公司可以回购本公司股份并奖励给本公司职工,但对回购总额和奖励时间做了限制性规定,指出回购总额不得超过本公司已发行股份总额的5%,所收购的股份应在一年内转让给职工。

股票赠与计划不需要企业管理者支付现金,因此,习惯上又将被赠与的股票称为"干股"。股票赠与虽然不牵涉资金问题,但却与税收相关。我国税法中关于股票赠与涉税方面没有明确规定,而且在实际操作中,由于对于所赠股票的定价缺乏统一的标准,公司在向管理者赠送股票时基本上不考虑税收问题。但是,在美国,公司通过股票赠与实现激励时,会先考虑税收问题。

股票购买计划,是高级管理人员或员工在其工作期间,经过公司股东同意,按照一定的标准购买一定数量的股票的一种激励措施。股票购买计划的目的在于将高级管理人员、员工与企业真正捆绑在一起,促使他们尽可能地站在股东角度思考问题,并采取有利于价值创造的行动。

股票购买计划存在许多形式,在国外主要是以员工持股计划形式出现,在我国还包括"原始股"、股份合作制等形式。

员工持股计划,即ESOP,是一种由员工持有本企业股权或股票的股份制形式。员工持股计划的主要内容包括持股人的确定、员工持股规模、股权设置和持股比例、股权分配、股权认购程序、员工持股途径、股份转让、交易回购、股份管理、红利分配、资产评估和产权界定等。员工持股计划按照持股具体原因又可以分为福利型、风险型和集资型三种。福利型员工持股计划主要目的是为企业员工谋取福利,吸引和保留人才,增强企业的凝聚力。美国的员工持股计划属于福利型,是将员工的贡献与拥有的股份相挂钩,逐步增加员工股票积累,并把员工持股与退休计划结合起来,为员工的未来积累多种收入来源。而智利、阿根廷的做法是将员工持股与社会养老计划结合起来,员工每个月拿出部分工资购买国有企业一定比例的股权。风险型员工持股的直接目的是提高企业的经营效益,特别是提高企业的资本效率。它与福利型员工持股的区别在于,企业实施风险型员工持股计划时,只有企业的经营效益增长,员工才能得到收益。

我国在实践中出现了多种员工持股计划的变通形式。例如,我国上市公司在20世纪80年代末的"原始股"实际上就属于一种集资型员工持股计划,90年代中期上市的公司向内部职工配售的流通股,性质也基本和"原始股"类似。在我国20世纪90年代开始的国有小企业和乡镇企业的改革过程中,股份合作制是一种广泛流行、广为应用的改革形式,可看作是一种员工持股计划,因为它具有股权激励的效应。其具体做法是将企业净资产作股,按照自愿的原则,平等地出售给本企业的员工(包括管理者),使企业员工成为企业持股人,将企业形式转变为股份制。

2. 期股激励

期股激励可以说是一种具有中国特色的激励方式,这是由我国上市公司的中国特色所决定的,表现在以下几个方面:我国上市公司股权分置导致大部分股票不能在二级市场流通转让;我国上市公司的高管人员持有的股票在其任期内是不能转让的;我国《公司法》规定上市公司不允许存在"库藏股",回购股份也只能出于减少注册资本的需要。以上原因导致了"期股激励"方式的产生。武汉市国有资产管理部门从1999年年初开始实施的对其控股的上市公司法人代表试行的一揽子薪酬方案,属于我国最早出现的期股激励方式。

期股是介于"实股"和"期权"之间的一种激励形式,有"期"和"股"的双重含义。虽然期股是一种股票,但其持有人不是完全意义上的现期股东,其股东权利的行使仍然受到一定程度的限制。在实际操作中,期股的表现形式主要有两种:第一种期股形式是国有上市公司主管部门(或董事会)将经营者年薪和奖金汇总的一部分用于购买本公司的股票,并委托第三方持有,经营者拥有股票的分红权(或投票权),但没有处置权,只有满足一定条件(包括年限和业绩)以后,经营者的"期股"才能转变为"实股",这种方式的特征是"薪酬奖金换期股";第二种期股形式可以概括为"分期付款买期股",即企业出资人与经营者达成书面协议,允许经营者在任期内按既定价格用各种方式获得本企业一定数量的股份,先行取得所购股份的分红权等部分权益,然后再分期支付购股款项,购股款项一般以分红所得分期支付,在既定时间内支付完购股款项后,取得股份的完全所有权。如果分红所得不足以支付本期购股款项,可以以购股者其他资产充抵。

3. 期权激励

股票期权是一种金融衍生工具,是指买卖双方按约定的某一特定时间买进或卖出一定数量的某种股票的权利。这一权利在未来可以行使,也可以放弃,从而降低当前直接拥有股票可能造成的市场风险。在股票期权制度下,管理者的收入取决于期权到期日公司股票的市场价格和报酬契约的执行价格之间的溢价。由于股票价格是企业未来收益的体现,反映了企业长期发展的前景。所以,这种制度能较好地解决股东利益与管理者之间的矛盾,为管理者提供长期的动态激励,使拥有本公司股票期权的管理者与股东形成利益共同体。

股票期权激励机制的基本要素包括以下五个方面。

(1) 激励主体。激励主体为公司的股东,这是因为只有公司的股东才有权利和积极性实施股票期权制度,同时也是股票期权激励机制的设计者、实施者和监督者。

(2) 激励对象。股票期权的激励对象一般以公司高级管理人员为主,这是因为公司投入的人力资本是不可观测的,而对于能较为容易地观测到其努力程度的员工,如流水线的工人,一般不属于股票期权制度的激励对象范围。但是,由于股权激励具有良好的激励效果,因此,近年来的发展趋势是股权激励的范围正逐渐扩大到公司各个部门的关键员工。

(3) 有效期。有效期是指激励对象可以行使相关权利的期限,超过这一期限就不再享有特权。有效期一般为3~10年。许多公司还在有效期中附加一些具体的限制条件,以防止短期行为,如规定购买股票后转让套利的最短期限不能低于2或3年,激励对象每年只能购买总量中一定数量的股票或股票套利转让等。

(4) 行权价。行权价是指激励对象购买股票时的价格,一般不能低于激励对象获得股票期权时公司股票的公平市场价格。不同公司对公平市场价格的规定不同,有的规定是授予日最高市场价格与最低市场价格的平均价格,有的规定是授予日前一个交易日的收盘价。

(5) 授予数量。授予期权的数量根据公司的规模和激励对象所处层次的不同而不同,一般情况下,股票期权总额占公司总股本的1‰~10‰,主要经营者可占股票期权总额的10%~20%,普通员工仅占股票期权总额的1%~3%。

四、平衡记分卡与激励的结合

(一) 平衡计分卡与激励之间的问题

平衡计分卡设计的出发点,是对公司的绩效进行衡量。随着其在实践中的逐渐推广,平衡计分卡又发展成为战略实施的工具。无论在实际应用上,平衡计分卡被分解到哪个层次,从最开始的设计思想来说,平衡计分卡都是针对组织而非个人的。这就产生了一个新的问题:当我们把平衡计分卡作为绩效评价工具逐层分解,甚至落实到每一个员工的身上时,如何把这个绩效评价工具和对员工的激励有机地结合起来呢?换句话说,平衡计分卡的设计,是针对"事情"而言的,并没有过多地考虑到"人"作为主体的特殊性。而激励的出发点则是基于后者,是把员工当作有潜能、有价值增加可能、有情感的个体对待,并通过各种手段,提升员工工作效率和工作积极性,挖掘员工潜能,使其为组织创造更多价值。这也是将平衡计分卡和激励手段结合在一起时遇到的第一个问题:如何把一个对团队或组织做事结果的评价工具和对个体的激励手段结合起来呢?那么,如何完成两者的有机结合呢?

在进行平衡计分卡的设计时,其根本的出发点来自对公司战略的分解。虽然在向下分解的过程中,不可能不考虑到个体的差异性,并在指标的设计上有所差别,但就总体而言,这种差异性的考虑并不是平衡计分卡向下分解时的主要出发点。这就意味着,很有可能会出现组织的目标在层层分解到组织成员身上后(无论是通过平衡计分卡的方式分解,还是通过目标管理的方式分解),出现和组织成员的个人职业兴趣并不匹配的情况,即内在激励的使用受到了约束。于是产生了第二个问题:如何在设计和实施平衡计分卡的过程中,将激励"因人而异"的原则充分体现出来呢?或者说,如何在这种情况下依然能够使用内在激励的方式呢?

至于激励过程中所需要把握的"差异化"原则,只要在将平衡计分卡的结果应用于激励的过程中,事先确定好清晰、合理、公平的标准,这种差异化就不难实现。因此,实现差异化不是大的问题。难点在于所设计的指标和标准是否能真正做到合理与公平。

(二) 不同情况下的激励

根据上述结论,在讨论平衡计分卡和激励的关系时,可以把问题细化为几种情况,并分别考虑如何去应用上面所谈到的对激励的理解,从而实现平衡计分卡和激励方式的有机结合。

在进行平衡计分卡的推行时,既有可能推行到部门或团队一级,也有可能实施到员工一级。虽然直接实施到后者,或者说把平衡计分卡实施到公司最底层员工,并不是一种太有意义或价值的做法,但从激励的角度来说,可能会面临两种情况:①平衡计分卡分解到个人。②平衡计分卡分解到团队。这两种情况下激励手段的运用是有所差异的。下面将对两种情况分别进行分析。

1. 平衡计分卡分解到个人

从理论上来说,由于平衡计分卡的结果可以直接衡量出员工的工作效果,因此,激励不再需要团队这个载体。虽然平衡计分卡既是战略工具,又是绩效工具,但从结果角度来说,它主要还是一种绩效工具。平衡计分卡作为绩效工具时,在本质上与其他工具无异;而作为战略工具时,其激励的方式主要是通过目标设定,使员工找到方向,特别是找到自我发展与企业发展的共同之处,从而在企业发展中更加明确地找到价值与成就感。因此,根据上述思路,对于平衡计分卡分解到个人时,如何实现有效激励,可以从外在激励和内在激励两个方面来考虑。

从外在激励的角度来说,和一般绩效考核无本质区别,都是根据绩效结果对组织内的成员进行奖励或激励,需要注意的问题主要是激励的公平性。这也是各种组织目前最常使用,员工也最容易接受的激励方式。另外,在资源分配上,根据工作的需要,按重要性做出内部资源分配的平衡,对于团队成员来说,也会是一种很好的外在激励手段。

从内在激励的角度来说,应用起来比较困难,但一旦能应用好,其激励效果是外在激励远远不能比拟的。此时,主要可以从以下几个角度实现有效激励。

(1) 帮助团队借助平衡计分卡,进行内部分工。在进行平衡计分卡的分解时,必须充分认识到,平衡计分卡是要平衡而不是平均。因此,在团队内部分工时,要因人而异,根据每个人不同的能力、兴趣、特长,合理并具有针对性地作出分工,使员工能把自己的内在需求和企业发展的需要有机地结合起来,这是最好的选择,当然,这也是一种难度很大的实践。它需要团队领导既能充分理解平衡计分卡的内涵和要求,又能够对团队内成员的内在需求有深刻的洞察。此外,在分解的过程中,如果有意识地突出团队内的重要性工作,确认团队内部不同成员的角色地位,对于团队内的核心员工来说,又是一种非常好的外在激励方式。

(2) 帮助员工在平衡计分卡指标中发现问题,找到员工的可提升空间。对于被激励者的内在需求而言,在自己所投入的工作中获得成长,是员工持续成长的动力之源。如果无法让员工感受到进步,这种内在激励可以说是不成功的。而让员工感受到成长和进步的最好办法,就是使其知不足,并且让他们感受到自己优势的提升和不足之处的缩小。这种方式也对管理者提出了很高的要求。无论平衡计分卡多么刻意地考虑执行者的个体,但它仍来自企业战略目标的分解,而战略目标的确定是不会考虑组织内成员的个体情况的。因此,要从员工的平衡计分卡结果中,找到在各个指标结果后隐藏的员工的问题和不足,特别是找到问题的根源所在,也不是一件容易的事。

对组织的管理者来说,平衡计分卡分解到个人时,内在激励和外在激励的使用是可以同时考虑的,但内在激励的使用会受到管理者自身能力以及团队内成员的职业兴趣与工作要求吻合程度的影响。

2. 平衡计分卡分解到团队

当平衡计分卡分解到团队而不是个人时,会面临的问题是:对个人的激励必须借助于团队这个载体来完成。也就是说,平衡计分卡可能会告诉组织的管理者组织内各个部门运转情况的好坏,但管理者要考虑如何把团队成果转化为对个人的激励。需要从外在激励和内在激励两个方面来考虑。

从外在激励的角度来说,可以直接把团队运作的结果与对团队的报酬系统相结合。和一般的绩效考核系统相似,可以先根据评价结果,对团队本身作出一次分配,然后再根据团队内的绩效情况,对团队内的成员进行二次分配。

从内在激励的角度来说,把团队的价值观和企业的战略发展目标结合在一起,就能实现对团队的有效激励。但这需要一个很重要的前提:团队必须有共同的价值观、共同的目标和使命。在这个前提下,团队成员才有可能在团队目标实现的同时,也获得达到工作成果的个体愉悦。

在平衡计分卡分解到团队的情况下,从绩效管理的角度来说,可能会存在以下几种情况:

(1) 组织或团队完成了目标,团队内的成员也全都完成个人工作目标。
(2) 组织或团队完成了目标,但团队内的某些成员未能完成个人工作目标。
(3) 组织或团队未完成目标,但团队内的某些成员完成了个人工作目标。
(4) 组织或团队未完成目标,团队内的成员也没有完成个人工作目标。

对于第一种、第二种和第四种情况,在进行分配和激励的时候并不困难,应先确定团队的绩效和给予激励的力度(当未完成目标时,激励上可能采用的是惩罚的方式),然后根据团队内成员的工作完成情况和其在团队内的不同作用,给予相应的激励,即对团队所获得的激励进行二次分配。但在处理上述情况之前,需要做好清晰、客观的目标设定。而目标的设定,来自团队的平衡计分卡。只有根据团队平衡计分卡作出团队内成员的工作目标设定,才能使得对团队内成员的工作情况评价有依据,也才能使得激励的力度、尺度和标准清晰,起到激励应有的作用。

　　真正难的是第三种情况,即组织或团队未完成目标,但团队内的某些成员却完成了个人工作目标。团队本身未能完成目标,或是未能达到平衡计分卡所确定的工作任务,而导致团队无法获得相应的激励。在此种情况下,团队本身很可能也无力为团队内成员提供相应的激励,特别是物质性激励。从内在激励的角度来说,当团队没有完成工作目标,而根据团队的目标分解出来的团队成员的个人目标尽管完成,也难以给团队成员以较高的成就性评价。或者说,对完成个人目标的团队成员来说,个人价值的实现,缺乏了与组织或团队的共同实现,是有巨大缺憾的。此时,内在激励手段的使用可能会难以奏效。

　　尽管由于团队自身没有完成目标,团队领导在给团队成员的激励上会受到一定限制,但这种限制更多是在物质性激励方面,而在精神激励方面还是有很多余地的。而且,只要团队领导想对团队内那些认真完成了工作目标的成员进行激励,他们还是有一定空间进行的。例如,尽管团队整体目标没有实现,难以获得期望中的奖金,但只要团队有奖金,团队领导在进行分配时就可以向那些完成了工作任务而且需要激励的团队成员倾斜。在这种情况下,虽然那些完成了工作任务的成员的奖金可能还是低于原先的期望值,但团队内部的承认,会给予他们较好的激励。此外,在团队内部,还可以充分确认那些完成了工作目标的成员的价值和贡献,从而使他们获得在团队内的成就感。这些做法本身都不需要额外增加资源,但是需要团队的领导者具备很好的激励意识,并且能够灵活使用各种激励手段。

　　需要额外指出的是,无论平衡计分卡分解到团队还是个人,都会遇到一个技术性问题:是把平衡计分卡整体的评价结果与报酬系统挂钩,还是把每一个指标的得分单独与报酬系统挂钩?这两种做法都有各自的道理。前者强调的是整体任务的实现与完成,单项指标的突出并不一定能使整体的报酬获得同样突出的提升。后者更明确地表明为每一项任务的完成付酬,将"干成多少活,拿多少钱"的理论表达得淋漓尽致,一项指标的突出,完全有可能给团队或个人带来突出的收益。然而,从平衡计分卡设计的本意来说,强调的是平衡,强调指标之间内在的关联性和影响性,强调不能以牺牲某一方面的要求为代价,改善其他指标。从这个角度来看,前者更能够表达出平衡计分卡的设计思想和理念,而后者则割裂了指标之间的制约性关系。

　　结合上述分析可以看出,无论平衡计分卡是分解到团队,还是分解到个人,从激励的角度来说,基本的管理思路都是一样的,都可以从外在激励和内在激励两个方面去考虑激励手段的合理运用。差别在于当平衡计分卡分解到团队时,需要完成从对团队的激励到对团队成员激励的转换,而在这个过程中,起到决定作用的是团队的领导者。

　　在谈论平衡计分卡和激励之间的关系时,实际上存在两种情况。一是通过各种有效的方式,使团队领导或员工愿意推行并使用平衡计分卡;二是将平衡计分卡作为一种绩效衡量工具,并将平衡计分卡的评价结果,作为对员工进行激励的依据。通常会主要考虑后者,包括在前面的分析中,也主要探讨了第二种情况。但在实践中,第一种情况也是非常重要的,如果解决不好,会使得这种工具本身的推行遇到巨大障碍,从而无法实现其原本目的。如何使团队领导或员工愿意接受平衡计分卡呢？归根结底，需要让他们看到实施这个管理工具对团队和自身所带来的好处。从激励的手段上来看，和第二种情况中使用的方式没有本质差别，但激励的目的是不一样的。激励的目的更多的是引起团队或团队成员对这个管理工具的兴趣，使之能够顺利接受这个新的管理工具的实施。在后面将谈到的中国外运集团推行平衡计分卡的案例中，就充分体现了这方面的激励作用。

上述主要讨论的是平衡计分卡在使用中和激励的结合。从实践的角度来看，还会面临另外一个问题，即在平衡计分卡推行的过程中，如何与激励挂钩。而这时的挂钩，分两种情况。一种情况是实施计分卡的主要目标是推行战略，将战略目标有效分解到最底层的团队上，此时和激励的结合应该采取逐步加大力度的做法，从而达到最终想要的效果。在激励上更强调对团队的激励，强调目标的达成所带来的成就感。另一种是把平衡计分卡的推行当作绩效管理工具，此时和激励的挂钩可以相对快一些，可以把激励的重点放在个人，特别是团队领导者的身上。但即使挂钩相对快一些，也未必采取实施计分卡和把结果同时应用于薪酬系统的做法。原因很简单，在一个组织内实施平衡计分卡并不会像书上写的或课堂上培训师讲的那么简单，不论推行过程中可能遇到什么阻力，单从技术角度来说，能准确找到全面、客观和真实反映企业战略实现的那些指标，并判断出这些指标之间的内在联系，就不是一件容易的事。如果指标本身不够准确和客观，在此基础上所得出的绩效评价的结果，其客观性和准确性也会受到影响。将不准确的结果和薪酬挂钩，反倒可能起到负面的影响。

因此，平衡计分卡在推行过程中激励手段和激励重点的采用，与组织推行这套管理工具的意图有关。虽然平衡计分卡是实现战略落地的一个有效工具，但不可否认的是，有很多公司在实施这个管理工具时，其出发点和本意，更多地是为了完成科学的绩效考核。毕竟，平衡计分卡的诞生是来自解决如何有效衡量组织的绩效问题。

（三）平衡计分卡与激励之间的平衡

在平衡计分卡与激励手段之间同样也需要考虑以下几个方面的平衡。

（1）在推行平衡计分卡与实现有效激励之间，在不同阶段寻找有效平衡。这两者都是管理工具，各有自己的作用，而且应该有机地结合在一起。但两者的不同目标，会使得组织在推行平衡计分卡时，未必就能把激励手段有效地结合在一起。尽管我们在进行平衡计分卡的分解时，会尽可能地考虑激励的因素，但毕竟平衡计分卡最主要的作用是战略实现工具。因此，当两者之间出现冲突时，在不同的阶段，需要考虑不同的侧重。在推行平衡计分卡初期，战略分解的重要性可能会超过激励的重要性；而平衡计分卡开始实施，特别是有了结果后，如何能使这种工具持续发挥作用，激励的重要性就会凸显出来。因此，在实施平衡计分卡的不同阶段，在这种工具和激励手段之间，必须找到有效平衡。

（2）推行平衡计分卡与员工成长之间，需要有效平衡。平衡计分卡的设计，是为了组织战略实现。而这种战略实现未必和组织内员工的内在需求非常吻合。虽然一个组织的存在不可能因为与组织内成员的内在需求不一致而改变自身的使命，但再伟大的战略，都是通过组织内的人来实现的。如果无法让组织内的成员在战略实现过程中找到自身价值，即使有平衡计分卡这样的战略工具，它也永远只能是工具，无法承载起实现战略的使命。

（3）在实施平衡计分卡和激励之间，应当考虑组织与个人之间的平衡。有效的激励，必须是建立在标准清晰、一致基础上的"因人而异"。在进行平衡计分卡的逐层分解时，也要尽可能地把工作目标的设定和要求，与组织内成员的个体情况有效地结合起来，以实现组织和组织内成员的双赢。这种平衡也是保证激励有效的重要方法。

章节测试

班级_____ 姓名_____ 学号_____ 日期_____ 分数_____

一、单项选择题(每小题6分,共30分)

1. 在管理控制系统中,属于对一个组织的管理者的管理控制结果进行评价的要素是(　　)。
   A. 激励机制　　　B. 业绩评价　　　C. 控制标准　　　D. 控制变量

2. 从控制角度看,管理者报酬的关键在于(　　)。
   A. 激励机制　　　B. 福利待遇　　　C. 基本工资　　　D. 业绩评价

3. 在业绩评价系统中,与评价主体和评价客体相联系的要素是(　　)。
   A. 评价指标　　　B. 评价标准　　　C. 评价目标　　　D. 评价方法

4. 我国1995年颁布的企业经济效益评价体系从评价指标来看,属于(　　)。
   A. 成本控制业绩评价模式　　　　B. 经济基础业绩评价模式
   C. 战略管理业绩评价模式　　　　D. 会计基础业绩评价模式

5. EVA指标最大且最重要的特点是(　　)。
   A. 易于理解　　　　　　　　　　B. 进行了会计调整
   C. 计算简单　　　　　　　　　　D. 考虑了权益资本成本

二、多项选择题(每小题8分,共40分)

1. 就目前而言,业绩评价系统最为常用的业绩评价标准包括(　　)。
   A. 预算标准　　　　　　　　　　B. 经验标准
   C. 历史标准　　　　　　　　　　D. 行业标准

2. 财务总监在业绩评价中发挥的作用主要体现在(　　)。
   A. 参与公司战略目标的制定　　　B. 参与评价指标体系的设计
   C. 参与评价标准的确定　　　　　D. 参与编制业绩评价报告

3. 股权激励在我国企业的实践中可分为(　　)。
   A. 实股激励　　　　　　　　　　B. 期股激励
   C. 期权激励　　　　　　　　　　D. 薪酬激励

4. 平衡计分卡的维度包括(　　)。
   A. 财务维度　　　　　　　　　　B. 顾客维度
   C. 内部业务流程维度　　　　　　D. 学习与成长维度

5. 会计基础业绩评价模式的内容一般包括(　　)。
   A. 盈利能力　　　　　　　　B. 营运能力
   C. 发展能力　　　　　　　　D. 偿债能力

三、判断题(每小题 6 分,共 30 分)

1. 管理控制系统中的业绩评价仅仅侧重于财务评价。　　　　　　　　　(　　)
2. 从控制角度看,工资、福利和激励都是构成管理者报酬的关键。　　　(　　)
3. 激励机制对于部门预算目标和公司预算总目标的实现同样具有不可或缺的重要作用。
   　　　　　　　　　　　　　　　　　　　　　　　　　　　　　　(　　)
4. 没有科学合理的评价方法,评价指标和评价标准就成了孤立的评价要素,也就失去了本身存在的意义。　　　　　　　　　　　　　　　　　　　　　　　　(　　)
5. 限制性股票属于期股的一种形式。　　　　　　　　　　　　　　　(　　)

第五章　企业并购

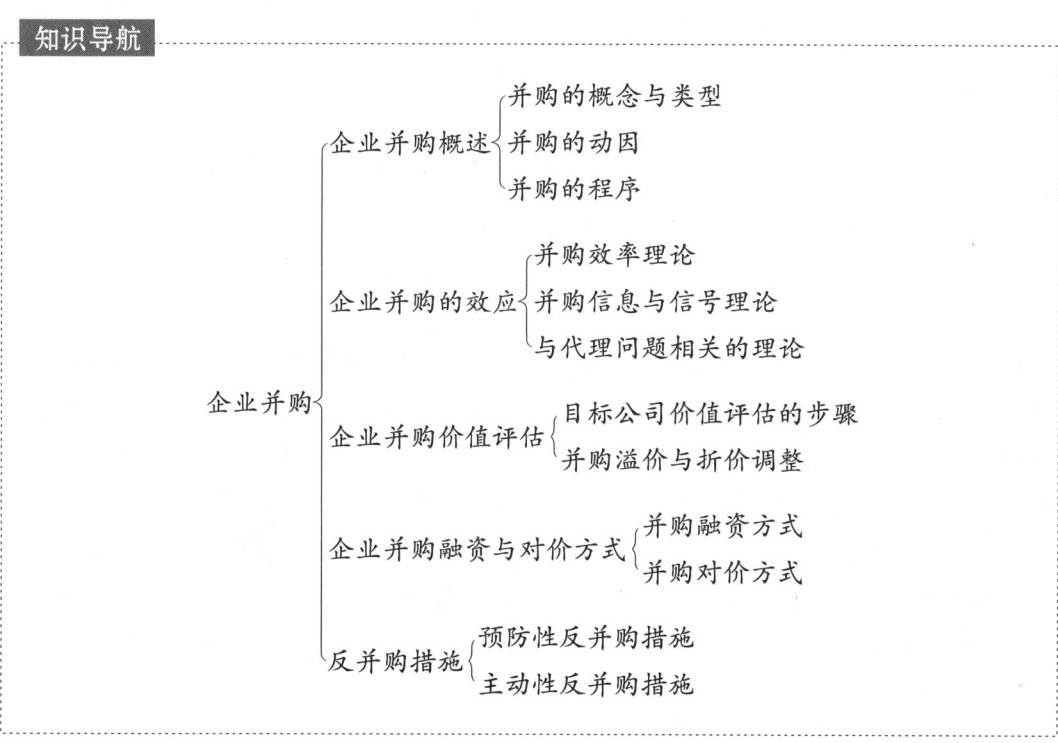

学习目标

1. 理解并购的类型与动机。
2. 理解并购效率理论。
3. 掌握并购价值评估方法。
4. 掌握并购融资与对价方式。
5. 了解反并购措施。

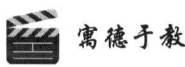

二十大后，审计在企业并购重组中的6大关注点

内部审计正置身于企业并购重组的浪潮中，尤其是党的二十大，关于企业改革发展提出，

深化国资国企改革,加快国有经济布局优化和结构调整,推动国有资本和国有企业做强做优做大,提升企业核心竞争力。完善中国特色现代企业制度,弘扬企业家精神,加快建设世界一流企业。

党的二十大后,企业改革发展的方向成为发展至关重要的一点。要完成党的二十大关于企业改革发展的要求,必须认清我们面临的形势。当今,国际百年变局加速演进,世界并不太平;国内整体经济发展换挡,步入稳增长,高质量发展时期。我国的经济结构需要调整,驱动经济发展的方式需要转变;双循环格局正在形成,消费、投资、对外经济活动"三大需求"的动能正在增加。疫情影响的经济秩序和信心正在恢复。

2023 年是贯彻落实党的二十大精神的开局之年,是实施"十四五"规划承上启下的关键之年。国家、省、市、自治区都在制定新一轮企业改革发展的方案,甚至有的叫"新三年行动计划"(2023—2025 年),各企业都在策划自己的改革与发展。

企业更加聚焦提升竞争力,扎实推进战略性重组;更加注重重组质量效果,加快推进内部资源重组;更加发挥产业协同作用,稳步推进企业重组整合;更加关注产业发展方向,积极推进新业态新领域重组并购。通过强强联合、拆分重组、混合参股、关停并转、出资购买等多种方式实施重组整合。收购、出售、合并、重组、整合成为改革发展方案的关键词!我们审计工作的方向、审计计划当然要随之适配。

思考与讨论:你认为新时期该如何推进企业并购重组的"第六次浪潮"? 结合习近平总书记在企业家座谈会上的重要讲话,谈谈企业发展与国家发展如何紧密联系在一起的。

资料来源:新浪财经,2023-2-7,《二十大后,审计在企业并购重组中的 6 大关注点》,https://finance.sina.com.cn/wm/2023-02-07/doc-imyevxkt3025521.shtml,有删节。

第一节 企业并购概述

一、并购的概念与类型

(一) 并购的概念

并购是兼并与收购的统称,它是企业资本运作的重要手段。

兼并通常是指并购方以现金、证券或其他形式购买取得目标企业的产权,使目标企业丧失法人资格或改变法人实体,并取得对目标企业控制权的经济行为。兼并的方式包括吸收合并与新设合并。如果一家企业吸收其他企业,被吸收的企业法人主体资格不复存在,即吸收合并;如果两个以上的企业合并成立一个新的企业,合并后各方解散,即新设合并。

收购是指企业用现金、债券或股票购买目标企业的部分或全部资产或股权,以获得目标企业资产或控制权的投资行为。收购的对象一般有两种:股权和资产。收购股权与收购资产的主要差别在于:收购股权是购买目标企业的股份,收购方将成为被收购方的股东,因此要承担该企业的债权和债务;而收购资产则仅仅是一般资产的买卖行为,由于在收购目标企业资产时并未收购其股份,收购方无须承担其债务。收购股权是典型意义上的收购行为。

兼并与收购有许多相似之处:①基本动因相似。它们都是增强企业实力的外部扩张途径,或是为扩大企业市场占有率;或是为扩大经营规模,实现规模经营;或是为拓宽企业经营范围,实现分散经营或综合化经营。②都是以企业产权为交易对象。

兼并与收购的区别在于:①在兼并中,被合并企业作为法人实体不复存在;而在收购中,被收购企业仍可以法人实体存在,其产权可以是部分转让。②兼并后,兼并企业成为被兼并企业新的所有者和债权、债务的承担者,是资产、债权、债务的一同转换;而在收购中,收购企业是被收购企业的新股东,以收购出资的股本为限承担被收购企业的风险。③兼并多发生在被兼并企业财务状况不佳、生产经营停滞或半停滞之时,兼并后一般需调整其生产经营、重新组合其资产;而收购一般发生在企业正常生产经营状态,产权流动比较平和。

由于在运作中它们的联系远远超过其区别,所以兼并、合并与收购常作为同义词一起使用,统称为"并购"或"购并",泛指在市场机制作用下企业为了获得其他企业的控制权而进行的产权交易活动。

(二) 并购的类型

1. 按并购双方产品与产业的联系分类

并购按并购双方产品与产业的联系分类,可分为横向并购、纵向并购和混合并购

横向并购是指并购方与被并购方处于同一行业、生产或经营同一产品的并购,并购使资本在同一市场领域或部门集中,其目的主要是确立或巩固公司在行业内的优势地位,扩大公司规模。

纵向并购是对生产工艺或经营方式上有前后关联的企业进行的并购,即在生产、销售的过程中互为购买者和销售者的企业之间的并购,其主要目的是组织专业化生产和实现产销一体化。

混合并购是指对处于不同产业领域、产品属于不同市场且与其产业部门之间不存在特别的生产技术联系的企业间进行的并购,通过分散投资、多样化经营降低公司风险,达到资源互补、优化组合、扩大市场活动范围的目的。

2. 按并购的实现方式分类

并购按并购的实现方式分类,可分为承担债务式并购、现金购买式并购和股权交易式并购。

承担债务式并购是在目标企业资不抵债或资产债务相等的情况下,并购方以承担被并购方全部或部分债务为条件,取得被并购方的资产所有权和经营权的并购。

现金购买式并购有两种情况:①并购方筹集足额的现金购买被并购方全部资产,使被并购方除现金外没有持续经营的物质基础,成为有资本结构而无生产资源的空壳,不得不从法律意义上消失。②并购方以现金通过市场、柜台或协商购买目标企业的股票或股权,一旦拥有其大部分或全部股本,目标企业就被并购了。

股权交易式并购也有两种情况：①以股权换股权。这是由并购方向目标企业的股东发行自己的股票，以换取目标企业的大部分或全部股票，达到控制目标企业的目的。通过并购，目标企业或者成为并购方的分公司、子公司，或者解散并入并购方。②以股权换资产。并购方向目标企业发行自己的股票，以换取目标企业的资产，并购方在有选择的情况下承担目标企业的全部或部分责任。目标企业也要把拥有的并购企业的股票分配给自己的股东。

3. 按涉及被并购公司的范围分类

并购按涉及被并购公司的范围分类，可分为整体并购和部分并购。

整体并购是指资产和产权的整体转让，是产权的权益体系或资产不可分割的并购方式。其目的是通过资本迅速集中，增强公司实力，扩大生产规模，提高市场竞争能力。整体并购有利于加快资金、资源集中的速度，迅速提高规模水平与规模效益。实施整体并购也在一定程度上限制了资金紧缺者的潜在购买行为。

部分并购是指将企业的资产和产权分割为若干部分进行交易而实现企业并购的行为。这种并购的优点在于：可扩大企业并购的范围；弥补大规模整体并购的巨额资金"缺口"；有利于企业设备更新换代，使公司将不需要的厂房、设备转让给其他并购者，更容易调整存量结构。部分并购包括三种形式：①对企业部分实物资产进行并购。②将产权划分为若干等额价值进行产权交易。③将经营权分成几个部分（如营销权、商标权、专利权等）进行产权转让。

4. 按并购双方是否友好协商分类

并购按并购双方是否友好协商分类，可分为善意并购和敌意并购。

善意并购是指并购方事先与目标企业协商，征得其同意并通过谈判达成收购条件的一致意见而完成收购活动的并购行为。善意并购有利于降低并购的风险与成本，使并购双方能够充分交流、沟通信息，目标企业主动向并购方提供必要的资料；同时，善意并购行为还可避免因目标企业抗拒所带来的额外支出。但是，善意并购使并购方不得不牺牲自身的部分利益，以换取目标企业的合作；而且漫长的协商、谈判过程也可能使并购行为丧失其部分价值。

敌意并购是指并购方在收购目标企业股权时虽然遭到目标企业的抗拒，仍然强行收购，或者并购方事先不与目标企业进行协商，突然直接向目标企业股东开出价格或收购要约的并购行为。敌意并购的优点在于：并购企业完全处于主动地位，不用权衡各方利益；而且并购行动节奏快、时间短，可有效控制并购成本。但敌意并购通常无法从目标企业获取其内部实际运营、财务状况等重要资料，给目标企业的估价带来困难，同时还会招致目标企业抵抗甚至设置各种障碍。所以，敌意并购的风险较大，要求并购方制订严密的收购行动计划并严格保密，快速实施。另外，由于敌意并购易导致股市的不良波动，甚至影响企业发展的正常秩序，各国政府都对敌意并购在法律上予以一定的限制。

5. 按并购交易是否通过证券交易所分类

并购按并购交易是否通过证券交易所分类，可分为要约收购与协议收购。

要约收购是指并购方通过证券交易所进行的证券交易，当企业持有一个上市公司（目标企业)已发行股份的30%时,应依法向该公司所有股东发出公开收购要约,按符合法律的价格以货币付款方式购买股票,获取目标企业股权的收购方式。要约收购直接在股票市场中进行,受到市场规则的严格限制,风险较大,但自主性强,速战速决。敌意并购多采取要约收购的方式。

协议收购是指并购企业不通过证券交易所,而是直接与目标企业取得联系,通过谈判、协商达成共同协议,以实现目标企业股权转移的收购方式。协议收购易取得目标企业的理解与合作,有利于降低收购的风险与成本,但谈判过程中的契约成本较高。协议收购一般都属于善意并购。

6. 按并购是否利用目标公司资产来支付分类

并购按并购是否利用目标企业资产来支付分类,可分为杠杆收购与非杠杆收购。

杠杆收购(LBO)是指收购企业利用目标企业的经营收入来支付或作为此种支付的担保的收购。收购企业不必拥有巨额自有资金,只需准备少量现金(用以支付收购过程中必需的律师、会计师等费用),其大部分资金是以目标企业的资产或股权作为抵押取得的负债,并以目标企业的营运所得作为还款来源。在杠杆收购中,收购方用以收购活动的自有资金与收购总价格相比微不足道,两者之间的比例通常为10%~15%。

非杠杆收购是指不用目标企业自有资金而是用其营运所得来支付或担保支付收购价款的收购方式。但它并不是不用举债就可负担并购价款。在实践中,几乎所有的收购都是通过举债来完成的,所不同的只是借贷数额多少、贷款抵押对象的不同而已。

二、并购的动因

企业作为独立的经济主体,其一切经济行为受利益的驱使,并购行为的目的也是为实现企业价值最大化。同时,并购行为的另一动力来源于市场竞争的巨大压力。这两大原始动力在现实经济生活中以不同的具体形式表现出来,在多数情况下企业并非仅仅出于某一个目的进行并购,而是将多种因素综合平衡的结果。

(一)谋求管理协同效应

当并购企业存在着过剩的管理能力或者并购企业与目标企业在管理效率上存在着差异,通过并购使并购方的管理优势向目标企业扩散,可以提高目标企业的效率。当然,并购方也可能通过并购获得新的管理技巧以增加进入新增长领域或应对竞争威胁的能力。过剩的管理能力可以认为是解释横向并购的一个动因,因为并购方过剩的管理能力相对容易扩散到相同或类似的公司。

(二)谋求经营协同效应

由于经济的互补性及规模经济,两个或两个以上的企业合并后可提高其生产经营活动的效率,这就是经营协同效应。获取经营协同效应的一个重要前提是产业中的确存在规模经济,且在并购前尚未达到规模经济。规模经济效益具体表现在两个层次:①生产规模经济。通过并购可调整其资源配置使其达到最佳经济规模的要求,有效解决由专业化引起的生产流程的分离,从而获得稳定的原材料来源渠道,降低生产成本,扩大市场份额。②企业规模经济。通过并购多个工厂置于同一企业领导之下，可带来一定的规模经济，表现为节省管理费用、节约营销费用、集中研究费用、扩大企业规模、增强企业抵御风险能力等。

（三）谋求财务协同效应

并购不仅可因经营效率提高而获利，而且还可在财务方面给企业带来以下利益。

（1）提高偿债能力。一般情况下，合并后企业整体的偿债能力比合并前各单个企业的偿债能力强，而且还可降低资本成本，并实现资本在并购企业与目标企业之间低成本的有效再配置。

（2）节税效应。税法一般包含亏损递延条款，允许亏损企业免交当年所得税，且其亏损可向后递延以抵消以后年度盈余。同时，一些国家税法对不同的资产适用不同的税率，股息收入、利息收入、营业收益、资本收益的税率也各不相同。企业可利用这些规定，通过并购行为及相应的财务处理取得节税利益。

（3）预期效应。并购使股票市场对企业股票评价发生改变而对股票价格产生影响。由于预期效应的作用，企业并购往往伴随着强烈的股价波动，形成股票投机机会。投资者对投机利益的追求反过来又会刺激企业并购的发生。

（四）开展多元化经营，实现低成本扩张

企业通过经营相关程度较低的不同行业的并购，可以分散风险、稳定收入来源、增强企业资产的安全性。多元化经营可以通过内部积累和外部并购两种途径实现，但在多数情况下，并购途径更为有利。尤其是当企业面临变化的环境而调整战略时，并购可以使企业低成本地迅速进入目标企业所在的增长相对较快的行业，并在很大程度上保持目标企业的市场份额以及现有的各种资源，从而保证企业持续不断的盈利能力。

（五）获得特殊资产

企图获取某项特殊资产往往是并购的重要动因。特殊资产可能是一些对企业发展至关重要的专门资产。例如，土地是企业发展的重要资源，一些有实力、有前途的企业往往会由于狭小的空间难以扩展，而另一些经营不善、市场不景气的企业却占有较多的土地和优越的地理位置，这时优势企业就可能并购劣势企业以获取其优越的土地资源。另外，并购还可能得到目标企业所拥有的有效管理队伍、优秀研究人员或专门人才以及专有技术、商标、品牌等无形资产。

（六）降低代理成本

在企业所有权与经营权相分离的情况下，经理是决策或控制的代理人，而所有者作为委托人成为风险承担者，由此造成的代理成本包括契约成本、监督成本和剩余损失。企业通过内部组织机制安排可以在一定程度上缓解代理问题，降低代理成本。但当这些机制均不足以控制代理问题时，并购机制使得接管的威胁始终存在。通过公开收购或代理权争夺而造成的接管，将会改选现任经理和董事会成员，从而作为最后的外部控制机制解决代理问题，降低代理成本。

另外，跨国并购还可能具有其他多种特殊的动因，如企业增长、技术、产品优势与产品差异、政府政策、汇率、政治和经济稳定性、劳动力成本和生产率差异、多样化、确保原材料来源、

追随顾客等。

三、并购的程序

并购可能给企业带来迅速而巨大的发展机遇,也可能给企业造成沉重的负担和财务危机。企业并购活动的指导思想必须服从于企业的发展战略,并根据企业战略的要求,制定相应的并购战略。

企业并购活动涉及许多经济、政策和法律问题,如金融法规、证券法规、公司法规、会计法规、税法及反不正当竞争法等。有些国家,还存在反垄断法对并购活动的制约。因此,企业并购是一项极其复杂的运作过程。

企业并购通常按法律规定的程序进行,其过程大致分为五个阶段:准备阶段、谈判阶段、公告阶段、交接阶段、重整阶段。从财务的角度来看,企业并购的财务流程如图 6-1 所示。

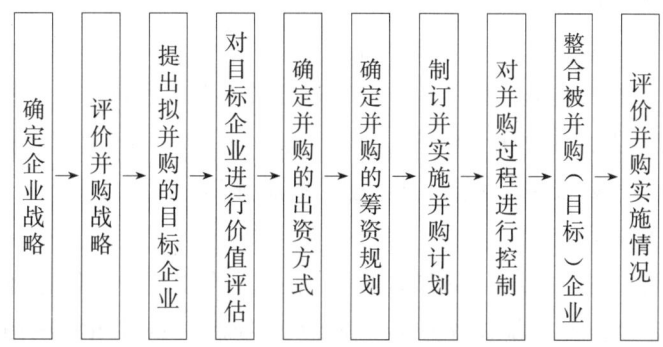

图 6-1 企业并购的财务流程

(一) 确定企业战略

并购是并购企业为实现某种战略目标而采取的一种手段。企业战略目标多种多样,包括促进企业增长,在现有产品市场赢得优势、扩大市场份额、降低风险等。并购方案的设计取决于企业的战略规划和战略选择,同时受并购结果、对目标企业的评估框架、目标企业形象以及并购后的整合等因素的影响。因此,确定企业基本发展战略,并明确企业并购在企业战略中的地位,是实施有效并购的重要前提。

(二) 评价并购战略

由于并购决策存在固有风险,战略考虑要优先于财务分析。企业要根据自身的战略目标来评价并购活动。并购战略应当对目标企业进行战略分析,研究并购对企业竞争能力和企业运营风险的可能影响。

(三) 提出拟并购的目标企业

提出并购方案的应当是企业的高级管理人员。高级管理人员根据本企业的发展战略和目标企业的有关情况,确定并购的对象。在这个过程中,企业可以聘请财务顾问,以保障并购的顺利进行。

(四) 对目标企业进行价值评估

对目标企业的价值评估,是指根据目标企业当前所拥有的资产、负债价值、营运状况和市场价值等指标,确定公司的出价。不同目标企业应选择不同的评估方法,对目标企业的估价应建立在对其未来的风险—收益评价的基础上。

(五) 确定并购的出资方式

在确定并购出资方式时,通常要考虑并购后持续经营、税收、财务风险及市场价值可能变化等因素,确定是现金出资,还是股票出资,或是综合证券支付。

(六) 确定并购的筹资规划

在确定并购所需的资金数量和形式之后,企业就需要制定相应的筹资规划,决定筹资的方式和数量。在筹资规划中,企业应当考虑由此而产生的企业价值和风险可能的变动,在尽量降低风险的同时,保持企业的最优资本结构。

(七) 制订并实施并购计划

在以上各步骤分析的基础上,企业要制订相应的并购计划,为并购实施过程提供明确的指导和具体的时间表。如果并购计划获得董事会和股东大会通过,企业就可以实施并购计划。在实施过程中,不仅涉及许多财务活动,而且涉及大量的法律事务。例如,向目标企业提出并购要约、签订并购合同、反击各种可能的并购防御措施等。

(八) 对并购过程进行控制

并购计划的实施,通常不会一帆风顺。在实施过程中,出现的各种意外情况,对并购活动可能有重要影响。这就需要企业对并购过程进行及时控制,并采取相应的措施。

(九) 整合被并购(目标)企业

并购的成功与否,不在于企业能否完成并购,而在于并购能否实现企业预定的战略发展目标。因此,并购后的管理对并购活动有着重要的影响。企业应当根据战略目标和具体情况,有计划地将目标企业与本企业进行整合。

(十) 评价并购实施情况

并购活动的事后评价可以为企业提供反馈信息,也可以为未来决策提供重要经验。对并购实施情况进行及时评价,可以防止企业因盲目并购而陷入困境,及时改正因并购失误而可能导致的不良后果。

第二节 企业并购的效应

一、并购效率理论

在众多的并购案例中,成功的并购可以使企业扭亏为盈,创造更多的价值,而失败的并购却会为社会和企业增添负担。并购成功与否可以通过对并购双方股东财富或企业价值的增减来体现,对并购财富效应的研究不仅直接关系到能否增进社会财富,而且影响企业的并购决策,甚至会涉及反垄断问题。然而,由于并购活动的动因多种多样,并购所产生的效应也并不一致,甚至同一个企业不同时期的并购效应都有所不同,因此有关并购效应的研究历久弥新,产生了很多相关的理论以及众多经验证据。

并购效率理论认为,企业并购活动对整个社会而言是能带来潜在收益的,并且会提高并购参与者的效率。这一理论包含两个基本的要点:一是企业并购活动的发生有利于改进管理者的经营业绩;二是企业并购活动会导致某种形式的协同效应。该理论支持企业并购活动能够增加社会财富的观点,共有以下几种理论支撑并购效率理论。

(一)管理协同效应理论

管理协同效应理论又称效率差异化理论或效率效应理论。该理论认为,并购活动产生正效应的原因在于并购双方的管理效率是不一致的。例如,甲公司的管理效率优于乙公司,那么在甲公司兼并乙公司后,乙公司的管理效率将被提高到甲公司的标准,由于两公司的整合而使效率偏低的公司的管理效率得到了提升。该理论有两个基本假设:

(1)并购方的管理资源有剩余且具有不可分散性。这是因为,如果并购方的管理资源没有剩余,已经得到充分利用,或是可以轻易地分割出来,那么并购活动将是没有必要的。

(2)对于目标企业而言,其管理的非效率可经由外部经理人的介入和增加管理资源的投入而得到改善。

在管理协同效应理论中,收购方一般具有目标企业所处行业所需的特殊经验并致力于改进目标企业的管理,同时使自己的管理资源得以充分利用。因此,管理协同效应理论适用于解释横向并购。

(二)非效率管理理论

对非效率管理理论有两层解释,首先,目标企业的既有管理者没能充分利用既有资源以达到潜在绩效,相对而言,并购方的介入能使目标企业的管理更有效率。其次,目标企业的管理是绝对无效率的,几乎任何外部经理层都能比既有管理者做得更好。非效率管理理论具有三个理论假设:①目标企业无法替换有效率的管理,而诉诸需要成本的收购。②如果只是因为经理人的无效率管理,目标企业将成为收购企业的子公司。③收购完成后,目标企业的管理者需要被替换。非效率管理理论更适用于分析混合并购,即处于不相关行业的企业间的并购活动。

(三)经营协同效应理论

经营协同效应理论,是指由于经济上的互补性、规模经济或范围经济,而使得两个或两个以上的企业合并成一家企业,从而造成收入增加或成本减少的情形。该理论的前提是行业中存在着规模经济,且在合并前企业的经营水平达不到实现规模经济的要求。在企业尚没有达到使各种资源得到充分利用的合理规模时,并购是解决这一问题很好的手段。

该理论比较适用于解释纵向并购。因为根据交易成本理论,通过纵向一体化可以形成经营协同效应。例如,将同一产业的不同生产阶段或是不同发展阶段的企业合并起来,可以降低或避免讨价还价、通信联络等交易成本,从而提高企业的经营效率。

(四) 财务协同效应理论

财务协同效应理论建立在内外部资金分离的基础之上,认为并购可以给企业提供成本较低的内部融资。并购可以使企业从边际利润较低的生产活动向边际利润较高的生产活动转移,即低成本地促使资金在企业内从低回报项目流向高回报项目,将资金在并购企业的产业与目标企业的产业之间进行再配置。例如,当一方具有充足的现金流却缺乏投资机会,而另一方有巨大的成长潜力却缺乏融资渠道时,两者的并购就会产生财务协同效应。此外,在一个税法完善的市场经济中,并购后企业的负债能力往往大于并购前各单个企业的负债能力之和,虽然合并后企业的规模显著增加,但其筹资成本和交易成本却不会同步扩大,甚至可能与兼并前某个企业的成本差不多,同时负债的节税效应也会降低企业的财务成本。

(五) 多元化经营理论

作为一种并购理论,多元化经营理论区别于股东证券组合的多样化理论。股东可以在资本市场上通过将投资分散于各类产业而将风险分散,但是,在所有权与经营权分离的情况下,企业管理者和其他员工却很可能面临因为企业的单一经营而陷入困境的风险。多元化经营不是为了股东财富最大化,而是为了分散企业的经营风险,从而降低企业管理者和员工的人力资本投资风险。而且,企业内部的长期员工由于具有特殊的专业知识,其潜在生产力必定优于新进的员工。为了将这种人力资本保留在组织内部,企业可以通过多元化经营来增加职员的升迁机会以及工作的安全感。此外,如果企业原本具有商誉、客户群体或供应商等无形资产,那么多元化经营可以使这些资源得到充分利用。虽然多元化经营未必一定通过收购来实现,可通过内部成长达成,但时间往往是重要因素,通过收购其他企业可迅速达到多元化扩展的目的。

(六) 战略性并购理论

战略性并购理论认为,企业的并购策略并不是孤立的,而是应当放进企业的发展战略中进行综合衡量的。实现股东价值最大化是企业的终极目标,但是其短期目标可能包括最小化成本、最大化利润、最大化市场份额、提升研发能力以及开拓新的市场等。为了实现战略目标,企业可以选择内生增长、与其他企业结盟(战略合作关系)、与其他企业合资或者进行并购等方式。战略并购理论强调企业并购是为了增强企业适应环境变化的能力,而不是为了实现规模经济或有效运用剩余资源。并购可以使企业迅速进入新的投资领域,占领新的市场,获得竞争优势。虽然企业也可以通过内部发展来获得新的资源和新的市场,但并购显然能使企业更快地实现这种调整。

因此,并购应当被看作一种积累、创造资源和能力的动态过程,有助于提高企业的长期竞争力,在现有的资源和能力的基础上为企业争取新资源、新能力提供机会。

(七) 价值低估理论

价值低估理论认为,当目标企业的市场价值由于某种原因未能反映其真实价值或潜在价值时,并购活动将会发生。企业市值被低估的原因一般有以下三种:①企业的经营管理未能使企业达到其潜在的效率水平。②并购企业拥有外部市场所没有的、有关目标企业真实价值的内部信息。③通货膨胀造成资产的市场价值与重置成本之间的差异,从而出现企业价值被低估的现象。

(八) 交易费用理论

在 20 世纪 70 年代后期,一种新的企业并购理论被西方经济学家提出,即交易费用理论。该理论从交易费用的角度解释了企业纵向并购的成因。该理论认为,企业并购的重要原因在于节约交易费用,即会产生交易费用效应。交易费用效应的产生原因在于以下两点。

1. 节约知识交易的谈判成本,减少机会主义行为

由于市场存在信息不对称及外部性的特点,知识的市场难以实现并且需要付出昂贵的成本。企业并购可以使专门的知识在同一企业内运用,进而实现节约交易费用的目的。另外,在市场交易中存在"人人为己"的特点,因此,单靠契约是不完备的。并购后,上下游企业之间的交易就成为一种内部交易,在同处于一个管理机构控制的情况下,各自产生机会主义的动机就小。

2. 降低资产专用性风险

资产的专用性也是决定交易费用的重要因素。某些企业的产品生产需要大量专门的中间产品的持久投入,而这些中间产品市场常常存在供给的不确定性等问题。并购将供应商变成内部成员便解决了这一问题,从而降低了资产专用性风险。

二、并购信息与信号理论

并购信息与信号理论认为,企业并购会传递给市场参与者一定的信息或信号,表明目标企业的未来价值可能提高,从而促使市场对目标企业的价值进行重新评估或激励目标企业的管理者贯彻更有效的竞争战略。在以并购信息与信号理论解释并购效应的研究中,有三种不同的看法。

(1) 即使收购活动并未最终取得成功,目标企业的股票在收购过程中也会被重新提高估价。这种假说认为新的信息是作为要约收购的结果而产生的,且重新估价是永久性的。该信息假说可以区分为两种形式:一种形式认为,收购活动会散布关于目标企业股票被低估的信息并且促使市场对这些股票进行重新估价,目标企业和其他各方不用采取特别的行动来促进价值的重估;另一种形式认为,收购要约会激励目标企业的管理者自身贯彻更有效的战略,不需要任何外部动力来促进价值的重估。

(2) 在一项不成功的兼并收购活动中,目标企业的股票价格提高是由于市场预期该企业随后会被其他企业收购。这些被预期的企业将拥有用于目标企业的专门资源。德赛和金(1988)的研究结果表明,那些没有再收到收购要约的目标企业的股票价格在首次收购之后的 5 年内会回到原来的水平,而那些随后又收到新的竞价的企业,股价则进一步上涨。他们认为信息假说是无效的,只有当目标企业的资源与收购企业的资源结合到一起时,目标企业股票的永久性重估才会发生,收购活动并不必然意味着目标企业的股票在市场上被低估或可以依靠自身力量来改善经营效率。

（3）由于信息不对称，作为内部人的经理人比外部人要更多了解公司状况，在这种情况下可能存在最优资本结构。根据罗斯的理论，最优资本结构可能存在于下述情况下：第一，企业投资政策的性质将通过其资本结构的选择向市场发出信号；第二，经理报酬与资本结构信号的真实性相关联。信号的发布可以以多种方式包含在收购与兼并活动中。企业收到并购要约可能给市场传递这样的信息：该企业拥有尚未被认知的额外价值或者企业未来的现金流量将会增长。当竞价企业用普通股来收购目标企业时，可能会被目标企业或其他各方认为释放竞价企业的普通股价值被高估的信号。当企业回购自己的股票时，市场会将此视为股票价值被低估的信号，且该企业将获得有利的成长机会。

在并购信息与信号理论中，非对称信息的假设更具有现实意义，但也存在一定的缺陷，因为该假设并没有考虑经理人会与其他人员勾结向市场输送错误信息而使自己获益的行为。

三、与代理问题相关的理论

（一）代理成本理论

代理成本理论认为，两权分离是现代公司的特点之一，但当企业的管理者仅拥有少量公司股票或者在所有权极为分散的大公司中，管理者与所有者各自的利益取向不同时，管理者会因为缺乏工作动力或进行额外的消费来满足自身的利益需求而损害股东财富的最大化，而所有者难以有效监督管理者，就会产生代理问题。代理成本理论在并购中主要体现在以下两个方面：

一方面，从解决代理问题的角度来看，解决代理问题一般有两种途径：一是组织机制方面的制度安排，二是市场机制的制度安排。在现实中，通过设计股权支付的报酬安排、外部产品市场、资本市场和经理人市场都可以适度地降低代理成本。但当这些机制都不足以控制代理问题时，接管可能是最后的外部控制机制。代理理论认为并购可以通过改选经理人和董事会成员从而对现有管理者构成有效的威胁，是解决代理问题的重要途径。代理理论可以解释代理问题较为严重的企业往往成为并购对象的现象。

1977年，美国经济学家罗斯首次将信息不对称理论引入资本结构理论的分析中，从而建立了激励信号传递模型。罗斯认为，企业债务比例或资产负债结构是一种把内部信息传递给市场的工具。负债比例上升是一个积极的信号，它表明经理对企业未来的收益有较高的期望，传递着经理对企业的信心。

另一方面，并购企业的决定往往是由并购企业的董事会或者经理代表股东策划完成的，这就会导致代理问题的存在。经理人员在做出并购决策时，并不能完全代表股东的利益，而更多是体现管理者的利益要求。因此，并购企业的管理者提出并购的动机，也可能是代理问题的一种表现。

（二）管理主义理论

与并购可以控制代理问题的观点相反，管理主义理论认为并购本身是一种代理问题的表现而不是解决方法。穆勒(1969)认为，代理人的报酬取决于企业的规模，因此代理人有动机通过并购使公司规模扩大，从而增加自己的收入以及保障其职位的安全。这样，管理者很容易只重视企业的增长率而忽视企业的实际投资收益率,从而做出错误的并购决策。

并购是企业获得管理价值最大化的行为,企业家希望通过并购达到企业扩张,从而不断促使企业迅速发展,以实现其在事业上的雄心壮志。在企业并购中,最普遍的并购动机是来自企业家的事业心和成就感,然而并购并不能为企业带来最大价值和利润,不是增加企业效益的最好方法,只是在管理者的扩张动机下产生的行为。同时,罗尔(1986)提出,管理者由于野心、自大或过分骄傲而在评估并购机会时可能犯过分乐观的错误,支付给目标企业股东的价值偏高,从而导致在并购公告日附近,目标企业的累计超额收益显著大于零。这种理论意味着,当发生收购时,目标企业的股东财富增加是因为收购方管理者的盲目乐观,过高地支付对价,使财富从收购方转移到目标企业股东,因而从整个社会角度来看财富并没有增加。

(三) 自由现金流假说

自由现金流假说认为,管理者和股东之间在自由现金流量配置上存在冲突而产生的代理成本是导致并购活动的主要原因。自由现金流量,是指超过所有投资项目资金要求量的现金流量,且这些项目在以适用的资本成本折现后要有正的净现值。企业要实现效率最大化,自由现金流量应当支付给股东,这也直接削弱了管理者对企业现金流的控制,并相应减弱了管理者的权利。当管理者为额外的投资活动进行融资时,就更容易受到公共资本市场的监督。但是,管理者并没有将这些自由现金流量派发给股东,而是将其投资于回报率很低的项目,或兼并别的企业以扩大企业规模,由此造成更高的代理成本,从而进一步削减了股东财富。

第三节 企业并购价值评估

一、目标企业价值评估的步骤

并购价值评估主要是确定目标企业的价值以及并购增值,是在企业并购中制定并购策略、评价并购方案、分析并购增值来源、确定并购支付成本的主要依据之一,是企业并购的中心环节,具有十分重要的地位。并购价值评估是否准确合理在很大程度上将决定并购能否成功。如果高估了目标企业的价值,那么就会导致并购企业付出过高的代价,从而导致并购成本过高,增加了并购风险。因此,对目标企业的价值评估,不仅是对企业并购行为的财务评估,而且是决定并购能否成功的关键环节。

目标企业价值评估是指对已选择的目标企业进行综合分析,以确定目标企业的价值。并购企业的选择涉及对诸多因素的考量,企业人员应合理借助企业内外力量来选择目标企业,并对目标企业进行严格审查,审查涉及并购动机、法律程序、企业业务及运营、并购风险等因素。选定目标企业后,在进行综合分析时要获取目标企业所处的经济环境、行业环境和企业本身的相关评价,并在此基础上结合适当的评估方法将财务信息、市场信息转化为价值信息。企业在进行价值评估时,一般按照以下七个步骤进行。

(一) 收集信息资料

收集相关的信息是进行分析评估的前提,收集准确、全面的信息能为价值评估提供坚实的基础。这个过程包括制订收集计划、收集信息资料、核对信息资料、鉴定信息资料和信息资料归类,要分别从目标企业内外收集企业的财务信息、法律文件、经营信息、宏观经济信息和行业经济信息。

(二) 分析目标企业的法律地位

对目标企业的各种法律文件进行审查、分析有助于及时发现并购的风险,从而更理性且更客观地进行价值评估,主要包括:审查企业章程、股票证明书中的内容是否存在对并购方面的限制;审查主要财产目录清单,了解企业的资产所有权、使用权以及租赁情况;审查目标企业的产业是否符合国家的相关产业规定等,以便及时发现潜在的法律风险。

(三) 环境及竞争力分析

经济环境和行业环境分析是财务预测和价值评估的基础,通过这些分析可以考察所有企业共同面临的环境以及对企业竞争能力的影响。环境及竞争力分析的内容主要包括以下几个方面。

1. 宏观经济环境分析

宏观经济环境分析主要采用 PEST 分析方法,PEST 分析方法是分析企业外部宏观环境的一种方法。由于自身特点和经营需要的不同,当不同行业和企业在对宏观环境因素进行分析时,分析的具体内容会有差异,但一般包括政治(P)、经济(E)、社会(S)和技术(T)这四大主要的外部环境因素,简称 PEST 分析方法。站在价值评估的角度看,除了考虑政治、社会和技术等因素外,应重点关注经济因素,如经济发展的总体指标、通货膨胀率、利率、失业率等。虽然企业不能控制宏观经济因素,但这些因素会影响企业的发展前景,因此也必须考虑这些因素的影响。

2. 行业环境分析

行业环境分析主要是通过考察特定行业的经济特性、生命周期、关键成功因素来找出企业的竞争优势,正确制定企业的战略。可以用波特五力分析模型和行业生命周期理论来进行分析。波特五力分析模型通过分析被评估企业所处行业现有企业间的竞争状况、新进入者和替代品的威胁、客户和供货商的议价能力来评估目标公司所在行业的盈利能力。波特之后的学者在模型的基础上继续考虑了其他因素,包括劳动力、政府管制、全球化程度、经济环境因素(利率波动等)。同时还要关注行业生命周期对企业的影响,产品生命周期分析法是企业并购战略的基本分析方法,一般分为四个阶段:投入期、成长期、成熟期和衰退期。在不同的阶段,企业所面临的周期性风险不同,成本效益不同,盈利能力不同。除此之外,还要考虑经济周期对特定行业的影响,例如,高档消费品对经济周期的敏感性较强,而公共事业对经济周期的敏感性较弱。在选择目标企业时,了解被并购方的主要产品处于生命周期的哪一阶段是十分必要的,有利于迅速决定并购资金的回收速度,从而有效降低并购风险。

3. 竞争战略分析

通常采用 SWOT 分析法,通过对自身优势(S)、弱势(W)、外部的机会(O)和威胁(T)的分析,明确目标企业的竞争优势和在市场中的地位,最终分析目标企业是否能与并购企业的业务以及战略相融合,看能否产生协同效应。同时,SWOT分析要使企业真正考虑到在并购过程中如何进行资源分配(需要对企业资源采取何种调整活动,是否存在需要弥补的资源缺口,分配资源时优先考虑哪些资源),并且合理配置并购过程中的公司资源,最终确定企业并购战略的主要方向和并购方式。

(四)会计分析

会计分析是根据公认的会计准则对财务报表的可靠性和相关性进行分析,目的在于评价被评估企业会计所反映的财务状况与经营成果的真实程度,是财务业绩分析的基础。会计分析的内容主要包括以下四点。

1. 阅读经审计的年度财务报告

年度财务报告是会计分析的出发点,要先关注注册会计师发表的审计意见,然后找出能够决定公司成功的关键业务并识别其收益与风险,在阅读财务报表的同时要着重注意企业的财务报表附注和财务情况说明书,了解企业的会计政策和会计估计及其变更情况。

2. 评价会计政策

不同的会计政策和会计估计对企业财务报告的影响不同,能够为管理者操纵财务报告提供机会,因此要予以重点关注。可以通过对同一个企业不同时点或同一时点不同企业间的财务状况、经营业绩进行比较,从而对目标企业采用相关政策和估计的适当性作出评价,进而对管理者的真实目的进行深入分析。

3. 分析变动情况

变动情况主要包括报表项目的变动和会计政策及会计估计的变更。财务报表项目的显著变动往往意味着非正常原因的存在,分析时需要对报表项目的变动额度、变动幅度和变动趋势等进行分析,找出显著的变动,并利用会计报表附注判断此变动是否具有充分合理的解释,排除正常变动;未加解释的报表项目变动、会计政策及估计变更,需要进一步搜集信息,寻找产生异常变动的原因。

4. 调整财务报表

如果通过以上步骤确实发现了不真实的财务数据,就需要利用相关资料对财务报表进行调整,以恢复财务数据的可靠性,增加财务报表的可信性。

(五)财务业绩分析与预测

财务业绩分析主要包括对企业的盈利能力、偿债能力、营运能力和增长能力四个方面进行分析,是了解目标企业财务状况、经营成果和现金流量的主要手段,有助于判断目标企业的盈利能力、财务风险和发展前景,为财务预测提供依据。财务业绩分析主要是以目标企业调整过的财务报表中的财务数据为基础进行相应的计算与评价。

财务预测是财务管理的主要环节,是一系列财务分析及预测程序的综合,包括根据历史资料、预测数据与基本假设(商业环境和经济环境)、财务业绩比率、企业增长率等资料编制预计资产负债表、预计利润表、预计现金流量表,确定企业在计划期内各项投资及生产发展所需的资本数量及其时间安排;并结合企业的股利政策、目标资本结构或债务方针等财务政策,确定资本的来源与运用计划;分析各种因素对预计财务报表的敏感程度,提高预测结果的准确性和可行性。

(六) 选择价值评估方法

企业通过科学的财务预测方法得到各项预测数据后,需要将相关数据结合相适应的价值评估方法进行价值评估。为了避免使用单一评估方法产生偏差,企业可以借助多种评估方法,从不同角度评估目标企业的价值。

企业并购估价与其他估价并没有太大的区别,基本方法大致可分为现金流量折现法、市场价值法、成本法、换股估价法、期权估价法以及上市公司基准法。前几种方法可参照有关教材,在这里仅介绍上市公司基准法。上市公司基准法是将选择出的某上市公司的股票总体价值作为参照价值,然后与目标企业的经营业绩或财务状况指标进行比较,得出适合于目标企业的乘数,再应用乘数计算出目标企业的价值。

当选择要参照的上市公司时,通常要考虑以下因素:①企业规模。在一般情况下,企业规模使用销售量指标进行衡量。②产品或服务。当上市公司存在多样化的产品或服务时,每一项产品或服务的特征及其销售量都应与标的企业的情况进行比较。③市场情况。许多行业的市场由于地理区域、客户、产品、服务、技术等因素被分割为不同的部分,其中每一项因素都有可能影响一个上市公司是否能够成为参照标准。④财务表现。财务表现的差别经常反映在产品生产线、产品质量、所拥有的市场份额等方面,这些因素必须在选择上市公司时加以考虑。

当存在下列情况时,双方的财务报表也要进行适当调整:①双方使用了不同的会计核算方法,应调整为一致的核算方法。②双方需要调整财务报表中的非经营性项目或非持续性项目,使报表具有参照性,从而更精准地反映企业的经营业绩。

比较双方的主要财务指标同样是一项重要工作,需要分析重要的财务指标如资产收益率、毛利率、资产使用率、资产流动性等,并根据这些因素判断目标企业是否达到了被参照企业的水平。如果目标企业的指标高于被参照企业,那么说明目标企业比被参照企业更有优势,可以相应放大价值乘数;如果目标企业的指标与被参照企业基本相当,那么说明目标企业与被参照企业的优势大致相当,双方价值基本持平;如果目标企业的指标低于被参照企业,那么说明目标企业没有拥有与被参照企业一样的优势,因此应该相应缩小价值乘数。

上市公司基准法的优势在于它提供了充分分析行业内企业的机会,并明确了这些企业的价值驱动因素和风险因素。在分析过程中通常能够洞察到一些企业为创造优势或促进发展所采取的战略措施,以及造成劣势或阻碍发展的问题所在。但对于规模、行业或产品比较特殊的企业,可以进行比较的上市公司一般很少或者几乎没有。

(七) 价值评估结果的调整

根据估值方法与并购交易的特征不同,企业选择是否要进行溢价与折价调整,确定在每种方法下的评估结果,并对每种初步结论进行分析,在综合考虑不同评估方法的质量和相关性的基础上,采用加权平均的方式形成最终的并购评估结果。

二、并购溢价与折价调整

要最终确定目标企业的价值,还要考虑一些调整事项。价值评估结果的调整类型主要分为控制权溢价或折价调整以及流动性不足折价调整。在进行价值调整时必须考虑评估方法的特点。每一种估值方法或程序都会产生不同的价值特征,因而并非所有的估值方法或程序所得到的评估结果都需要进行溢价调整或折价调整。

(一)判断是否需要调整

正确的判断方法是,先区别不同价值评估方法的特点,看所使用的评估方法是否已经考虑了控制性和流动性问题。如果考虑了,再与目标企业的控制性和流动性特征进行比较,看在评估方法中隐含的控制程度或流动性水平与所评估权益的控制程度或流动性水平之间的差异性。如果评估方法所包含的价值特征不同于要评估的权益,那么就要求进行相应的调整。同时,由于具有控制性的投资者能随时选择出售企业将其变现,从而具有一定的流动性。所以,一般将对流动性水平的调整放在控制性调整之后。

例如,市场比较法中的并购交易法暗含的控制程度约等于收购100%的企业权益,如果这一数据用于评估同样是带有控制性的所有者权益,就不需要进行溢价调整或折价调整,因为这种方法得到的价值所反映的控制性与所评估权益的控制程度相适应。如果通过上市公司基准法得到的价值是建立在少数权益可流通的基础上,那么评估非上市公司的少数权益就需要对流动性的缺乏进行折价。

(二)并购溢价调整

溢价调整主要是指控制权溢价。控制权能使收购者有权决定被收购企业的财务决策和经营决策,并能据以从该企业的经营活动中获取利益。控制权溢价是指投资者为了获得目标企业普通股的控制权而愿意付出的高于市场正常权益价值的这部分附加价值。大多数企业的产权交易并非企业整体的产权转让,交易的对象只是企业的部分股权。如果拥有这部分股权从而对企业产生控制力,那么其单位价值通常要高于对企业无控制力的少数股权单位价值,即产生了控制权溢价。控制权溢价产生的根本原因在于收购者看到了并购目标企业价值增值的潜力。

对产生溢价的另一种解释是,人们所研究交易的大部分都是战略投资者的收购。他们进行收购的主要动机在于获取协同效应和相关的战略益处。虽然买方获得了交易中的控制权益,但价格高于市价的主要推动因素是协同效应,而不全是控制权效应。所以一般认为除非能够得到交易的协同效应,否则买方很少支付溢价。控制权溢价不能完全表示目标企业对收购者的最大投资价值,而协同效应产生的价值才是真正的最大投资价值。对于每一项战略性收购,控制权溢价和协同效应产生的溢价都是不同的,各自的大小要根据具体收购情况来决定。所以,每个买方的投资价值还取决于每笔交易独特的协同性。

(三)并购折价调整

并购折价调整包括缺乏控制的折价和流动性不足的折价。

1. 缺乏控制的折价

缺乏控制的折价反映了控制不足对价值的负面影响,因为初始确定的评估价值具有全面性,没有考虑股权所有者对所具有的份额缺乏控制时的损失。我们可以将这一折价用于少数权益或缺乏控制的多数权益。缺乏控制的折价通常是通过控制权溢价间接换算得出的,即控制权折价不是由于收购不具有控制权的股权带来的,而是由于支付控制权溢价得出的。计算公式如下:

$$MID = 1 - 1 \div (1 + CP)$$

式中:MID 表示控制权折价;CP 表示控制权溢价。

简单理解就是一个企业所能带来的价值是固定的,当具有控制权的一方为目标企业支付了一定的溢价,那么不具有控制权的另一方就应该相应地少支付一些。

2. 流动性不足的折价

待评估企业股权如果缺乏流动性时,就可能产生流动性不足的问题,需进行折价调整以反映不能迅速将所有权转化为现金,从而对价值带来的减值影响。产生流动性不足折价的原因主要是:第一,缺乏流动性增加了投资风险,流通股的流动性强,交易活跃,流通股持有者可以随时出售所持有的股票,通过用脚投票来避免进一步遭受损失的可能,而流通不足的股权缺乏这种快速变现的能力;第二,缺乏流动性增加了交易费用,流通股权由于可以在证券市场公开进行交易,费用较低,而流动性不足的股权往往在获取信息、实施交易等方面存在困难,因此交易费用较高,而价值较低。

用脚投票,是指投资者出售所持有的公司股票,离开或放弃对这家企业的投资。与之相对应的是用手投票,是指投资者根据其享有的投资企业的股份比例进行利润分配,从而享有相应的权益。

从上述分析可以看出,少数股权折价与流动性折价是有区别的,即使是控股股权,同样需要考虑其流动性折价。所以,市场变现能力与股权比例没有必然的内在关系,不论是控股股权、少数股权还是等份股权,在评估时均要考虑其流动性折价。

(四)调整方法

虽然控制性和流动性对价值的调整是相关的,但两者并不相同。应该先对控制性进行调整,然后才是对流动性进行调整。需要注意的是,这些调整以乘数方式进行,而不是简单的叠加,即:

调整后评估值=调整前评估值×(1+控制性溢价率)×(1+流动性折价率)

或

=调整前评估值×(1+控制性折价率)×(1+流动性折价率)

控制性溢价率的获取来自对上市公司控股股权的研究,通过分析上市公司的控制性权益被收购的数据来确定控制性溢价率或缺乏控制性的折价率。理论研究常见的方法有三种:第一种方法是巴克莱和霍德内斯(1989)对事关控制权的大宗交易的转让价格进行研究,发现转让价格比宣布并购之后的交易所价格高出 20%。他们认为这 20% 代表了控制权的价值。第二种方法来自内诺瓦(2000)针对非一股一票的股票报价进行研究。她比较了具有相同股息权但不同投票权的股票价格,并由此推算出控制权价值。同时,她对 18 个国家的 661 家双重股票结构公司进行了统计,发现控制权价值在公司市价的 0(丹麦)~50%(墨西哥)之间。第三种方法由哈努马、萨林和沙皮罗(2002)提出,他们认为控制权溢价可以通过计算控制权交易价格和小额股权交易价格之间的差额来衡量。通过对 1986—2000 年 7 个西方国家的 9 566 起并购事件进行分析,他们根据产业类别和交易时间等因素将控制权交易与小额股票交易进行配对研究,最终发现控制权交易价格比小额股权交易价格平均高出约 18%,即控制权价值的平均水平约为 18%。根据中国的监管要求,目前在 A 股资本市场中不允许存在"同股不同权"架构,因此上述第二种方法并不适合中国的实际情况,可采用其他两种方法计算中国上市公司并购的控制权溢价率。伴随着中国资本市场股权分置改革的成功进行,更多的第一手数据可以为研究者提供,中国上市公司可以为控制权溢价的定量分析提供更多、更好的实践机会。这些成果也可以被引用或推广到所有企业价值评估的过程。

流动性折价率来源于市场的经验数据,是通过数据拟合出来的,普遍认为这些数据比控制性溢价率所得数据更为精确。流动性折价率的数据来源包括:①流动性折价率的第一个数据来源是对限制性股票交易的研究。限制性股票的发行公司无须向证券交易委员会注册,因此不能在公开市场中出售,但可以在私募市场中出售。交易中的买方要遵从限制规定,就只愿意为这些不能立即转化成现金的证券支付折价。研究表明,限制期越短,流动性不足的限制性股票折价越低。②流动性折价率的第二个数据来源是对首次公开发行前的研究。根据行业情况和收购方式的不同,收购可以以股票或票据形式支付。对于股东而言,这种方式不如现金有吸引力,所以提高了控制权益出售的困难程度,同时也决定了当流动性不足折价时要考虑的因素。在市场被分割的行业或并购活动不发达的行业里,买卖双方很难接触,交易时间长,交易成本高,流动性不足的折价也高。

需要注意的是,这些数值并不一定是缺乏流动性造成的,可能是由于特殊的交易因素使法人股的交易价格偏低,如出售方故意压低法人股价格以转让给关联方。

第四节 企业并购融资与对价方式

一、并购融资方式

在企业并购活动中,并购融资与对价是完成交易的两个实质性环节,而且事实上这两个环节是紧密联系、不可分割的。在本节,我们将介绍并购融资的原则与方式,对价的方式及其影响。

鉴于基本的融资方式在初中级财务管理课程中都有过介绍,本书不再赘述细节,仅列出整体的框架和基本定义,希望对读者在整体的融资思路构建上有帮助。常见的融资方式如表 6-1 所示。

表 6-1 融资方式

内源融资	留存收益：从企业内部开辟资金来源筹措所需资金	
外源融资	债务融资	借款融资：根据借款合同或借款协议向金融机构融资
		债券融资：按照法定程序发行的企业债券等
	权益融资	普通股融资：股份有限公司发行无特别权利的主权资本股份
		优先股融资：在盈余分配和剩余财产分配上优先于普通股
	混合型融资	可转债：持有人依据一定条件可将其转换为普通股的债券
		认股权证：是股票衍生产品，持有人有权在未来某一特定日期，以约定的价格购买一定数量的标的资产。标的资产可以是个股，可以是一篮子股票、指数、商品或其他衍生产品

企业在并购过程中，往往同时采用上述几种不同的融资方式来拓宽融资渠道，以综合利用各种融资方式的优点。目前，我国企业的并购融资方式主要以银行贷款为主，少数企业采取了普通股融资和可转债的融资方式，极少数企业采用优先股融资、认股权证融资等方式。融资方式单一，企业并购缺乏资金来源的多元化，导致收购企业的资金压力加大。这是我国企业在未来并购融资过程中需要考虑的重要问题。

我国上市公司可转债发展的实际起点是在 21 世纪初。2001—2018 年，共有 225 家 A 股上市公司完成了可转债发行，共募集资金 4 914 亿元，发行家数和募资规模呈现阶段性特征。2001—2009 年，可转债市场刚刚起步，市场发行可转债的家数和金额均较小，每年发行 10 家左右，募集资金年平均约为 100 亿元。2010—2014 年，可转债市场呈现"发行家数少、金额大"的特点，该阶段发行家数较前阶段保持平稳，但由于银行等主体大额可转债的出现，融资规模被个别项目拉动呈现同比高增长的态势。2015—2016 年，可转债发行的家数和金额较前阶段均有所回落，跌至 2001—2009 年的水平。自 2017 年以来，由于我国再融资政策的调整，上市公司发行可转债出现井喷式增长；从发行情况来看，2017 年共发行 41 只可转债，募资金额 948.36 亿元；2018 年有 68 家上市公司发行可转债，募资金额 789.74 亿元。从监管部门审核情况来看，2018 年可转债审核数量占所有融资渠道的 30%，接近 IPO 审核数量的一半。随着市场的发展，可转债从"小众"的融资工具逐渐演变成资本市场舞台的"主角"之一，从而被越来越多的上市公司和投资者认可和接受。认股权证交易自 2005 年起又重新出现在中国的证券市场上，并且逐步得到市场认可，例如，2011 年 8 月中国贵金属成功发行了面值为 9 348 万元的认股权证，该认股权证的持有人可按 2.1 元/股的认购价认购新股份。

现以联想集团并购 IBM 为例说明并购融资方式。2004 年 12 月 7 日，联想集团对外宣布以 6.5 亿美元现金和 6 亿美元股票合计共 12.5 亿美元并购 IBM 公司的 PC 全球业务。2005 年 1 月 27 日，联想集团召开股东特别大会，并以 99.47% 的赞成票通过了收购 IBM 公司的 PC 业务议案。2005 年 3 月，美国外国投资委员会对联想集团并购 IBM 公司 PC 业务的审查提前通过。2005 年 5 月 1 日，联想集团正式宣布以 12.5 亿美元完成对 IBM 公司全球 PC 业务的收购，并承担来自 IBM 公司约 5 亿美元的净负债。

在整个财务安排上,当时只有4亿美元自有现金的联想集团,为减轻支付6.5亿美元现金的压力,与IBM公司签订了一份有效期长达5年的策略性融资附属协议,从巴黎银行、荷兰银行、渣打银行和中国工商银行分别获得总计6亿美元的国际银团贷款。随后,联想获得全球三大私人股权投资公司的青睐,以私募的方式向美国得克萨斯州太平洋投资集团、美国泛大西洋投资集团及美国新桥投资集团发行股份,获得总计3.5亿美元的战略投资。

联想向这3家私人投资公司共发行921 636 459股价值3.5亿美元的可转换优先股以及可用作认购联想股份的非上市认股权证。获得额外投资后,联想集团再拿出1.5亿美元现金回购IBM公司股份,而另外2亿美元用作运营资金及一般企业用途,最终联想集团向IBM公司支付8亿美元现金及价值4.5亿美元的股票,IBM公司的持股比例从最初约定的18.9%下降到13.4%,公众股占有34.8%的股份。

青岛海尔并购美国通用电气(GE)主要是通过债务融资完成收购活动的。2016年6月7日,海尔发布公告,宣布与美国通用电气就青岛海尔整合通用电气家电公司正式签署相关协议,标志着持续半年的收购活动最终告成。由此,海尔成功鲸吞了美国通用电气的家电业务,收购了美国通用电气公司与家电相关的不动产、主要生产设备和知识产权在内的相关资产。此举成为海尔进一步打开美国市场的重大举措。

此次海尔并购美国通用电气的交易收购价格达到55.8亿美元。面对如此巨大的并购金额,海尔并没有选择全部用自有资金支付,而是与国家开发银行签署长期贷款协议,并获得33亿美元的贷款,这笔贷款占到整体并购金额的60%,而海尔为此支付的自有资金仅占40%,成为以小博大的经典案例。不得不说,债务融资是海尔成功并购美国通用电气的关键一步。这一案例表明,杠杆融资最大的特点在于并购方只需投入相对较少的自有资金便能获得大额进款,用于并购目标公司。

二、并购对价方式

(一)对价方式概述

对价是整个收购交易的最后一个环节,也是决定交易最终能否成功的重要一环。对价方式的选择关系到并购双方的切身利益,适合的对价方式可以使各方达到利益上的均衡。国际较为常见的对价方式如表6-2所示,其中承担债务收购和国家无偿划拨是我国在特殊的制度背景和经济背景下存在的方式。

表6-2 对价方式

现金对价	并购方通过支付一定数量的现金来购买目标企业的资产或股权,从而实现并购交易的一种对价方式
股票对价	并购方通过换股或增发新股的方式获得目标企业的控制权,进而并购目标企业的一种对价方式
承担债务收购	并购方在并购目标企业时,不向目标企业的股东支付任何现金或有价证券,而是承担目标企业所有债务进而取得对目标企业的控股权

（续表）

综合证券收购		收购方对目标企业提出并购要约时，其出价不仅有现金、股票，而且还有认股权证、可转债和公司债券等多种混合形式
杠杆收购	一般杠杆收购	通过增加并购企业的财务杠杆完成并购交易的一种并购方式。实质是并购企业用少量的自有资金，主要以借债的方式来购买目标企业的产权，继而以被并购企业的资产或者现金流来偿还债务
	管理者收购	杠杆收购的一种特殊形式，它限定收购主体是目标企业的内部管理人员，具体方式是通过借债融资获取股份
卖方融资收购		又称推迟支付或分期付款，是指卖方根据未来收益而让买方分期偿还付款
国家无偿划拨		国家通过行政手段将国有企业的控股权直接划至另一个国有资产管理主体，这种支付方式是与我国企业的产权结构联系在一起的

（二）特殊对价方式介绍

现金对价、股票对价和我国特有的两种对价方式（承担债务收购、国家无偿划拨）都比较容易理解，因此在本节中没有展开叙述。由于综合证券收购、杠杆收购和卖方融资收购等特殊对价方式在我国的应用还不是很广泛，很多人对这些方式的操作流程和优缺点仍一知半解。所以，下面将通过一些小案例简单介绍这些对价方式。

1. 综合证券收购

收购方在并购目标企业时采用混合证券收购的方式是将多种支付工具组合在一起，可取长补短，从而满足收购双方的需要。这样既可以少付现金，避免本公司的财务状况恶化，又可以防止控股权的转移。采用综合证券收购尽管会使并购交易变得烦琐，但同时也增加了风险套利的难度。正因为如此，在各种出资方式中，综合证券收购呈逐年递增的趋势。

当然，这种支付方式的风险也是显而易见的。如果搭配不当，非但不能发挥各种支付工具之长，反而有集它们之短的可能。此外，综合证券支付对价方式对并购双方的股东利益和并购价格的影响是十分复杂的，在不同情况下，各种证券所占权重不同，其影响也有所差异。因此，综合证券支付是一种技术含量相当高的支付方式，一般需由投资银行经过周密设计才能确定各种证券的比例，必要时还要进行模拟分析来推测市场的反应，操作相当复杂。

2. 杠杆收购

20世纪80年代以后，随着银行、保险公司、风险资本等各种金融机构的介入，杠杆收购交易得以快速发展。然而，在当前我国资本市场迅速发展、企业并购此起彼伏的形势下，杠杆收购仍然未能被普遍接受并广泛应用。

杠杆收购与其他对价方式相比，主要有以下基本特征：第一，收购企业用于收购的自有资金远远少于收购总资金，收购资金的大部分是借债而来，贷款方可能是金融机构、信托基金、个人，甚至可能是目标企业的股东；第二，收购企业用来偿付贷款的资金来自目标企业的资产或现金流量，也就是说，被收购企业将自己偿还收购自己所支付的款项；第三，收购企业除投资非常有限的资金外，不承担进一步投资的义务，即贷款方通常在目标企业的资产上担保，以确保优先受偿地位。

杠杆收购对于收购企业是非常有利的,但是杠杆收购在提高财务效益的同时也带来了高风险。这种收购的大部分资金依赖债务,因此沉重的债息偿还负担可能会令收购企业和目标企业都不堪重负而最终被压垮。这就需要收购企业的管理者具有较强的重组整合能力,在组织结构和文化上达到和谐统一,并最终实现各方面的协同效应,提高经营效益与偿债能力,使资产收益率和股权回报率有所增长。只有当大部分债务已经偿付完毕时,并购活动才算真正成功。

例如,2012年11月5日,光明食品有限公司与狮王资本基金联合宣布,光明集团收购英国著名品牌维他麦公司60%的股份。这次交易是中国食品行业最大宗的海外并购,维他麦公司价值为12亿英镑,并购项目以购买60%股权和承担部分债务的形式支付了交易对价6.8亿英镑(约合人民币68亿元)。光明集团的自有资本难以满足此次并购的资金需求。因此,光明集团采取了全杠杆融资方式,先通过一年期的过桥贷款获得资金完成并购交割,然后寻找合适的时间窗口在海外市场上发行债券融资用于偿还短期债务,以缓解偿债压力。光明集团的全杠杆融资使该项并购的实际融资成本从预期的4%下降至3%~3.2%,从而大大降低了并购风险。

3. 卖方融资收购

目前,我国应用卖方融资方式的并购案例并不多,应用卖方融资理念也主要用在日常的经营融资管理上。一些商业银行开展了这方面的业务,应用最多的是国内信用证项下的卖方融资。为满足客户(卖方)日常的资金需求,银行以客户收到的延期付款国内信用证为依据,以信用证项下的应收账款为还款来源,向符合条件的客户发放短期融资。

在企业并购范畴,这种方式通常发生在目标企业获利不佳,股东急于获得现金或者并购方拥有极为出色的经营管理能力的时候。这种支付方式一般对收购方更有利,而对卖方也有一定的好处。

在收购一些以某些个人的特殊技艺或管理才能为特性的企业时,应特别注意人的稳定性,所以在具体价款支付上要有特别条款予以保障。若原来所有者与经营者为同一人,收购后仍保留经营者的资格,则可在商定价格时要求,一半付现金,另一半视未来时点被收购公司的绩效目标的完成情况而定。

这种对价方式通常根据未来目标企业的经营业绩而决定支付价款的多少,可以使目标企业一直努力保持正常运作,以证明企业的价值,从而有助于缩小双方在并购价格认定上的差距。对于收购方而言,这种对价方式既可减轻收购当时的现金负担,又可免除很多保证措施,还可建立奖励措施。但是,此种依绩效而定价的方式,若支付期间过短,则在收购后,原所有者将可能只为了获得更高的支付价格而忽视企业的长远发展,从而使以后的支出大增,影响今后正常的生产和效益,这也是收购者在签约时应该考虑的问题。对于卖方而言,由于分期收取收购款项,卖方可以获得税负的分段延迟支付,同时还可以要求较高的利息。

例如,美国华纳传播欲将其亏损的阿泰利电脑公司出售时,收购者以未来偿还价款为保证,购买其全部股权。收购方提出能够拯救该亏损公司的计划,并将利用在其有效管理下所赚的盈余来偿债。在该案例中,因为华纳对收购方的拯救计划非常有信心,因而愿意以应付票据的方式达成交易,且并不要求前几年马上付清本金,使阿泰利在新业主经营下的前几年现金压力大为消除。由此可知,收购须有极佳的事业经营计划,才易取得"卖方融资"。

第五节 反并购措施

反并购措施也称接管防御,是指目标企业的管理层采取措施以阻止本公司被收购的手段。在当今并购之风盛行的情况下,敌意收购不管在数量还是金额上都不断增加且引人注目。越来越多的企业开始重视采用各种积极有效的防御性措施进行反并购,或者是提高并购者的成本和风险,或者是降低并购者的收益等。反并购措施分为预防性反并购措施与主动性反并购措施两类。

一、预防性反并购措施

企业最好的反并购措施是保持经营的高效率,保持销售增长前景,且保持盈利。那些具有稳定现金流、负债率低的成熟企业容易成为敌意并购的目标。因此,预防性反并购措施是提前或在敌意收购发起时改变这些特征,从而削弱并购方的并购动机的措施。常见的预防性反并购措施如下。

(一)反接管修正

对企业章程进行反接管修正,通俗地称为"拒鲨"条款。由于像所有的章程修正一样,反接管修正都必须经股东表决并批准,因此这种修正可能导致接管防御。反接管修正一般会对通过合作、收购要约或撤换董事会成员等形式进行的企业控制经营权转移施加新的条件。反接管修正共有以下四种主要类型。

1. 超级多数条款修正

超级多数条款规定企业被收购必须取得2/3以上的股东或80%以上的投票权,有的甚至要求所有涉及控制权变动的交易都必须获得已发行股份90%以上的赞成。

2. 公平价格条款

根据该项条款,收购者向非控股股东支付的价格必须至少等于事先设定的"公平价格"。通常,该最低价格是根据每股收益及市盈率确定的,但有时是以设定的市价形式表示的。公平价格条款通常与超级多数条款结合使用。

3. 分类董事会

分类董事会可以在接管中推迟控制权的实际转移。例如,一个由9人组成的董事会可能会分成三组,每年只有3名成员当选,任期3年。这样一来,新的大股东就要至少等两届年会才能取得董事会的控制权。

4. 授权发行优先股

董事会有权发行一种有特别表决权的新型证券。这种证券一般是优先股,在发生控制权争夺时发行给善意的一方。因而,这是一种防御敌意接管要约的措施。

(二) 降落伞反收购计划

降落伞反收购计划主要是通过事先约定对并购发生后导致管理层更换和员工裁减时对管理层或员工的补偿标准,从而达到提高并购成本的目的。其中,金色降落伞是指目标企业董事会通过决议,由企业董事及高层管理人员与目标企业签订合同,一旦目标企业被并购,其董事及高层管理人员被解雇,则企业必须一次性支付巨额的退休金(解职费)、股票选择权收入或额外津贴。灰色降落伞是指向中级管理人员提供类似的保证,目标企业承诺,如果该公司被并购,中级管理人员可以根据工龄长短领取数周至数月的工资。锡降落伞是指目标企业的普通员工在企业被并购后一段时间内被解雇的话,则可领取员工遣散费。

金色降落伞、灰色降落伞和锡降落伞都要求收购方在收购时要对目标企业的工作人员进行补偿,因此提高了收购成本。但是保护伞的成本通常很有限(一般不足10%),因此,它不是一个很强的接管防御措施。

(三) 毒丸计划

以增加企业价值为目的的企业重组与实现接管防御的目的是密切相关的。在增加企业价值的同时也增加了企业的防御能力,比如资产重组。资产重组可分为收购与资产出售或剥离。资产收购可以扩展企业的生产能力,也可以用来防御企业被接管,因为规模的扩大增加了收购成本。资产剥离或出售既可被用来使资源向更高的使用价值流动,也可以为了阻止被收购,而处理掉一部分收购者感兴趣的业务,这种方法称为"皇冠宝石"对策。此外,重新调整杠杆比率增加企业负债或使用收入支付大量的现金分红,以及增强内部人士的所有权地位,都增加了收购者的风险与成本。这种策略被称为"焦土策略",是一种两败俱伤的做法,因为它同时提高了目标企业的经营与财务风险。目标企业为避免被外来企业收购不惜采取严重伤害自己的行动,犹如一剂"毒丸"。常见的毒丸计划包括以下两类。

1. 负债毒丸计划

负债毒丸计划是指目标企业在收购威胁下大量增加自身负债,降低企业被收购的吸引力。例如,发行债券并约定在企业股权发生大规模转移时,债券持有人可要求立刻兑付,从而使收购企业在收购后立即面临巨额现金支出,降低其收购兴趣。利用并购者感兴趣的现金资源或大量举债购买一些无利可图的资产,或者故意做一些需要很长时间才能见效的投资,使企业负债累累,在短期内降低企业价值,使并购方望而生畏。

2. 人员毒丸计划

人员毒丸计划的基本方法则是企业的绝大部分高级管理人员共同签订协议,在企业被以不公平的价格收购,并且这些人中有1人在收购后被降职或革职时,则全部管理人员将集体辞职。这一策略不仅保护了目标企业股东的利益,而且会使收购方慎重考虑收购后更换管理层给企业带来的巨大影响。企业的管理层阵容越强大、越精干,实施这一策略的效果将越明显。当管理层的价值对收购方无足轻重时,人员毒丸计划也就收效甚微了。

二、主动性反并购措施

如果并购方在充分考虑了目标企业的各种预防性反并购措施后,仍然决定向目标企业发起并购,目标企业就应当采取主动性反并购措施进行反击。常见的主动性反并购措施如下。

(一) 绿色邮件

绿色邮件是指受到并购威胁的目标企业向潜在的购买方支付一笔款项使其放弃并购要约的方法。这是因美元钞票的颜色是绿色的而得名。它实际上是目标企业通过私下协商从特定股东手里溢价购回其大量股份。溢价回购的目的是消除大股东或绿色邮递者的敌意接管威胁。对绿色邮件在接管防御中的角色,存在着不同的观点。一些人反对绿色邮件或定向回购,他们认为绿色邮件给股东带来很大的损失。持有大宗股份的投资者是企业的"袭击者",他们剥夺企业的资产,有损其他股东。袭击的形式是利用袭击者的企业表决权给予其自身过分的奖励和津贴,通过绿色邮件使其股份获得显著高于市价的溢价,或以某些非特定方式"抢掠"企业财富。而另外一种看法是,参与绿色邮件的大宗投资者有利于管理层发生变动,可以是企业人事方面的变动,也可以是企业政策的变动,或有较高技能评估潜在收购对象。绿色邮件尽管可以作为反接管的手段,但由于定向溢价回购股票损害了一般股东的利益,因而使其受到限制。

(二) 白衣骑士

白衣骑士是指目标企业为免遭敌意收购而自己寻找善意收购者。白衣骑士防御涉及目标企业挑选了一个愿意与之合并的企业,这个白衣骑士通常是与其关系密切的实力企业,能以更优惠的价格达成善意收购。一般而言,如果收购者出价较低,目标企业被白衣骑士拯救的希望就越大;若收购方提出了很高的收购价格,则由于白衣骑士的成本提高,被白衣骑士拯救的机会就减少了。

(三) 股票交易

1. 股票回购

在允许企业回购自己股票的情况下,目标企业在收购企业的收购要约公开以后,迅速在股市上回购本企业的股票,而且以比收购要约价还要高的出价来回购,迫使收购方提高收购价格,增加其收购难度。但是对假装收购、实际进行股票套利的进攻者来讲,目标企业的溢价回购股票,正好实现了它赚取炒作股票的资本利得。因此,在这种情况下,也有人称收购方的收购为"绿色勒索"。

2. 管理层收购

当收购方为目标企业管理层时的杠杆收购就是管理层收购(MBO)。当目标企业得知收购信息后,其管理层利用杠杆手段,以企业的资产作担保向银行贷款,然后再买下公司股权,以免董事会低价卖掉公司。管理层为了筹集收购资金,往往会成立一家新公司专门从事收购,并使目标公司大量举债;管理层也可能自己出资收购,从而使目标公司成为合伙企业。

股票回购一方面提高了公司股票的价格,同时也减少了公司股票数量,大大增加了被收购的难度,它也是反对公开收购要约最有力的反击手段之一;MBO 使管理层掌握了企业主要控制权,在抵御敌意收购中可以发挥很大作用。

章节测试

班级_____ 姓名_____ 学号_____ 日期_____ 分数_____

一、单项选择题(每小题6分,共30分)

1. (   )是对生产工艺或经营方式上有前后关联的企业进行的并购,即在生产、销售的过程中互为购买者和销售者的企业之间的并购,其主要目的是组织专业化生产和实现产销一体化。
   A. 混合并购　　B. 整合并购　　C. 横向并购　　D. 纵向并购

2. (   )是指并购方事先与目标企业协商,征得其同意并通过谈判达成收购条件的一致意见而完成收购活动的并购方式。
   A. 整体并购　　B. 善意并购　　C. 敌意并购　　D. 部分并购

3. (   )又称效率差异化理论或效率效应理论。该理论认为,并购活动产生正效应的原因在于并购双方的管理效率是不一致的。
   A. 财务协同效应理论　　　　B. 经营协同效应理论
   C. 非效率管理理论　　　　　D. 管理协同效应理论

4. (   )是指对按照控制权变动条款而失去工作的管理人员进行补偿的雇佣合同中的单独条款。
   A. 金降落伞　　　　　　　　B. 银降落伞
   C. 锡降落伞　　　　　　　　D. 铜降落伞

5. (   )的基本方法是企业的绝大部分高级管理人员共同签订协议,在企业被以不公平的价格收购时。
   A. 资本毒丸计划　　　　　　B. 负债毒丸计划
   C. 人员毒丸计划　　　　　　D. 资产毒丸计划

二、多项选择题(每小题8分,共40分)

1. 并购按并购双方产品与产业的联系分类,可分为(   )。
   A. 横向并购　　B. 纵向并购　　C. 前向并购　　D. 混合并购

2. 并购按并购的实现方式分类,可分为(   )。
   A. 承担债务式并购　　　　　B. 现金购买式并购
   C. 股权交易式并购　　　　　D. 横线并购

3. 并购按并购交易是否通过证券交易所分类,可分为(　　)。
   A. 混合并购　　　B. 要约收购　　　C. 协议收购　　　D. 部分并购
4. 毒丸计划包括(　　)。
   A. 负债毒丸计划　　　　　　　　B. 人员毒丸计划
   C. 资本毒丸计划　　　　　　　　D. 资产毒丸计划
5. 主动性反并购措施包括(　　)。
   A. 绿色邮件　　　B. 白衣骑士　　　C. 债券投资　　　D. 股票交易

三、判断题(每小题 6 分,共 30 分)

1. 如果一家企业吸收其他企业,被吸收的企业法人主体资格不复存在,即吸收合并;如果两个以上的企业合并成立一个新的企业,合并后各方解散,即新设合并。　　　　　　(　　)
2. 部分并购是指资产和产权的整体转让,是产权的权益体系或资产不可分割的并购方。
   　　　　　　　　　　　　　　　　　　　　　　　　　　　　　　(　　)
3. 杠杆收购是指收购企业利用目标企业的经营收入来支付或作为此种支付的担保的收购。
   　　　　　　　　　　　　　　　　　　　　　　　　　　　　　　(　　)
4. 财务协同效应理论建立在内外部资金分离的基础之上,认为并购可以给企业提供成本较低的内部融资。　　　　　　　　　　　　　　　　　　　　　　(　　)
5. 自由现金流假说认为,管理者和股东之间在自由现金流量配置上存在冲突而产生的代理成本是导致并购活动的主要原因。　　　　　　　　　　　　　　(　　)

第六章　国际财务管理

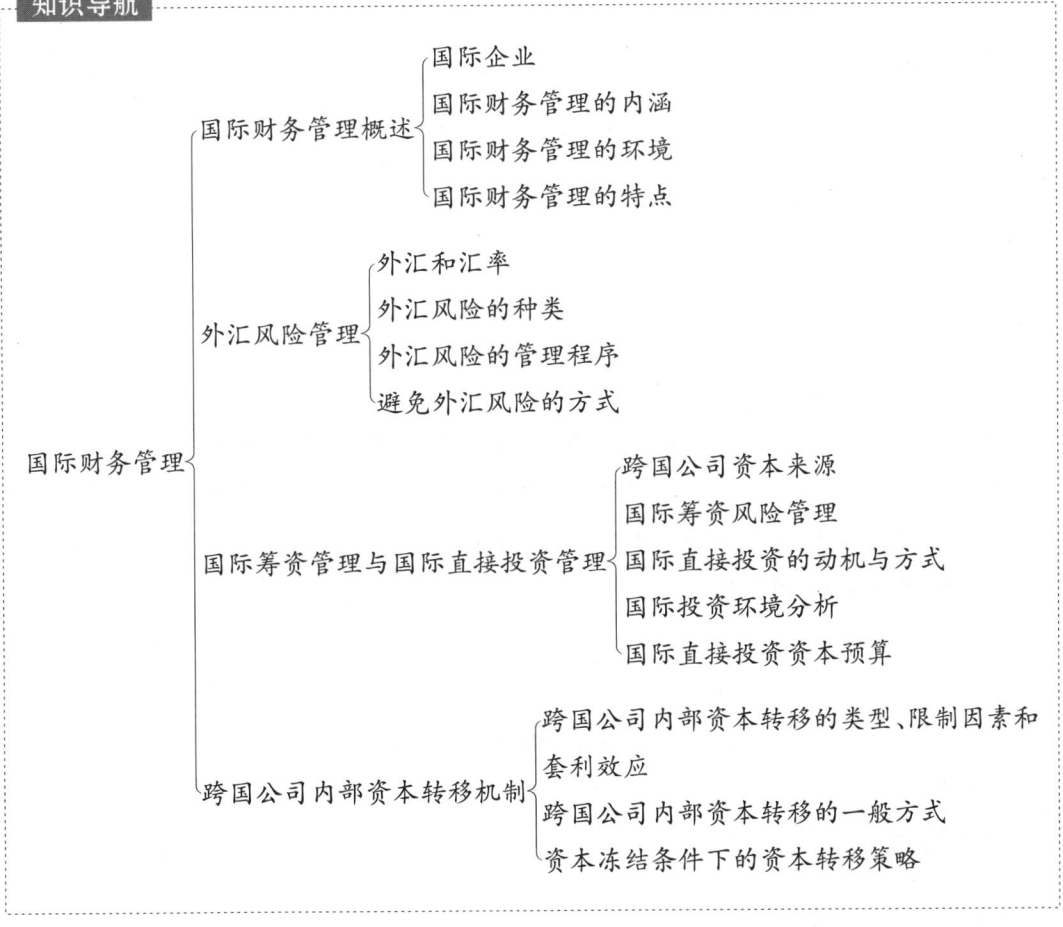

学习目标

1. 理解国际财务管理的概念。
2. 了解外汇风险的概念和分类。
3. 掌握国际筹资管理的特点。
4. 掌握国际投资管理的特点。
5. 掌握跨国公司内部资本转移的机制。

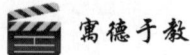 寓德于教

"新疆棉事件"后的 H&M

即便中国线下零售市场普遍回暖,但 H&M 仍没有从"新疆棉事件"的冲击中缓过来。近半年来,H&M 在中国的闭店潮愈演愈烈。近日,有网友发现杭州西湖边的 H&M 工联 CC 店在 2023 年 3 月底要撤店了。

时代财经综合社交平台的消息,截至今年 3 月,广州高德置地、正佳广场、白云万达的 H&M 门店均已悄然撤出。此外,撤店的动作还涉及青岛、珠海、北京、重庆等多个城市。

此外,"新疆棉事件"的影响还在持续,不少消费者仍在社交平台表示抵制 H&M 的产品。而 H&M 的品牌价值在年轻消费者眼里的也似在减弱。

数据显示,2017 年 H&M 中国的销售额曾达 110.3 亿瑞典克朗,位列集团全球前五大市场之一。而到了 2021 年,中国大陆销售额仅有 72.68 亿瑞典克朗。该地区的门店数量也从 2017 年的 506 家减至 445 家。H&M 集团尚未公布 2022 年中国大陆门店数量,但据极海品牌监测数据,H&M 在中国的门店在去年仅剩 360 家。

思考与讨论:作为普通消费者的我们,在选择品牌时应该考虑什么因素?

资料来源:腾讯新闻,2023-3-16,《"新疆棉事件"两周年,H&M 关店潮愈演愈烈,推高端子品牌收割中国中产》,https://view.inews.qq.com/wxn/20230316A03M1V00?originPath=q&web_channel=detail,有删节。

第一节 国际财务管理概述

一、国际企业

(一)国际企业的概念

国际企业至今并未有一个公认的统一的定义。由于分析角度与分析需要的不同,国际上对国际企业的概念都有其独特的界定方法。我们认为国际企业无法进行精确的定义,因为国际经营活动的种类、范围、性质和介入程度都难以区分清楚,从而对国际企业业务活动就难以界定。

因此,国际企业是相对于国内企业而言的一个笼统性概念,它泛指一切以国际市场需求为导向、在两个或两个以上的国家和地区间从事经营活动的企业,包括我们通常所说的跨国公司、多国企业和其他多种形式的处于不同国际化演进阶段的国际性公司。可以说国际企业是从事国际经营活动的经济实体的总称,其经营宗旨是满足国际市场的需求,而且经营活动已超

越了国界。

（二）国际企业的特点

1. 经营观念国际化

经营观念国际化也称为经营导向国际化,是指国际企业生产经营活动是以满足国际顾客需求为宗旨的。故其决策视野是世界范围的,经营指导思想是国际化的。国外一些学者将国际企业发展不同阶段的经营观念划分为以下四种类型。

（1）民族中心主义。持民族中心主义态度的企业将国际经营放在次于其国内经营的位置,它们从事国际经营的动机是处理其国内产品的过剩部分。通常持这种观念的企业将其绝大多数的营销计划制订权集中于国内总公司,国外经营所采取的政策和程序常与国内相同。这种企业基本上是用国内市场营销方式在国际市场销售同样的产品。

（2）多中心主义。当一个企业认识到国外市场有重大差异以及国外业务对其组织的重要性后,就会对其经营采取多中心主义态度。处于这一阶段的企业允许其子公司独立经营、确立自己的营销目的和计划,以适应市场的具体情况。其市场营销活动是按不同国家的情况来组织的,在各个国家的机构有自己的政策和方案。

（3）地区中心主义。地区中心主义观念的出现,标志着国际经营观念的成熟。企业视某一国际地区为市场,力求制订综合性的地区市场计划,并针对这一地区确定营销战略,因此其国际营销战略往往是标准化和地方化的结合。

（4）全球中心主义。这是一种最彻底的国际化经营观念。国际企业将以整个世界作为市场制订营销战略计划,以世界范围为基准开展营销活动,营销策略制订的国际标准化受到重视。

2. 经营资源国际化

经营资源国际化是企业经营国际化的实质性标志之一。在国际分工高度发展的当今世界,产品生产将不再由一个国家的企业独立地提供资本、管理者、劳动力、原材料和半成品等全部生产资源,而越来越是通过国际合作进行生产。举例来说,美国 IBM 公司生产的计算机,其芯片可能是由中国台湾生产的,外围设备则是日本生产的,总装可在欧洲进行,总设计可能由美国企业承担,最后计算机由 IBM 公司以 IBM 品牌在全世界销售。在这样的经营模式中,经营资源高度地实现了国际化。

3. 经营过程国际化

经营过程国际化是企业经营观念国际化和经营资源国际化的必然结果,又是企业国际化经营的实际含义。在国际企业中,由于经营导向与资源是国际化的,因而企业制订战略计划,决定企业组织形式,制定生产、营销策略,进行经营协调和控制等一系列经营活动都必须在国际进行决策与安排,这样就实现了经营过程的国际化。

4. 经营成果国际化

经营成果国际化是指作为经营成果的产品、工业产权和管理体系,在国际企业中会因进行交换而在国际流动或作为经营资源加入国际经营过程,如产品的国际营销、工业产权的国际贸易和管理体系的国际性输出与转化等。

(三) 国际企业的产生与发展

国际企业的产生可以追溯到 16 世纪臭名昭著的英国东印度公司,但真正迅速发展则是 20 世纪尤其是第二次世界大战以后的事。大致说来,国际企业发展可以划分为以下的三个阶段。

1. 第一阶段(20 世纪以前的缓慢发展期)

20 世纪以前的国际企业数量极少,发展缓慢且大多不是单纯的经济组织,它们是在对外贸易发展的基础上,作为帝国主义殖民侵略而存在的资本输出组织。这些企业的特点是:以开发国外天然资源,供应母国工业生产和市场需要为经营目的;对外投资大多集中于农、矿业和基础建设部门;具有浓厚的政治色彩,充当母国政府国际侵略政策的执行人。

2. 第二阶段(20 世纪初至第二次世界大战前的平稳发展期)

20 世纪初,国际企业虽然在资源开发及经济作物生产方面的投资仍占很大比例,但制造业的国际企业开始得到发展,而且国际企业已开始逐步脱去"政治使命"的外衣,以企业自身利益为其主要经营目标。对外投资的活跃地区集中在欧洲等老牌资本主义国家,美国也忙于应付国内需求,很少顾及对外投资。1929 年,世界上第一家真正的国际股份公司尤尼列弗公司正式宣告成立,这是由 1885 年在英国利物浦成立的一家公司和荷兰的一家公司合并而成的。该公司成立后,即在世界各地广设产销机构,从而生机勃勃,左右逢源。总的说来,这一阶段由于战争频繁,国际形势动荡,世界经济状况跌宕起伏,因此国际投资经营活动不是十分活跃,国际企业的发展相对较平稳,数量增加不多。

此外,国际投资的政治化色彩的逐步消除。使国际企业得以以企业这种经济组织的面目在世界范围内正常发展,为以后的繁荣奠定了基础。

3. 第三阶段(第二次世界大战后的迅速发展期)

这一时期国际企业的飞速发展以美国国际企业的急速成长为特征和代表。

第二次世界大战后最初几年,欧洲各国均致力于经济重建,企业无暇顾及其国际经营活动,而美国企业则在大发"战争财"的基础上逐渐超过欧洲国家。在美国,由于以"市场导向"为特征的现代营销观念的兴起,企业为满足国内顾客的欲望,不断地将产品推向市场,致使国内需求迅速达到饱和,市场竞争十分激烈,企业利润因而降低,加上美国反托拉斯法律的严格限制,使企业在国内市场的营销举步维艰。而以欧洲为主的国际市场需求量极大,前景十分诱人。因此,许多美国企业纷纷转向国际市场,以其雄厚的资金、先进的科技、丰富的经营管理经验,通过直接投资的方式在国际市场尤其是欧洲市场得以立足并发展。美国大型企业在国际市场的渗透除了自行投资建立海外分支机构外,还大量地兼并当地企业,以迅速扩大生产经营的能力。即使是中小企业也纷纷加入了国际经营的行列,从而形成了前所未有的跨国投资热潮,奠定了美国企业今天在国际市场上的霸主地位。

20世纪六七十年代,被称为"国际企业的时代"。西欧各国和日本,在美国国际投资的示范效应下,也开始积极地进行国际直接投资活动,投资范围和重点也不再局限于美国、加拿大、西欧和日本等发达国家,开始在发展中国家大举投资,自60年代中期以来,全球每年平均有超过1/4的对外直接投资涌向发展中国家。一方面使国际企业的数量大幅度增加,成为世界经济发展的重要推动者;另一方面造就了新加坡、韩国、中国香港和中国台湾等一批因引进外资而走上经济起飞道路的新兴工业国或地区。据相关数据统计,国际企业每年的销售额相当于全球国民生产总值的1/30。

进入20世纪80年代以来,国际企业发展还出现了一个新的趋势,即新兴工业国和其他发展中国家和地区也开始积极参与对外投资活动,出现了以发展中国家和地区为母国的国际企业。以我国为例,自1978年实行对外开放政策以来,一方面吸引外资,积极兴办外商投资企业;另一方面也加快了企业的国际化经营步伐,建立了各类海外企业,中国国际信托投资公司和上海投资信托公司等企业已被联合国跨国公司中心批准为跨国公司。

国际企业在国际经济发展和国际经济关系中已起到了举足轻重的作用。

二、国际财务管理的内涵

(一) 国际财务管理的基本概念

作为一门新的学科,国际财务管理的目标、内容、方法体系尚不十分成熟,国内外财务学者关于国际财务管理概念的表述也存在不同的看法。一般来讲,财务管理按照其财务活动是否超越国界,可分为国内财务管理和国际财务管理。纯粹的国内财务管理,其财务活动局限于本国范围之内。资金的筹集、使用和分配等活动通常不跨越国界。而国际企业的财务活动跨越了国界,与其他国家和地区的有关企业、单位、个人发生财务关系,企业筹资、投资、分配等活动,均超越国界。

国际财务管理是对国际企业财务活动的管理,它是基于国际环境,按照国际惯例和国际相关法规,根据国际企业财务收支的特点,组织国际企业的财务活动、处理国际企业财务关系的一项经济管理工作。

(二) 国际财务管理的理财主体

国际财务管理的理财主体是国际企业,具体包括(但不限于)以下类型。

(1) 从事进出口业务的外贸企业。

(2) 拥有国际许可协议的企业,主要包括:①国际特许加盟协议,如麦当劳等快餐店,希尔顿酒店等。②互惠营销协议,如默克和杜邦公司在互补性细分市场上都有畅销产品。③管理合同,如中国香港的迪士尼主题公园是通过管理合同由迪士尼来经营的。

(3) 需要国际物流与供应链服务的企业。

(4) 从事国际工程承包、国际劳务输出的企业。

(5) 进行国际融资或拥有国际资本存量的企业,如新东方教育集团、联通公司等。

(6) 从事国际证券投资、国际金融衍生投资的企业,如中国投资公司。

(7) 国际战略联盟。

(8) 跨国公司,指拥有国外分公司或子公司的企业,如中石油集团、海尔集团等。

(三) 国际财务管理的目标

企业价值最大化目标是现代企业财务管理目标的最好表达。由于国际财务管理是现代财务管理在国际业务领域的延伸和创新,国际财务管理的基本目标也应是企业价值最大化。但是,国际财务管理目标的实现有其特殊性。

1. 多元性

国际财务管理目标不是单一的,而是适应多因素变化的综合目标群。在多元目标中,有一个处于支配地位、起主导作用的目标,称为主导目标;其他处于被支配地位、对主导目标的实现有配合作用的目标,称为辅助目标。

2. 层次性

国际财务管理目标是一个由整体目标、分部目标和具体目标三个层次构成的目标体系。整体目标是国际企业进行国际财务管理所要实现的总目标,它决定着分部目标和具体目标。分部目标是指在整体目标的制约下,进行某一部分财务活动所要实现的目标,如筹资目标、投资目标等。具体目标是指在整体目标和分部目标的制约下,从事某项具体财务活动所要达到的目标,如某次借款要达到的目标。具体目标是财务目标层次体系中的基本环节,它是整体目标和分部目标的落脚点,对保证整体目标和分部目标的实现具有重要意义。

3. 复杂性

国际企业的经营业务遍布多个国家,国际企业财务管理也涉及多种复杂的理财环境和多国财务管理惯例。这就使得国际企业对财务管理目标的选择变得更加复杂。

三、国际财务管理的环境

与纯粹国内财务管理相比,国际财务管理的环境更加复杂,主要包括国际财务管理的经济环境、政治环境、法律环境以及文化环境。

(一) 国际财务管理的经济环境

与其他因素相比,经济环境变化最快,对国际财务管理的影响也最为直接。比如,经济、税收制度等,都会对国际企业财务管理的资本成本、现金流量等产生直接的影响。

任何一个国家都会经历经济的波动,经济周期通常分为复苏、繁荣、衰退、萧条四个阶段,针对不同的国家及不同的时期,国际企业要作出不同的经营理财策略。比如,在经济复苏阶段,经济开始好转,这时国际企业就应加大投入、增加机器设备、开发新的产品等;在经济繁荣阶段,市场需求旺盛,国际企业应借机扩大生产、扩大投资,从而帮助企业提升销售额、进一步占领市场;在经济衰退阶段,国际企业应停止扩张、减少存货,产品的生产也要大幅缩减;在经济萧条阶段,国际企业同样应裁员、减少各种费用、节约成本等。衰退和萧条阶段对国际企业的影响是巨大的。因此,国际企业在进行决策的时候一定要根据本国或本地区的情况,同时考虑国际经济局势。

(二) 国际财务管理的政治环境

政治环境是企业活动不可回避的环境因素,国际企业的财务管理不仅要考虑东道国的政治环境,还要考虑母国的政治环境。

1. 政府的政策

各国政府对待在本国领域内经营的国外企业可能会采取不同的政策。有的国家政府认为,国外企业与国内企业的竞争会对国内经济产生促进作用,因此对国外企业与本国企业一视同仁;有的国家政府则认为国外企业会损害本国企业的利益或文化和价值观念,因此采取禁止或严厉限制的政策,比如进口管制、对利润汇出的限制、对投资领域的限制、对产品原料来源和产成品销售地点的限制等;有的国家政府则采取鼓励与限制和干预相结合的政策,在重点领域上规定限制条件的同时,在其他领域提供税收优惠、外汇业务上的便利等。

2. 政治稳定性

政治稳定性既包括母国政府的政治环境,也包括东道国政府的政治环境。母国政府对本国企业国际化能否给予政策扶持,对他们能否加快国际化经营的进程和增强国际化经营的实力至关重要。东道国社会的稳定性对国际企业的财产安全和人员安全极为重要。比如暴乱、政治性罢工、仇视国际企业的行动、恐怖活动等,都会危害国际企业的安全。危害国际企业安全的社会动荡的诱因有许多,其中与国际企业的行为有关的主要有:国际企业的文化或产品与东道国民众的宗教信仰发生激烈冲突;国际企业的产品挤占了东道国的产品市场,导致东道国企业倒闭和民众失业;国际企业从东道国获取资源和巨额利润的行为被当地民众视为对他们财富的剥夺;国际企业的母国与东道国发生激烈冲突等。国际企业在进入其他国家时,需要特别注意自身的行为对东道国可能造成的危害。在进入这些社会动荡的国家之前和之后,必须随时警惕社会动荡的发展趋势,根据形势及时作出保留投资还是撤出投资的决策。

政治稳定对国际企业的经营和财务管理的利弊不可一概而论。政治稳定并不一定意味着国际企业经营的经济利益就高,因为当前稳定的政府或政策并不一定是对国际企业有利的政府或政策。因此,对东道国政治变化的预测以及对政治变化会给企业带来何种影响的分析和判断是国际企业经营和财务管理的一项重要内容。东道国连续、稳定的政策使得国际企业在进行财务决策和决策实施时能够提高准确性和可控性。但是,这种连续、稳定的政策本身有可能是限制或阻挠国际企业经营活动的政策,因此并不一定对国际企业有利。

(三) 国际财务管理的法律环境

国际企业的经营和财务管理活动涉及多个国家或地区,其面临的法律问题不仅局限于母国的有关规定,东道国、国际社会的法律也会对其活动产生效力。国际企业不仅需要熟悉不同国家的法律制度的类型及有关内容,还需要熟悉国际法规及其内容,以便在有关国家得到法律的认可和保护,使国际企业的财务管理能够顺利进行。

(四) 国际财务管理的文化环境

除了经济、政治和法律环境会影响到国际企业的财务管理外，文化环境对其也有不可忽视的影响。一般而言，比较重要的影响因素包括文化状况、观念与信仰以及教育水平等方面。国际企业的财务管理者需要意识到不同文化的特点，只有这样才能在面对文化差异时顺利地跨越差异。一方面，对文化差异性的理解有助于理解所处环境中某些特殊的现象，比如同事或下属为什么会出现某种特定的行为；另一方面，对于文化差异性的理解还有助于采取必要的措施避免与其他的文化发生激烈的冲突，保证财务活动的顺利进行和财务目标的最终实现。

四、国际财务管理的特点

(一) 国际企业的财务管理环境和内容更加复杂

国际企业的财务管理活动涉及多国，而各国的政治、经济、法律和文化环境都存在很多差异。国际企业在进行财务管理时，不仅要考虑本国的各方面环境因素，而且要密切注意国际形势和其他国家的具体情况。国际企业要综合考虑各国汇率变化、外汇管制程度、通货膨胀高低、税制情况、资本市场发育程度、政治风险等，所以理财环境更加复杂。因此，国际企业在财务管理的内容上比国内企业更为复杂。国际企业的资金运动会涉及大量受汇率、利率、政策等因素影响的决策，例如，国际投资管理、国际融资管理、国际税收与转移定价、外汇市场与外汇风险管理等决策，使国际企业财务管理的内容更为复杂和特殊。

(二) 国际企业的财务管理方法更加灵活多样

面对瞬息万变的外汇市场，国际企业在财务管理上着重于运用远期合约、外汇期货、外汇期权等衍生金融工具，会运用多种方法与工具应对汇率、利率、税制等带来的影响，方法上也更加多样和灵活。例如，国际企业的筹资既可以利用母公司本国的资金，也可以利用子公司东道国的资金，还可以向国际金融机构和金融市场筹资。国际企业利用多方融资的有利条件选择最优筹资方式，从而降低企业的资金成本。

(三) 国际企业的财务管理具有整体性

国际企业的财务管理战略需要从全球范围内整体考虑企业战略的实现方式，系统考虑境内与境外业务在实现战略与配置资源方面的整体效应，而不可割裂开来。因此，国际企业财务管理战略具有境内外的整体性，应把国际企业的整体业务纳入研究对象，从而充分发挥境内与境外业务的互补效应、协同效应与相机决策效应，切不可只关注境外业务。此外，国际企业财务管理应强调国际业绩评价。完善国际财务治理，加强全球运营控制，以保证财务系统的资源控制能力与调动能力，有效保障企业战略目标的实现。

国际企业的价值源自其核心竞争力，为保持企业的成长和价值，国际企业要有能力将其核心竞争力体现在企业的新产品和新技术上。核心竞争力并非来自个别产品或技术，而是来自管理这些产品和技术的团队。核心竞争力投资是企业的关键性战略投资。一旦企业的战略确定,企业的财务战略就需要根据企业战略配置财务资源、监控经营活动与财务活动,有效管理风险,评价经营成果,保证企业战略的实现。

(四)国际企业的资金投入具有较高的风险性

从某种意义上说,从事国际投资活动是预测风险、避免风险的过程。国际企业除面临国内企业所具有的风险外,还面临国际政治、经济环境中的各种风险,这些风险可以概括为两大类十个方面。经济和经营类的风险有五个方面:汇率变动风险、利率变动风险、通货膨胀风险、经营管理风险、其他风险。

上层建筑和政治变动类的风险也包括五个方面:政府变动的风险、政策变动的风险、战争因素的风险、法律方面的风险、其他风险。一般而言,上层建筑和政治变动类的风险属于企业无法控制的风险,而经济和经营类的风险,可以通过企业有效经营来加以避免和克服。这是因为,汇率、利率、通货膨胀对国际企业来说,既是遭受损失的原因,又是获得收益的条件。所以,企业财务人员应对这部分风险合理预测,以避免不利影响,获取有利条件,取得最大收益。

第二节 外汇风险管理

一、外汇和汇率

(一)外汇的概念

国际货币基金组织对外汇的说明为,外汇是货币行政当局(中央银行、货币管理机构、外汇平准基金组织及财政部)以银行存款、财政部国库券、长短期政府证券等形式以确保在国际收支逆差时可以使用的债权。所以,外汇不仅指外国的钞票和硬币,以外币标示的债权债务证明都可以称为外汇。

在我国,根据现行的《中华人民共和国外汇管理条例》,外汇主要包括:

(1) 外国货币,包括钞票、铸币等。

(2) 外币有价证券,包括政府公债、国库券、公司债券、股票、息票等。

(3) 外币支付凭证,包括票据、银行存款凭证、邮政储蓄凭证等。

(4) 其他外汇资金。

(二)汇率的概念

外汇汇率又称汇率、外汇行市、汇价,是指一国货币单位兑换另一国货币单位的比率或比价,是外汇买卖的折算标准。它是一种价格,是一种货币用另一种货币表示的价格。折算两个国家的货币,要先确定用哪一个国家的货币为标准。由于标准不同,外汇汇率有以下两种标价方法。

1. 直接标价法

直接标价法,又称应付标价法。这种标价法是以一定单位的外国货币为标准,折合若干单位的本国货币。相当于计算购买一定单位外币所应付多少本币,所以叫应付标价法。在直接标价法下,外国货币作为基准货币,本国货币作为标价货币;标价货币(本国货币)数额随着外国货币或本国货币币值的变化而变化。包括中国在内的世界上绝大多数国家,目前都采用直接标价法。在国际外汇市场上,日元、瑞士法郎、加元等均采用直接标价法,如日元119.05,即1美元兑119.05日元。市场上大多数的汇率也是直接标价法下的汇率,如美元兑日元、美元兑港币、美元兑人民币等。

在直接标价法下,如果一定数额的外国货币比以前换得较多的本国货币,则说明外汇汇率上升,本国货币币值下降;反之,如果一定数额外币比以前兑换较少的本国货币,说明外汇汇率下降,本国货币币值上升。所以,在直接标价法下,外汇汇率与本国货币币值的升降呈反方向变化:汇率下降,本币升值,外币贬值;汇率上升,本币贬值,外币升值。

2. 间接标价法

间接标价法又称应收标价法。这种标价法是以一定单位的本国货币为标准,折合若干单位的外国货币。即以本国货币作为基准货币,其数额不变,而标价货币(外国货币)的数额则随本国货币或外国货币值的变化而改变。英国和美国都是采用间接标价法的国家。在国际外汇市场上,欧元、英镑、澳元等均采用间接标价法,如欧元0.9705,即1欧元兑0.9705美元。

在间接标价法下,外汇汇率与外币币值的升降呈反方向变化:汇率下降,外币升值,本币贬值;汇率上升,外币贬值,本币升值。

二、外汇风险的种类

外汇风险是指一个企业的成本、利润、现金流或市场价值,因外汇汇率波动而引起的,潜在的上涨或下落的风险。外汇汇率波动,既可能给企业带来损失,也可能给企业带来机会。外汇风险的根源在于汇率的变动,由此引起国际企业的资产价值、现金流等发生变化。外汇风险一般可以分为三类:交易风险、折算风险、经济风险。

(一)交易风险

交易风险是指企业因进行跨国交易而取得外币债权或承担外币债务时,由于交易发生日的汇率与结算日的汇率不一致,导致收入或支出发生变动的风险。交易风险主要表现在以下几个方面:

(1) 以外币表示的借款或贷款。
(2) 以外币表示的商品及劳务的赊销业务。
(3) 尚未履行的期货外汇合约。
(4) 以其他方式所取得的外币债权或应承担的外币债务。

(二)折算风险

折算风险又称会计风险、转换风险,是指企业在把不同的外币余额按一定的汇率折算为本国货币的过程中,由于交易发生日的汇率与折算日的汇率不一致,会计账簿上的有关项目发生变动的风险。一般是指跨国企业在编制母公司与境外子公司的合并财务报表时,所引致不同币种的相互折算中,因汇率变化,引起企业合并报表账面价值蒙受经济损失的可能性。折算风险根据财务报表的类别,一般分为损益表风险和资产负债表风险。企业的现金流量表是在损益表和资产负债表的基础上编制而成的,因而不需单独考虑其折算风险。

国际企业的外币资产和负债项目,在最初发生时是按发生日的汇率入账的,但在编制财务报表时,要对其中的某些项目用编表日的汇率进行换算。当发生日的汇率与编表日的汇率不一致时,经过换算后会给企业带来会计账表上的损益,它并不影响企业当期的现金流量,但在进行财务分析时,会使各种财务比率发生变动。

(三)经济风险

经济风险是指由于汇率变动对企业的产销数量、价格、成本等产生影响,从而使企业的收入或支出发生变动的风险。经济风险是相当复杂的,涉及企业财务、销售、供应、生产等各个方面。一般来说,交易风险与折算风险的管理都由财务人员负责,而经济风险的管理是整个企业的责任。企业的经济风险主要取决于以下两个因素:一是企业原材料和劳动力的来源市场及产品销售市场的结构;二是企业通过调整市场结构、产品结构和资源来减轻汇率变化的影响的能力。

三、外汇风险的管理程序

外汇风险管理是一项十分复杂的工作,需按科学的程序进行。

(一)确定恰当的计划期

确定计划期的目的是为预测汇率变动、估计受险金额规定一个时间范围。一般而言,计划期应在一年以内,并按季度来划分,如果汇率变动幅度较大,则要适当缩短计划期。

(二)预测汇率变化情况

外汇风险产生的根本原因是汇率的变动,所以,预测汇率的变动情况是外汇风险管理工作中十分重要的步骤。汇率变化的预测包括三个方面:变动的方向、变动的时间和变动的幅度。企业需要综合考虑国际货币储备的变化、国际收支的变化、贸易差额的变化、通货膨胀程度、贸易政策等因素,得出合理的预测结果。

(三)计算外汇风险的受险额

计算外汇风险受险额的目的是从数量上确定企业面临多大的外汇风险。以交易风险为例,交易风险的受险额等于结算期限相同的外币债权与外币债务之间的差额。企业应分别按不同的币种、不同的结算期来计算所有交易风险的受险额,在计算过程中,若外币债权大于外币债务,其差额为正受险额,反之则称为负受险额。

(四)确定是否对外汇风险受险额采取行动

一般而言,在以下几种情况下,企业可不采取任何行动:

(1)受险额是正值,而该种外币预计会升值,汇率变动后,企业将获得收益。

(2) 受险额是负值,而该种外币预计会贬值,汇率变动后,企业会获得收益。

(3) 受险额为零,不管汇率如何变动,也不存在外汇风险。

在以下几种情况下,一般要采用适当的方式避险:

(1) 受险额是正值,而该种外币预计会贬值。

(2) 受险额是负值,而该种外币预计会升值。

(3) 受险额可能是正值,也可能是负值,外币是升值还是贬值很难估计。

(五)选择适当的避险方法

20世纪70年代以来,汇率和利率变动频繁,外汇风险增大,为了有效地避免外汇风险,财务人员要认真分析各种避险方法的优缺点,选择最适当的避险方法。

四、避免外汇风险的方式

(一)交易风险的避险方式

1. 远期外汇交易保值

远期外汇又称期汇、期货外汇,是指按期汇合同买卖的外汇。在交易时,双方签订合同,约定买卖外汇的币种、数额、汇率和将来交割的时间。到交割日期,按合同的规定,买方付款后,由卖方向买方交付外汇。通过货币的远期合约对交易风险进行套期保值,当企业拥有外汇债权时,可以通过出售远期外汇保证将来的本币流入金额;当企业拥有外汇债务时,则可以通过购买远期外汇锁定支付的本币。由于在签订合同时就已经规定了买卖货币的汇率,企业可以肯定地预知将来收到或支付的货币价值,从而避免未来现金流不稳定的风险。

2. 货币市场套期

货币市场套期是指通过在国内或国外货币市场上借入和贷出资金来套期保值,通过借(贷)外币对外币应收(应付)进行套期保值,使资产与负债用同种货币表示,从而避免交易风险。

3. 外汇期权交易保值

期权是在一定时期内按一定汇价买进或卖出一定数量外国货币的权利。它买入的是购买或卖出某项货币的权利,但不承担相应的义务。外汇期权可分为买进期权和卖出期权。买进期权是指购买外汇期权的一方,有权在合同期满时或在此以前,按规定汇率购进一定数量的外币。卖出期权是指购买外汇期权的一方,有权在合同期满时或在此以前,按规定的汇率卖出一定数额的外币。外汇期权是一种很好的避险形式,一方面,对期权合同的购入方来说,外汇期权类似于保险。因为期权合同购入的是权利而不必承担义务。如果期权交易无利可图,则可放弃这种权利。例如,某国际企业在购入买进期权后,外币汇率一直下跌,即市场价格低于协定价格,则该企业可放弃此项合同。另一方面,对期权合同的购买方来说,使用外币期权可以使保值成本成为确定因素。不管汇率发生多大变动,期权持有者的保值成本都不会超过期权的购买价格,即期权费。

(二) 折算风险的避险方式

因为汇率的变动会同时影响资产和负债,而资产和负债对损益的影响方向相反,所以对折算风险的规避需要计算净受险资产,即受险资产和受险负债的差额。

1. 调整外汇净受险资产

国际企业可采用适当的方法来调整外汇的净受险资产,以达到避免外汇风险的目的。例如,国际企业的总公司与国外的各分公司之间在材料采购、产品销售、管理服务、资金筹措等方面都会产生资金往来,可以通过提前或延缓支付的方式来调整外汇受险额。基本原则是当预计某种外币即将贬值时,应加速收款而延缓付款;当预计某种外币即将升值时,应推迟收款而加速付款。

2. 平衡资产与负债的数额

平衡资产与负债数额是指采用特定的方法,使企业资产负债表上受汇率变动影响的资产与负债数额相等,使汇率变动的影响同时出现在资产、负债两个方面,数额相等而方向相反,自动相互抵销。因此,汇率变动的风险可以降到最低程度。

(三) 经济风险的避险方式

经济风险是一种十分复杂的风险,汇率变化可能会长期影响现金流量。经济风险管理不是一个短期的决策问题,它涉及公司的长期战略,需要综合考虑生产、销售、财务等相互联系、相互影响的各个领域。从总体上来说,通过多元化经营使各方面产生的不利影响相互抵消,是规避经济风险最有效的方式。具体来讲,有以下几种多元化经营策略。

(1) 多元化的生产。在生产安排上,企业的产品的品种、规格、质量尽可能做到多样化,使之能更好地适应不同国家、不同类型、不同层次的消费者的需求。

(2) 多元化的销售。在销售上,企业力争使所生产的产品尽快打入不同国家的市场,尽量采用多种外币进行结算。

(3) 多元化的采购。企业尽可能到多个国家和地区采购原材料、零配件,力争使用多种货币结算。

(4) 多元化的筹资。企业筹资时,要尽量到多个资本市场上筹集资金,用多种货币计算还本付息金额,如果有的外币贬值,有的外币升值,就可以使外汇风险相互抵消。

(5) 多元化的投资。企业尽可能向多个国家投资,创造多种外汇收入,这样可以避免单一投资带来的风险。

第三节 国际筹资管理与国际直接投资管理

一、跨国公司资本来源

(一) 跨国公司内部融资

公司内部融资是指资本从母公司流向子公司或从一个子公司流向另一个子公司。其主要有以下形式。

1. 股权融资

股权融资是指母公司通过购买子公司股票，即向子公司投资，使资本流向子公司。公司内部的股权融资的主要优点是能够加强母公司对子公司的所有权和控制权、能够加强海外子公司的举债能力，便于其筹措资本。其缺点是外汇风险较大、汇付利润和偿还投资资本的风险较高、财产被没收和国有化的风险较大。

2. 举债融资

举债融资是指母公司利用自有资本或从银行取得的借款向子公司放贷，公司内部的举债融资的优点是支付利息可以获得税收利益，易于得到较低成本的资本，易于汇付利润和偿还资本。其缺点是子公司从国外借入资本的外汇风险较大。

3. 其他子公司向某一子公司放贷或公司内部转移

跨国公司内部融资是跨国公司最主要的资本来源，而在三种融资来源中，前两种是跨国公司内部融资中最主要的。

（二）东道国融资

东道国是跨国公司补充资本的重要来源。跨国公司可以根据东道国的经济状况和金融环境筹集所需要的资本，如通过当地的证券市场进行股权或债券融资，或通过当地银行取得借款等。东道国融资的优点是政治风险低、支付利息扣税、外汇风险小、可与当地公司或其他金融机构建立良好的关系。其缺点是东道国的资本可供量有限，母公司对子公司的控制权较弱。

（三）国际代理机构和第三国来源融资

跨国公司可以通过各种国际机构，如世界银行、国际开发协会、亚洲开发银行、进出口银行等筹集所需要的资本，也可向第三国银行借款或向第三国资本市场发行股票或债券等进行融资。跨国公司通过各种金融机构贷款可以分为两种情况：一种是意向贷款，即贷款与一定的目的（例如，商品出口、工程项目招标）相联系，这种贷款一般利率低、期限长，有时带有一定的优惠条件；另一种是自由外汇贷款，即由国际金融市场上的外国商业银行提供贷款。这种贷款与其他国家贷款方式相比，优点是贷款方式灵活、手续简便、资本供应充足，允许借款者选择借款币种，贷款可以自由使用，不受贷款银行限制。其缺点是贷款利率较高，期限较短。

（四）国际贸易融资

跨国公司在对外贸易结算中，通常会有融资活动伴随发生，如远期汇票折现、出口押汇、保理账款（出售应收账款）、进口押汇、信托押汇等，这些都可以作为跨国公司的资本来源。

二、国际筹资风险管理

（一）国际筹资风险管理的原则

国际筹资风险管理主要是控制与防范在对外筹资过程中以及所筹资本在使用和偿还过程中，发生的利率和汇率风险。在进行国际筹资风险管理时应坚持以下原则。

1. 均衡原则

均衡原则主要是指融资币种、使用币种和偿还币种相平衡，软货币与硬货币相平衡；融资长短期限相平衡;总体利率结构(固定利率与浮动利率)相平衡;融资市场结构相平衡;融资成本结构(利率、汇率、费用)相平衡等。

2. 保值原则

保值原则是指筹资管理的目的是防范并减少,因汇率和利率等变化所引起的对外债务的增加,而不是获利。一些防范风险的金融工具,如掉期交易,既可以用来保值,也可以用作投机性交易,因此在使用时应明确使用目的。

3. 全过程原则

全过程原则是指风险管理要贯穿始终,包括借、用、还三个环节,即不仅在筹措阶段要采取防范风险的措施,在融入资本使用阶段和偿还阶段同样应注重风险的防范。

(二)国际筹资风险管理中的保值工具

目前,国际上比较流行的保值工具主要有以下几种类型:远期合约套期保值、期货合约套期保值、货币互换、利率互换以及期权合约套期保值等。

三、国际直接投资的动机与方式

国际直接投资,是指跨国公司将其资本投放到母国之外,以获取收益的经济行为。跨国公司的跨国投资可依其是否拥有对企业的控制权与经营管理权,而分为直接投资和间接投资两种基本方式。间接投资是指投资者在国际金融市场上购买外国公司的股票、债券等,其目的是获取证券投资的股息或债息。直接投资是指投资者在国外经营公司,并通过直接控制或参与其生产经营管理以获取利润的投资。直接投资通常涉及在外国建立新的生产基地,如美国GE公司在中国上海建立新的生产基地,也包括收购外国现有的企业,如中国联想集团收购了美国IBM个人笔记本业务。

(一)国际直接投资的动机

跨国公司进行对外直接投资的动机很多,不同公司的投资动机也各不相同。一般来说,进行跨国直接投资的动机通常有以下方面。

(1)获利动机。竞争条件下,在国内投资使得企业只能获得正常收益。而各个国家的经济发展水平及市场发育程度是不同的,在要素价格上也存在较大的差异。因此,企业可以选择要素价格水平较低的国家和地区进行直接投资,以获得比国内更高的投资收益率。一些国家的电子企业向国外转移,正是出于这个动机而进行的投资活动。

(2)分散和降低风险动机。投资组合原理表明,如果把几个彼此之间关系较小的投资项目组合起来,就能降低预期收益的风险。由于国内投资项目与国内经济情况关系密切,所以,国内经济情况对国内各个投资项目影响较大。

(3)开拓新的需求来源。当国内市场需求已经饱和,生产和销售的增长受到限制时,企业可以在国外直接投资建厂,在当地生产销售,以开拓在他国的新需求。

(4)绕过国际贸易壁垒,维护和打开国际市场。企业在进行产品出口时可能会遇到贸易壁垒,此时进行直接对外投资,在目标国家或地区直接生产销售可以绕过贸易壁垒,维护和扩大国际市场。

(5) 开发和利用国外资源。当本国自然资源短缺或受限时,通过直接对外投资获得他国自然资源开发和利用权,是相较于直接从国外购买资源而言,成本更低、供应更稳定的资源获得方式。

(二) 国际直接投资的方式

国际直接投资的方式,主要包括合资经营、合作经营、独资经营、新建企业和收购五种。

1. 合资经营

合资经营是指由两个或两个以上属于不同国家和地区的公司或其他经济组织,经东道国政府的批准,在东道国设立的以合资方式组成的经济实体。如果母公司拥有国外业务中的50%以上的股份份额,可以对其行使控制权,这样的合资公司称为跨国公司母公司的国外子公司;如果母公司拥有国外业务,即合资公司不足50%的股权份额时,该合资公司称为跨国公司母公司的国外成员公司。

2. 合作经营

合作经营是指国外企业依据东道国有关法律,与东道国企业共同签订合作经营合同而在东道国境内设立的合作经济组织。合作经营企业双方的责、权、利都是由双方签订的合同加以规定的。合作经营企业可以由合作双方派出代表组成联合管理机构进行管理,也可以委托一方或聘请第三方进行管理。

3. 独资经营

独资经营是指由某一外国投资者依据东道国法律,在东道国境内设立的全部资本为外国投资者所有并独立经营的企业。许多国家都对外国投资者在本国投资、设立独资企业进行一些限制,如军事、通信等行业一般不允许外国投资者独资经营。一般而言,发展中国家限制条件较多,发达国家限制条件较少。

4. 新建企业

新建企业是指由投资者独立自主经营、独立承担风险的一种国际直接投资方式,其投资过程包括选址、建设厂房、购买安装设备,一直到雇佣工人进行生产。

5. 收购

收购是指跨国公司在东道国购买现有公司的产权。它是国际直接投资的主要方式。

四、国际投资环境分析

(一) 国际投资的风险

国际投资中不可避免地存在风险,只不过是风险大小不同而已。在作投资决策时,企业要对风险因素进行分析以便于做出较为明智的决策。国际投资所面临的风险主要有两类:政治上的风险和经济上的风险。

1. 政治上的风险

跨国公司面临的政治上的风险主要是指国际经济活动中因政治因素导致经济损失的风

险,主要包括国有化风险、战争风险、转移风险和其他风险。

(1) 国有化风险。在国际经济中,国有化是指将外国投资及资产没收归东道国所有,受到国有化伤害的跨国公司往往得不到补偿。

(2) 战争风险。战争风险包括内战、边境战争、骚乱以及与政治因素有关的恐怖事件所导致的风险。这类事件带有突发性,难以预测,而且其带来的破坏,可以波及国内外许多公司。公司因战争、骚乱等蒙受的经济损失,一般都无法得到补偿。

(3) 转移风险。转移风险是指东道国政府通过外汇管制等措施,使跨国公司无法将其投资所得利润、资本等汇回本国或转移到其他国家。此外,东道国还可以采取大幅度调整汇率的办法,人为地使本币非正常贬值,达到减少外国投资者正当利益的目的,这种汇率波动不同于因国际收支不平衡造成的汇率风险,而是旨在剥夺投资者的收益,限制资本外流,因而也是一种政治风险。

(4) 其他风险。如有些国家的政府规定外国投资者要在环境保护和社会福利项目上的投资;外国投资企业在各种岗位上雇佣东道国居民的最低比率,要支付较高的税率、较高的工资率等,使外国投资企业在竞争中处于不利地位。

分析国际投资的政治风险,是对上述各方面进行预测、了解和研究的基础上,根据政治风险的大小,将各个国家进行分类。如果某一国家被列为风险极大这一类,无论预期收益多高,都不能进行投资。

2. 经济上的风险

跨国公司面临的经济上的风险主要是指宏观经济风险,如汇率变动、利率变动、通货膨胀、贸易条件变化等引起的风险。对跨国公司而言,所有这些既是遭受损失的原因,也是获得收益的条件。

除此之外,各国的文化教育、自然资源、风土人情、地理位置的差异也会增加国际投资的难度,并且制约和影响着对外投资项目的选择、效益的评价。因此,研究和评价国际投资环境是跨国公司财务管理人员面临的一个重要课题。

(二) 国际投资环境分析法

评价国际投资环境的方法有许多,在这里只简单介绍"冷热"国对比分析法和投资环境评分分析法两种方法。

1. "冷热"国对比分析法

"冷热"国对比分析法是由美国学者利特法克和班廷在他们撰写的《国际企业准备工作的一个概念性结构》中提出的,是他们通过对美国、加拿大等国大批工商界人士进行调查和对大量资料进行综合分析后提出来的。他们认为对投资活动有利的因素,可称为"热"因素,反之,称为"冷"因素。该方法把一国投资环境的好坏归结为以下七个因素:政治稳定性、市场机会、经济发展和成就、文化一元化、法令阻碍、实质阻碍(指一国的自然条件、气候等)、地理及文化差距。根据对七个因素的分析结果,一国投资环境好,即为"热国",反之,则为"冷国"。

2. 投资环境评分分析法

对国际投资环境的"冷热"分析,主要是从宏观因素进行分析的,对于干扰国际投资环境的微观因素考虑较少。为此,美国学者罗伯特·斯托包夫提出了投资环境评分分析法,作为投资环境的评价标准。该分析法是从东道国政府对外国投资者的限制和鼓励政策着眼,具体分析了影响投资环境的八大因素及若干子因素,并根据各个子因素对投资环境的有利程度给予评分。评分标准是按八大因素各自在投资环境中的作用大小确定的。根据这种方法评分,总分越高,投资环境越好。外国投资者可以很容易地对投资环境进行合理评估,择优选择。这八大因素是:资本抽回程度、外商股权所占份额、对外商的管制程度、货币稳定性、政治稳定性、给予关税保护的意愿、当地资本可供程度、近五年的通货膨胀率。

五、国际直接投资资本预算

(一)预算的评价方法

国际直接投资资本预算使用与国内项目资本预算相同的评价指标,可分为非折现指标和折现指标。非折现指标包括会计报酬率、回收期,折现指标包括净现值、内部收益率和现值指数等。这些指标在项目评价中各有不同的特点,适用于不同的情况。无论如何,净现值在所有评价指标中是最科学的,反映了项目上马后给公司价值带来的增加值。另外,净现值、内部收益率和现值指数三种指标都涉及现金流估计,计算方式有一定的共性。计算出项目的净现值后,内部收益率和现值指数很容易计算出来。因此,一般以净现值指标为优选指标。

与国内投资项目一样,国际投资项目资本预算是通过净现值方法对项目进行决策,需要估计项目的现金流量与体现现金流风险的资本成本,然后计算出项目的净现值。

确定国际投资项目的净现值一般有两种方法。第一种方法是以子公司所在国货币估计现金流量,并按计划汇率换算成母公司所在地货币,然后按母公司所在地货币的资本成本折现,从而得出以母公司所在地货币表示的投资净现值。第二种方法是为了避免外汇汇率预测,跨国公司完全以子公司所在国货币计算净现值,然后按现行汇率将计算结果换算成母公司所在地货币。

(二)国际直接投资项目分析

1. 现金流量分析应注意的问题

从方法论上讲,国外投资现金流分析与国内投资现金流分析并无差别,但国外投资面临的实际情况更为复杂。在分析时,应注意以下几个问题。

由于跨国公司对外直接投资后形成了分处两个国家中的不同经济实体,国外投资项目可能会对母公司的其他业务产生影响,以及受到外汇管制及税收政策等的影响,母公司的现金流和国外投资项目的现金流就会不一样。两种不同的现金流因国别不同,其性质也不同。因此,投放在项目上的现金流与流向母公司的现金流应当严加区分。在分析时要充分认识各国在税收体系、金融机构、外汇管制、会计准则以及金融资产流动的限制等方面对现金流的影响。

汇率、利率、通货膨胀率变化不仅会改变国外投资项目的竞争地位,还会改变母公司与子公司之间的现金流量的价值,因此,在投资分析中应给予充分的重视。公司跨国资本市场之间的隔离,既可能创造财务利得,也可能引起财务成本的增加。因此,在分析时要注意研究投资项目的筹资结构及其变化对现金流的影响。

在跨国投资中,政治风险的高低会使对外投资的价值发生很大变化。

2. 母公司现金流量分析

在分析国外投资项目时,不但应从投资项目本身进行评价,还应站在母公司的立场上进行评价,在评价时应考虑以下几个问题:净现金流从子公司转换到母公司的可能性;子公司所在国有关汇兑资本方面的税收规定;两国外汇汇率变化等。从母公司角度进行分析,其现金流入量主要来自子公司的净现金流量、许可证收入、管理费收入等。现金流出量主要是从子公司获得股利收入而应向本国政府缴纳的各种税款等。现金流入量减现金流出量的净现金流量是母公司可以运用的净收益。据此可按最低收益率计算母公司进行国外投资的净现值和内部收益率。

3. 跨国投资风险调整方法

国外投资项目的风险调整与一般投资项目风险调整的方法基本相同,可采用的方法有:缩短投资回收期、提高折现率、调整现金流量等。例如,如果预计投资回收可能会受到东道国外汇管制的限制,跨国母公司可以将正常的折现率由10%提高到12%,或者把原定的5年回收期缩短到3年。又如,为防止投资风险跨国公司,可从每年的现金流量中提取一笔保险金用于政治风险和经济风险的保险。保险金可用于向保险公司购买保险,也可用于支付其他避险方式的费用,如为了防止汇率变动的损失,还可以在远期外汇市场上套期保值。

4. 跨国并购

跨国并购也是国外直接投资的一种形式。在跨国公司进行对外直接投资时,既可以直接在国外建立一个新的生产企业,也可以通过跨国并购,购买一个现有的外国企业。并购包括合并与收购,合并一般在两家势均力敌的公司间进行。在跨国公司对外直接投资中的跨国并购,更多地指跨国收购。跨国并购行为的动机有企业内部原因,主要包括开拓市场需要、获得产权资产、通过合作提高效率、扩大规模、多样化经营以分散风险以及出于财务或个人的原因等。也有企业外部原因,包括由于技术变化引起的研发成本上升,风险提高,需要分担高新技术领域的巨额投资成本和研发开支,投资东道国广泛采取的取消限制和投资自由化政策,以及资本市场的变化等。

作为一项跨国直接投资,跨国并购的目标仍然是公司价值最大化。但是,跨国并购也有可能会有损公司的价值,而且跨国并购可能面临着并购后整合的困难。并购与很多财务决策一样,是一个权衡利弊的过程。

第四节 跨国公司内部资本转移机制

一、跨国公司内部资本转移的类型、限制因素和套利效应

在跨国公司内部,由于存在着投资关系、借贷关系、服务关系和买卖关系,而形成了种类繁多、数额庞大的跨国公司内部资本的转移类型。跨国公司内部资本转移管理,在很大程度上影响着资本的配置和使用效益。

(一)跨国公司内部资本转移的类型

跨国公司内部资本转移大体有以下三种类型。

1. 母公司向子公司转移资本

母公司向子公司转移资本的方式主要包括母公司对子公司的股权投资,母公司向子公司提供贷款,母公司按转移价格从子公司购进商品等。

2. 子公司向母公司转移资本

子公司向母公司转移资本的方式主要包括子公司偿还母公司的贷款本息,子公司向母公司支付股利,子公司向母公司支付的各种专利权使用费、许可证费、管理费及出口佣金等,母公司从子公司抽回部分投资的资本等。

3. 子公司之间转移资本

子公司之间转移资本的方式主要包括相互间贷款的发放与回收、利息的收入与支付、按转移价格买卖货物时转移的资本等。

(二)跨国公司内部资本转移的限制因素

在跨国经营中,公司会面临大量的资本转移障碍或限制,主要包括以下限制因素。

1. 政治限制

政治限制主要包括:东道国政府实行外汇管制,使该国货币不可兑换,将资本转移完全封锁;对外资公司的股利汇回征收带有没收性质的税款;通过各种制度拖延向外资公司发放必要的许可证明;实施索要高额费用等法律性限制等。

2. 税收限制

在税收限制方面,一方面东道国政府可以对资本流出课以重税;另一方面,许多国家税种繁多,税务部门重叠交叉,纳税程序错综复杂,也使资本流出十分困难,有时甚至出现同一笔外资收入被多次征税的情况。

3. 交易成本

交易成本不但包括通过银行进行外汇交易和资本转移时所需要支付的费用,还包括当地管理部门的一些规定,比如,要求国际资本的转移必须交由当地指定银行办理,或禁止跨国公司对内部成员公司之间应收、应付账款的国际冲兑等。

4. 流动性限制

在跨国经营中,母公司通常对子公司或分公司资本的流动性提出要求,以确保母公司将来及时收回自己的贷款。这种流动性要求在很大程度上降低了子公司或分公司将自己的流动资本以最佳的币种存放于最安全项目上的能力。

(三) 跨国公司内部资本转移的套利效应

虽然,跨国经营给公司内部资本转移带来了很多限制因素,但也给跨国公司带来了获利的可能。跨国公司可以通过建立资本内部转移机制获取三种新的套利机会。

1. 税收套利

跨国公司可以将利润从高税率国家的子公司转移到低税率国家的子公司,或从那些处于应税状态的子公司转移到处于亏损状态的子公司,这样可以减轻其总的税收负担。

2. 金融市场套利

内部资本转移可使跨国公司绕过外汇管制,为母公司或子公司的过剩资本寻找投资场所,为资本不足的子公司寻找新的资本来源。

3. 管理体制套利

当跨国公司子公司的利润不受市场影响,而受政府或工会的影响时,跨国公司可以通过内部转移价格等方式重新分配利润,进而粉饰其真实的获利水平,可以使跨国公司在与当地政府谈判时占有一定的优势。另外,内部资本转移管理还可以让跨国公司的子公司不受东道国信贷管制的影响。如果政府对当地的借款有限额,那么子公司利用内部资本转移管理获得外部资本,就可能给子公司带来较高的短期利润,并且能使其在长期竞争中占据良好的市场地位。

二、跨国公司内部资本转移的一般方式

跨国公司内部资本转移的方式有很多,以下将介绍几种常用的方式。

(一) 股利

股利是跨国公司的子公司向母公司转移资本的最重要方式。股利将影响到母公司与母公司所在国、子公司与子公司所在国以及股东的利益,所以跨国公司应详细考察各种因素,对各方的利益进行平衡,认真制定股利政策。股利支付率是股利政策中的核心要素。例如,如果母公司规定子公司的股利支付率为30%,那么国外子公司就应将30%的利润交给母公司。跨国公司采取股利汇出资本的方式时,应着重考虑以下几个因素。

1. 税收因素

东道国与本国的税法都会对跨国公司的股利政策有重大影响。因此,跨国公司应该了解各国的实际税率,通过调整各子公司的股利支付率可以大大降低跨国公司的整体税负水平。

2. 外汇风险因素

如果可以预计汇率变动的趋势,那么跨国公司就能通过股利政策的调整将资本从弱币区转至强币区。当子公司所在国的货币将贬值时,跨国公司可以通过增加股利汇出的数量,从而达到减少当地的货币资产的目的;反之,当子公司所在国的货币将升值时,跨国公司则可以采

用减少股利汇出数量或推迟股利发放时间的策略等。

3. 外汇管制因素

通常情况下,国际收支发生困难的国家会采取一定措施限制外资公司支付股利,如只允许按注册资本的一定百分比汇出股利等。为了降低外汇管制的危害,一些跨国公司会采取相对稳定的股利支付率,以表明股利支付是既定股利支付计划的一部分,而不是对东道国货币的投机,即使股利不能汇出,也照常宣布分配。这样就可以建立一个将来放松或取消管制时汇出股利的基础。如果一国发生政局变动或外汇危机,母公司会要求子公司尽快转移剩余资本,这时一般可以通过增加股利汇付来实现资本的转移。

4. 融资因素

跨国公司在确定股利支付政策时,还应考虑各子公司资本的机会成本和融资能力。例如,与持有剩余资本的子公司相比,一个必须借入资本的子公司通常具有更高的机会成本。也就是说,一些子公司拥有低成本的融资来源,而另一些子公司则只能按相对较高的利率借入资本。在一般情况下,母公司要给资本机会成本相对较低的子公司确定一个较高的股利支付比例,同时只从借入成本较高或面临有利投资机会的子公司提取较少的股利。

5. 子公司具体状况

通常情况下,小型子公司很少制定股利汇出的基本原则,往往是随机应变;中型子公司在运用股利政策配置资金方面具有较大的灵活性;大型子公司一般在确定股利汇出政策后就不再随意变更。同时,跨国公司在制定股利政策时,还应考虑子公司的建立时间。如果子公司的建立时间较长,一般会将利润的很大一部分作为股利汇回给母公司;反之,刚刚建立时间不长的子公司向母公司转移的资金相对少些。

6. 其他股东的态度

国外子公司中的当地股东也会影响跨国公司股利政策的制定和调整。与当地股东相比,跨国公司更多的是从长期全球战略出发,所以当地股东追求的是较短的投资回收期,而跨国公司更关心的是全球范围内资金的最佳配置。

(二) 特许权费、服务费及管理费

子公司向母公司支付的或子公司之间支付的特许权费、服务费与管理费等,也是跨国公司内部转移资本的一种基本方式。因为,各种服务、管理建议、专利等基本没有市场参考价,所以,此类费用的支付方式给了跨国公司更大的调节空间,子公司所在国一般难以控制。

1. 特许权费

特许权费是指子公司为获取技术、专利或商标的使用权而向拥有该技术、专利、商标权的母公司或子公司支付的报酬,通常是通过签订许可证合同的方式进行的。特许权费可以用每单位产品支付一定金额的方法进行支付,也可以按提成方式进行。如果使用提成方式,一般不需要规定提成费的具体金额,但要约定提成年限、提成基础、提成比例、交费币种和时间。提成的具体金额取决于子公司引进技术、专利或商标使用权后所产生的实际经济效果。

子公司以支付特许权费的方式向母公司转移资本主要有以下优点:第一,因为特许权费在许可证合同中具有明确的支付标准,故当由此形成的资本从子公司向母公司转移时,东道国一般无法施加限制。在拉丁美洲等实行严格外汇管制的国家,当地子公司经常以支付特许权费的方式打破东道国政府的资金封锁。第二,特许权费属于子公司的正常营业费用,因此可以抵减应在东道国缴纳的所得税,同时该所得税可以在母公司所在国得到抵免。如果子公司不是以特许权费的方式,而是以股利的形式向母公司转移资本,那么不仅在分派股利之前需要在当地缴纳所得税,而且在股利汇出时还要缴纳股利预扣税。在这种情况下,如果包括东道国所得税税率和预扣税税率在内的联合税率,高于母公司所在国的所得税税率,那么该项股利已在东道国缴纳的税金,就可能无法在母公司得到完全抵免,从而加重跨国公司整体的税收负担。

2. 服务费

服务费是指由于母公司向子公司提供修理、安装、人员培训、技术指导和咨询等专业性服务而向子公司收取的补偿费。由于服务费是针对向某子公司提供的特定服务而收取的,因此一般是按照服务的类型、时间和等级确定费用的支付标准。

3. 管理费

管理费是指母公司对跨国经营活动进行全面管理而发生的一般性费用,如现金的集中管理成本、宣传或公关费用、最高管理层的工资费用等。管理费通常按规定的标准或比率在各子公司之间平均分摊。

由于服务费和管理费不像专利权、商标权、版权和专有技术的特许权费那样明确和具体,通常会受到东道国政府和当地合作经营者的密切监督,过高的收费标准会遭到他们的反对。但是,这些费用的收取一般没有可比的外部标准做参考,因此只要母公司与子公司事先为此签订明确的书面协定,并且前后一贯地执行,东道国政府也就很难提出反对意见。

(三)内部信贷

内部信贷是跨国公司在全球范围内转移资本的一种主要方式。内部信贷是指境内母公司与境外子公司之间以及各子公司相互之间提供的信贷。内部信贷主要有四种形式:直接贷款、背对背贷款、平行贷款及存贷调换等。

1. 直接贷款

直接贷款是母公司向子公司、子公司向母公司或子公司向另一子公司直接提供贷款的方式。借贷的货币可以是任何一方或第三国的货币。直接贷款的优点是简便易行,并且由于贷款利息率可以高于或低于市场利息率,使得跨国公司可以有效利用转移价格的优势。其缺点是可能存在资金汇回限制和外汇风险。

直接贷款方式适用于资金转移不受限制或很少受到限制以及外汇风险较小的情况。当预测资金移动将受到限制,并且外汇风险较大时,跨国公司可以选择使用背对背贷款、平行贷款、存贷调换等间接贷款的方式。

2. 背对背贷款

背对背贷款是指两个国家的企业(母公司)通过协议分别向对方在本国的子公司发放贷

款,如图 7-1 所示。

在图 7-1 中,甲国的某母公司 A 在乙国有一子公司,乙国的某母公司 B 在甲国有一子公司。A 的子公司和 B 的子公司都需要一定数量的资金。如果母公司对自己的子公司提供直接贷款,由于贷款和还本付息要涉及两个国家、两种货币的汇兑,可能发生由于汇率变动引起的外汇风险以及本息汇回受限制的转移风险。于是,经过这两家母公司协议,双方可以采用背对背贷款的方式给各自的子公司提供贷款。采用这种贷款方式,贷款与还本付息的货币相同,货币收付不跨越国界,因而避免了上述的外汇风险和转移风险。

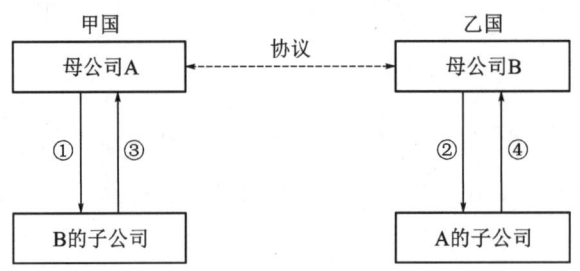

图 7-1　背对背贷款

注:
① 母公司 A 给 B 的子公司提供甲元贷款。
② 母公司 B 给 A 的子公司提供乙元贷款。
③ 到期时,B 的子公司用甲元还本付息。
④ 到期时,A 的子公司用乙元还本付息。

3. 平行贷款

平行贷款是在两个母公司之间、两个子公司之间分别贷款,解决资金余缺的问题,如图 7-2 所示。

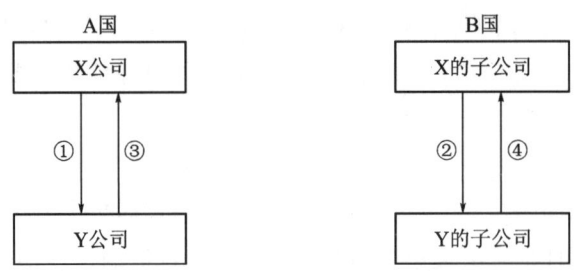

图 7-2　平行贷款

注:
① X 公司给 Y 公司提供 A 元贷款。
② Y 的子公司给 X 的子公司提供 B 元贷款。
③ 到期时,Y 公司用 A 元还本付息。
④ 到期时,X 公司的子公司用 B 元还本付息。

在图 7-2 中,A 国的两家母公司都在 B 国有子公司,它们的资金余缺刚好相反,X 公司的资金有多余,而它在 B 国的子公司资金短缺;相反,Y 公司资金短缺,但它在 B 国的子公司资金有多余,但由于东道国实行外汇管制,这些多余的资金无法汇回。在这种情况下,经第三方介绍,A国的两家母公司就可以商定采用平行贷款的方式,两笔贷款期限相同,利息率由借贷双方商定,到期时,借方向各自的贷方还本付息。从图7-2可以看出,平行贷款的资金也不跨越国界,因而也可以避免外汇风险和转移风险。

4. 存贷调换

各国政府冻结资本的重点对象是外国的跨国公司,而对银行,特别是对有国际威望的金融机构,一般不会严加限制。因此,当母公司预计向境外子公司贷款,其本息汇回将受到限制时,可以采用存贷调换的方式。也就是说,母公司向境外子公司提供资金时,不是由母公司直接贷款给子公司,而是由母公司事先在某国际金融机构存入一笔资金(等于是向该国际金融机构提供贷款),再由该国际金融机构向子公司提供相应金额的贷款。期满时,先由子公司向国际金融机构还本付息,再由国际金融机构向母公司归还存款的本金和利息。存贷调换的具体过程如图7-3所示。

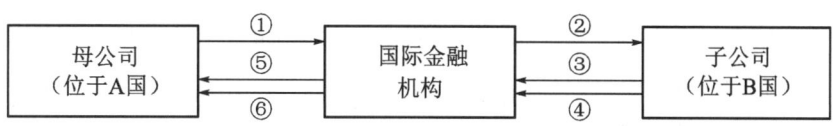

图7-3 存贷调换

注:汇率为1A元=5B元。
① 母公司向国际金融机构存款100万A元,存款利率5%。
② 国际金融机构为子公司提供贷款500万B元,贷款利率7%。
③ 子公司定期向国际金融机构支付35万B元贷款利息。
④ 到期时,子公司向国际金融机构偿还本金500万B元。
⑤ 国际金融机构定期向母公司支付5万A元存款利息。
⑥ 到期时,国际金融机构向母公司归还本金100万A元。

通过存贷调换的贷款方式,既能及时满足境外子公司对资金的需求,又能保障母公司的资金本息能够顺利收回,避免受到子公司所在国的限制。由于此过程中的存贷款都不经过外汇市场,也避免了外汇风险。在向子公司提供贷款之前国际金融机构已有母公司的存款作为保证,因此这种贷款也称为前向贷款。这种贷款方式也可以通过子公司所在国的银行,或该银行在母公司所在国的分行来进行。

(四) 转移价格

转移价格是指跨国公司管理当局从全球经营战略出发,为谋求公司整体利益最优,在母公司与子公司、子公司与子公司之间购销商品以及提供劳务时所采用的内部价格。对于跨国公司来说,转移价格既可以加速跨国公司内部的资本转移,又可以降低整个公司的税负并保持外汇平衡。其作用主要表现在以下几个方面。

1. 优化资本配置

母公司或其他子公司为了能从某一子公司吸收或转移资本,可以通过转移价格将其所赚取的利润调回母公司或其他子公司。如果母公司要从某国转出资本,则可以提高卖给该国子公司产品的价格;反之,母公司也可以通过压低价格的方式来为该子公司提供资本。同样,资本的这种配置方式还可以通过调节子公司卖给母公司产品的价格以及各子公司之间的交易来实现。

2. 降低整体税负

降低公司整体税负是跨国公司在制定转移价格策略时需要考虑的一个主要问题。跨国公司希望利用转移价格尽可能地减少或逃避有关主权国征收的所得税和关税。

第一,降低所得税。当产品在不同的国家间转移时,出口国和进口国企业的所得税都将受到影响。在出口国的企业中,转移价格是应税收益;在进口国的企业中,转移价格是可抵税的费用。跨国公司应在税法允许的范围内制定出能使在这两个国家的整体税负最小的价格作为转移价格。各国的税率是不一样的,跨国公司通过转移价格降低所得税负担的原则是:将尽可能多的利润转移到税率较低的国家。

如果有关国家或地区的税率相近,跨国公司还可以利用避税港来进一步加大转移价格,降低所得税负面影响的程度。避税港是指单方面向其他国家和地区的投资者提供无税、低税或其他优惠条件的国家和地区,如百慕大群岛、卢森堡、中国香港等。除了税负很低,甚至不需要纳税外,避税港的当地政府对外国公司的法律管制也较松,公司的资金调拨与利润分配比较自由。跨国公司可以在避税港设立象征性的分支机构,利用转移价格,将其他子公司的利润调入避税港,就能够最大限度地降低公司的整体税负。

第二,降低关税。进口关税一般采用从价计征的比例税率,即按照进口货物的到岸价格乘以进口关税税率计算。跨国公司可以通过转移价格调整进口产品的到岸价格,在关税税率既定的前提下,调整到岸价格就可以调整进口国子公司的关税负担。比如,对位于高关税国的子公司销售产品时,就可以采取低价出售策略减轻关税负担。

3. 调节利润水平

跨国公司可以根据经营需要,通过调高或调低转移价格来影响子公司的利润水平。如果某一子公司在当地获得较高的利润,这不但可能会引起东道国政府的注意或反感,也可能会导致更多的竞争对手进入同一市场。因此,跨国公司可以利用调整转移价格、降低利润的方法,掩盖子公司获利的真实情况。又如,跨国公司为使其在某国新建的子公司在竞争中具有较高的资信水平,在东道国树立良好的形象,易于在当地出售股票、债券或获取信贷,可以通过调整转移价格的方法使该子公司显示出较高的利润水平。

三、资本冻结条件下的资本转移策略

当一国政府遇到外汇短缺而又不能通过借债或吸引外国投资获得资本时,就会限制外汇从该国流出。有的国家政府会要求一切外汇流出都需要报经当地外汇管理部门审查批准;有的可能只允许资金部分汇出;甚至有的国家政府可能强行规定本国货币不能自由兑换,从而完全封锁资金转移。因此,当东道国推行较为严格的外汇管制政策时,跨国公司就很有可能会遭遇资本被冻结在东道国而无法调回国内使用的风险。冻结资本长期滞留在国外,不但使其无

法得到充分利用,而且其实际价值很可能因东道国的货币贬值而受到侵蚀。因此,在跨国公司财务管理中,一项区别于国内公司的特殊工作就是要想方设法对冻结资本采取各种可能的预防和善后措施。根据实施的时间不同,这些措施可以分为投资之前的策略、冻结之前的策略和冻结之后的策略三种。

(一) 投资之前的策略

跨国公司在向海外子公司投资之前,就应充分考虑资本被冻结的可能性及其程度,并在投资资本预算中进行敏感性分析。某项海外投资是否可行取决于资本冻结后的期望净现值是否大于零。一旦母公司决定在当地投资,就应事先采取措施对该项投资的各个重要方面做出安排,以增加未来资本转移的弹性,并且削弱资本被冻结的潜在危害。

跨国公司可采取的措施主要有:第一,与其他子公司建立贸易关系。这样做可以使跨国公司在日后能够通过内部转移定价机制从该国转移资本。第二,尽量在当地借款。这样做可使该子公司降低当地货币贬值的风险。此外,当地融资比重越大,需要向母公司汇回的利润就越小,这样即使在东道国政府禁止股利汇回的情况下,跨国公司的损失也不会过大。第三,利用特殊的融资方式。如背对背贷款、平行贷款、存贷调换等,这些融资方式在上一部分的"内部信贷"中已有详细论述,故此处不再赘述。第四,投资前与东道国政府谈判达成特殊协议。例如,如果投资项目属于东道国优先鼓励发展的高科技行业项目,对东道国很有吸引力,则跨国公司可以以此为筹码与东道国政府事先协商,达成允许资本汇回和防止冻结的协定。第五,母公司资本以债务方式投资代替股权方式投资。与股利汇出和股本返还相比,东道国可能更愿意允许贷款的偿还。因此,如果母公司初始资本全部为股权资本,日后投资的收回就可能会遇到困难。

(二) 冻结之前的策略

进入生产经营期以后,跨国公司应当密切注意东道国的国际收支状况和宏观金融政策的变化。当有迹象表明该国政府可能会采取严格的外汇管制手段来改善其日益恶化的国际收支状况时,跨国公司应该尽快采取一切可行的直接或间接的资本转移手段,将多余资本从该国调出,只保留最低限度的维持生产经营所必需的资金。其中,直接转移手段包括利用转移价格调整、特许权使用费、提前或延退结汇以及支付股利等;间接转移手段包括平行贷款或背对背贷款,为向外转移资本购买商品,为整个公司范围内的使用而购买资本商品和当地的服务,进行研究和开发工作以及举行公司大会、度假等消费性活动等。跨国公司从该国抽逃资本时,最好以隐蔽的方式进行,否则很可能会增加其面临的政治风险,或招致资本的提前冻结。

(三) 冻结之后的策略

如果跨国公司在采取上述各种方法进行资本转移后,仍有相当多的资金无法汇出。在这种情况下,跨国公司就只能考虑将资本在当地进行再投资,以确保这部分资金的实际价值不会因当地货币贬值而遭到侵蚀。这种被迫进行的再投资可以分为短期投资和长期投资两种。

1. 短期投资

如果预计资本冻结只是暂时性的,就应该在当地进行短期投资,以便在资本解除冻结后迅速将它们撤回。可供选择的短期投资方式有:第一,投资于当地货币市场工具。如购买企业债券、国库券、定期存单等。但通常情况下,在实行外汇管制的国家,其金融市场往往不健全,货币市场工具种类和数量较少,流通性也较差,某些货币市场工具的实际收益率甚至还有可能低于当地的通货膨胀率。在这种情况下,跨国公司应选择其他的短期投资方式。第二,大量购买存货。在通货膨胀情况下,存货可以起到保值的作用。虽然,大量购买存货会导致资金占用成本和仓储费用的增加,但在当地货币大幅贬值后,存货的价值增值一般会弥补这些成本和费用。第三,向当地的公司提供短期贷款。在通货膨胀率较高和实行外汇管制的国家,政府往往会严格控制银行放款的规模,因此会令当地公司融资困难。如果跨国公司可以将冻结的资本贷款给当地的其他公司使用,则有可能赚取较高的利息收入。

2. 长期投资

如果跨国公司无法在资本被冻结的国家进行短期投资,或者跨国公司仍然希望能够在东道国进行长期经营,那么跨国公司可以考虑将冻结资本进行长期投资。例如,扩大现有的生产规模,兴办新的生产投资项目,收购濒临破产的企业,或购买公司并不需要的土地、写字楼或通用厂房等,以达到资本保值增值的目的。

章节测试

班级_____ 姓名_____ 学号_____ 日期_____ 分数_____

一、单项选择题(每小题6分,共30分)

1. 一国政府、金融机构等在某一外国债券市场上发行的,以该国的货币为面值的债券是( )。
   A. 外国债券　　　B. 欧洲债券　　　C. 国内债券　　　D. 普通债券

2. 国际投资按资金来源分为( )。
   A. 公共投资和私人投资　　　　　B. 直接投资和间接投资
   C. 长期投资和短期投资　　　　　D. 实物投资和货币投资

3. 如果股票投资达到了对某企业进行控制的程度,则属于( )。
   A. 短期投资　　　B. 直接投资　　　C. 对内投资　　　D. 间接投资

4. 某国投资者与另一国投资者通过组建合资经营企业的形式所进行的投资是( )。
   A. 国际合作投资　　　　　　　　B. 国际合资投资
   C. 国际独资投资　　　　　　　　D. 国际证券投资

5. 下列不属于国际企业现金管理方法的是( )。
   A. 现金集中管理　　　　　　　　B. 多边净额结算
   C. 短期现金预算　　　　　　　　D. 提前或延迟付款

二、多项选择题(每小题8分,共40分)

1. 国际企业的筹资渠道主要有( )。
   A. 公司集团内部的资金　　　　　B. 母公司本土国的资金
   C. 子公司东道国的资金　　　　　D. 国际资金来源

2. 国际企业的筹资方式主要有( )。
   A. 发行国际股票　　　　　　　　B. 发行国际债券
   C. 利用国际银行信贷　　　　　　D. 利用国际贸易信贷和国际租赁

3. 可供选择的国际直接投资方式有( )。
   A. 国际合资投资　　　　　　　　B. 国际合作投资
   C. 国际独资投资　　　　　　　　D. 跨国并购

4. 按照公司受影响的方式不同,国际投资的政治风险可以分为( )。

A. 转移风险　　　　B. 宏观风险　　　　C. 经营风险　　　　D. 控制风险
5. 国际企业内部应收账款管理的方法有（　　）。
   A. 提前或延迟付款　　　　　　　　B. 调整进出口计价货币
   C. 设置再开票中心　　　　　　　　D. 对外投资

三、判断题（每小题6分，共30分）

1. 一国政府、金融机构、工商企业为筹措资金而在国外市场发行的以外国货币为面值的债券，即为国际债券。（　　）
2. 国际贸易信贷是指由供应商、金融机构或其他官方机构为国际贸易提供资金的一种信用行为。（　　）
3. 国际合资投资是指通过组建合作经营企业的形式所进行的投资。（　　）
4. 微观风险是指影响所有外国公司的政治风险，如东道国政局的稳定性、对跨国公司的态度等。（　　）
5. 提前或延迟付款，实质上是商业贷款期的改变。（　　）

第七章　企业集团财务管理

知识导航

企业集团财务管理
- 企业集团组织结构与财务管理体制
  - 企业集团的概述
  - 企业集团的组织结构
  - 企业集团财务管理体制
- 企业集团筹资管理
  - 筹集资金的来源
  - 资本结构的管理
  - 筹资决策
  - 债务管理
  - 资金监控和优化
  - 企业集团筹资的特点
  - 企业集团筹资的方式
- 企业集团投资管理
  - 企业集团投资的动因
  - 企业集团投资的方式
  - 企业集团投资过程管理
  - 投资管理内容
- 企业集团分配管理
  - 企业集团分配管理的重点与基本原则
  - 企业集团内部的利益分配方法
  - 分配政策与目标
- 企业集团资本经营
  - 资本经营的概念和特征
  - 企业集团资本经营的作用
  - 企业集团资本经营的内容
- 企业集团财务控制
  - 企业集团财务控制的概念
  - 企业集团财务控制的意义
  - 企业集团财务控制优化

学习目标

1. 理解企业集团的概念和类型。
2. 掌握企业集团的组织结构。
3. 了解企业集团筹资管理的特点。
4. 掌握企业集团外部实体投资的方式。
5. 理解企业集团资本经营的作用。

依法治国方略是怎样形成和发展的(改写)

全面依法治国是关系我们党执政兴国、人民幸福安康、党和国家长治久安的重大战略问题,是"四个全面"战略布局的重要组成部分。只有全面依法治国,才能解放和增强社会活力、促进社会公平正义、维护社会和谐稳定、确保党和国家长治久安。

党的十一届三中全会明确提出"发展社会主义民主,健全社会主义法治"的重大方针。党的十五大明确把依法治国确立为治理国家的基本方略。1999年第九届全国人民代表大会二次会议通过的《中华人民共和国宪法修正案》将"依法治国"正式写入宪法。党的十六大提出,发展社会主义民主政治,最根本的是要把坚持党的领导、人民当家作主和依法治国有机统一起来。党的十七大提出,依法治国是社会主义民主政治的基本要求,强调要全面落实依法治国基本方略。党的十八届三中全会提出推进法治中国建设目标任务。党的十九大明确提出,全面依法治国是中国特色社会主义的本质要求和重要保障。

我国于2008年8月1日开始施行《反垄断法》,其目的是预防和制止垄断行为,保护市场公平竞争环境,提高经济运行效率,维护消费者利益和社会公共利益,促进社会主义市场经济健康发展。

思考与讨论:结合以上国家法律法规及基本方针确立,谈谈我国企业集团发展的优势所在。

资料来源:共产党员网,2014-11-1,《依法治国方略是怎样形成和发展的》,http://news.12371.cn/2014/11/01/ARTI1414802883867294.shtml,有删节。

第一节 企业集团组织结构与财务管理体制

一、企业集团的概述

(一)企业集团的概念

企业集团是现代企业的高级组织形式,是以一个或多个实力强大、具有投资中心功能的大型企业为核心,以若干个在资产、资本、技术上有密切联系的企业、单位为外围层,通过产权安排、人事控制、商务协作等纽带所形成的一个稳定的多层次经济组织。企业集团是以资本为主要联结纽带的母子公司为主体,以集团章程为共同行为规范的母公司、子公司、参股公司及其他成员企业或机构共同组成的,具有一定规模的企业法人联合体。企业集团不具有企业法人资格。

企业集团的整体权益主要是通过明确的产权关系和集团内部的契约关系来维系;其核心是实力雄厚的大企业。企业集团是按照总部经营方针和统一管理进行重大业务活动的经济实体,或者是虽无产权控制与被控制关系,但在经济上有一定联系的企业群体。

企业集团组织结构是一个复杂而庞大的主题,其中涉及许多不同层级和组成部分。

1. 集团层级

(1) 集团董事会。集团董事会是企业集团的最高决策机构。它由董事长、董事和高级管理人员组成。董事会的职责包括制定整个集团的长期战略和目标,监督和评估业务单位的绩效,决策关键问题,审议并批准重大决策和投资等。

(2) 集团首席执行官(CEO)。集团首席执行官是集团的最高管理者,直接向董事会负责。集团首席执行官负责执行董事会的决策,制定和推动集团的战略方向,协调各个业务单位之间的合作,确保整个集团的运营和业绩达到预期目标。

(3) 高级管理团队。高级管理团队是由集团首席执行官和其他高级管理人员组成的团队。他们负责监督和管理集团的各个方面,包括战略规划、财务管理、运营管理、市场营销、人力资源和法律事务等。

2. 业务单位层级

(1) 业务单位/子公司。企业集团通常由多个业务单位或子公司组成。每个业务单位或子公司可能专注于不同的业务领域或市场。它们可以根据不同的地理位置、产品线或客户群进行划分。每个业务单位都有自己的管理层和员工队伍,负责实施集团战略,开展业务运营,并为集团创造价值。

(2) 业务单位管理团队。每个业务单位都有自己的管理团队,包括业务单位首席执行官(CEO)、高级经理和部门负责人。他们负责制定和执行业务单位的战略、管理运营、监督绩效和推动业务增长。

(3) 部门/职能组织。每个业务单位内部可以设立各种部门和职能组织,以支持业务单位的运营和发展。这些部门可以根据功能领域进行划分,如财务部、人力资源部、市场营销部、研发部、生产部等。每个部门都有自己的部门负责人和员工团队,负责提供专业的支持服务和资源。

(4) 项目团队。部分业务单位可能还设有项目团队,专注于执行特定的项目或任务。项目团队由项目经理和相关的团队成员组成,负责项目的规划、执行、监督和交付。

3. 共享服务中心层级

(1) 共享服务中心。集团可以设立共享服务中心,为各个业务单位提供共享的支持服务。

这些共享服务中心包括财务共享服务、人力资源共享服务、采购共享服务、IT 共享服务等。共享服务中心的目标是实现资源的优化利用、成本的节约和最佳实践的共享。

(2) 共享服务中心管理团队。共享服务中心也有自己的管理团队，包括共享服务中心首席执行官、部门负责人和专业人员。他们负责协调和管理共享服务中心的运营，确保各个业务单位得到高质量的支持服务。

4. 控股公司层级

(1) 控股公司。在一些情况下，企业集团可能设立一个控股公司作为整个集团的法律实体。控股公司通常拥有各个业务单位的股权，负责监督和管理集团的整体运营。控股公司还可以通过股权投资、合并收购等方式扩大集团的业务范围。

(2) 控股公司管理团队。控股公司也有自己的管理团队，包括控股公司首席执行官、高级管理人员和部门负责人。他们负责制定整个集团的战略方向，监督业务单位的绩效，并推动集团范围的合作和发展。

综上所述，企业集团的组织结构是一个多层次、多维度的体系，包括集团层级、业务单位层级、共享服务中心层级和控股公司层级。每个层级都有相应的管理团队和职责，以确保整个集团的顺利运营、战略执行和业务增长。企业集团的组织结构可以促进协调合作、资源共享和最佳实践的推广，从而为企业集团带来更高的效益和竞争优势。

(二) 企业集团的类型

1. 依据股权关系的分类

依据股份持有形式，可将企业集团分为集团成员企业单向持股的母子公司型企业集团和集团成员企业间双向持股的财团型企业集团。

(1) 母子公司型企业集团。母子公司型企业集团是以特大型公司为核心，通过控股、参股、契约等形式实现对子公司的影响和控制，从而形成关系紧密的经济联合体。其组织形态是以母公司为集团核心，控制和协调整个企业集团的运作，子公司是母公司掌握绝对控股权的下属企业，关联公司是母公司拥有影响的参股企业。母公司以资产纽带控制下属公司，以契约方式控制其他成员企业，以业务资源牵引、拉动、协调子公司和孙公司及关联公司关系，形成具有明确共同利益的经济体。

(2) 财团型企业集团。财团型企业集团往往以银行和金融机构为核心，企业集团没有统一的投资机构，经营范围广泛，各成员间呈环状持股，多元结合，集团内部各企业之间是横向独立关系，成员企业主要出于减少市场风险、相互提携业务的目的而结合。

2. 依据业务关系的分类

依据成员企业的业务关系，可将企业集团分为纵联型企业集团、横联型企业集团和混联型企业集团。

(1) 纵联型企业集团。纵联型企业集团是由某种产品生产经营活动中的上下游企业组成的联合体。这一类企业集团通常包含产品研发、原料采购、生产制造、市场销售、物流运输等各种类型的成员企业，各成员在业务上存在前后顺承的关系，因此，称为纵联型企业集团。

（2）横联型企业集团。横联型企业集团是由生产同种产品或从事同种业务的企业所组成的联合体。这类集团通常依托某种产业或行业而形成,其优势在于：由于产品或业务具有较强的相似性,容易实现管理的统一化、标准化、高效化。其劣势在于：缺乏避险机制,容易受到上下游市场和政策的影响。

（3）混联型企业集团。混联型企业集团,兼有纵联型集团与横联型集团的特征,它涉及不同行业、不同产品,属于多元化经营集团。混联型企业集团,可能来自横联型企业集团向上下游延伸,或若干纵联型企业集团横向联合。

3. 依据成员关系维系方式的分类

依据企业集团成员关系维系方式的不同,可分为契约型企业集团和合资型企业集团两类。

（1）契约型企业集团。契约型企业集团是指通过签订协议、合同或制定章程等方式,将成员企业组织在一起的联合体。以契约为纽带是此类企业集团得以形成和维系的基础,也是企业之间在较低层次上联合时经常采用的方式。

（2）合资型企业集团。合资型企业集团是指主要成员企业彼此以投资、入股等方式组成的联合体。在这种集团形式下,资金纽带将合资各方结成共同体,成员之间关系紧密,交易成本低,有利于最大限度地发挥集团优势。

(三) 企业集团的特征

企业集团的特征主要有主体多元性、组织结构多层次性、生产经营多元性、产权关系复杂性、领军企业核心性和成员企业整体性等六个方面。

1. 主体多元性

主体多元性是企业集团最基本的特征,集团由多个具有独立法人资格的企业组成,企业集团本身不是独立的经济实体。母公司与被控股的子公司之间以资本关系为基础产生控制与被控制关系,但它们又是独立的法人主体。集团公司中的各子公司作为独立的法人,都是利润管理中心或投资管理中心,它们有独立核算、自主经营、自负盈亏的权利和义务。即使核心企业对下属企业具有经营管理的特权,每个成员企业的管理仍是自主的、自立的。

2. 组织结构多层次性

组织结构多层次性是指企业集团内部往往有一个或几个核心企业,其他成员企业依靠股权关系与核心企业相联系。在集团公司中,母公司作为核心企业,与其下属各级子公司分别处于不同的管理层次,由于控股关系与控股比例等方面的原因,各成员企业与核心企业之间的紧密关系有所不同,从持股关系和依存度来看,可将企业集团的组织结构划分为核心层、紧密层、半紧密层和松散层等层次。核心层指企业集团中的控股公司,通常具有母公司的性质;紧密层通常由核心企业的全资或控股的子公司组成;半紧密层一般由核心企业参股的企业组成;松散层一般由与核心企业无产权联系但有固定、长期协作关系的企业组成。

3. 生产经营多元性

生产经营多元性,即企业集团内部的生产经营联合既有纵向联合,又有横向联合。集团关系既可能是多家生产同类产品的企业的联合关系;也可能是由原料供应、生产加工、销售等企业组成的高度连锁相关的关系;还可能是多家企业共同处于一家控股公司控制之下,业务间几乎没有联系;当然也有不少企业集团是几者皆备。集团形成以后,在外界环境压力下可能有实力向相关领域不断扩展,也可能有动力向其他不相关行业进军。

4. 产权关系复杂性

企业集团通常采用产权经营组织。它不同于一般直接从事商品生产的企业,主要是通过控股形式,形成以产权关系为纽带的企业集团。并且不同类型的企业集团可采取不同的持股方式,既有垂直持股方式,也有环状的相互持股方式,还有环状持股与垂直式持股的混合方式。由此致使企业集团内部产权关系复杂性。

5. 领军企业核心性

领军企业核心性是指企业集团有一个能起主导作用的核心经济实体,这个核心经济实体就是集团公司。集团公司不同于企业集团,两者不能混淆。集团公司是独立的法人,它具有投资中心的功能,有较强的经济实力或产品、技术、管理、信息、融资等优势,能够对集团的统一经营活动起主导和控制的作用。

6. 成员企业整体性

成员企业整体性是指尽管企业集团由多个独立的企业法人组成,但是所形成的企业群是通过特定的机制紧密联系在一起的整体,集团通过必要的集中管控,实现生产、经营、投资、竞争等活动的统一运作,成员企业充分发挥各自优势,联合、集合成为具有凝聚力的联合体,从而体现集团的优越性。

二、企业集团的组织结构

企业集团组织结构的概念有广义和狭义之分。狭义的企业集团组织结构,是指为了实现组织的目标,在组织理论指导下,经过组织设计形成的组织内部各个部门、各个层次之间固定的排列方式,即组织内部的构成方式。广义的企业集团组织结构,除了包括狭义的组织结构内容外,还包括组织之间的相互关系类型,如专业化协作、经济联合体、企业集团等。

(一) U 型组织结构

U 型组织结构(又称直线职能制)由泰勒最先提出,是企业集团中各级领导直接指挥与各级职能人员的业务指导相结合的,一种现代企业最基本的过度集权的组织架构。U 型组织结构的基本特征是:公司内部划分为若干个职能部门,公司总部对所有职能部门进行策划和运筹,直接指挥各部门的运行,各部门和下属单位均由公司最高领导直接进行管理。

U 型组织结构的优点在于:既保证了统一的指挥和管理,加强总部对各职能部门的控制,便于人力、物力、财力的统一调配,又能更好地发挥各职能部门的作用。其缺点在于:高层管理者需参与日常经营活动,负担过重;各职能部门之间责任模糊,协调困难,管理成本上升;下级部门工作积极性较低。

因此,U 型组织结构主要适用于业务单一,或者处于初创期的小规模企业集团。

（二）M 型组织结构

M 型组织结构（又称事业部制）是 U 型组织结构与 H 型组织结构的进一步演化，是一种集权与分权有机结合的组织架构。M 型组织结构的基本特征是：每个事业部都是实现公司总体目标的基本经营单位，实行独立核算、自负盈亏和统一管理；在产销分立的公司里，事业部只负责组织和指挥生产，不负责经营销售；事业部的规模一般介于总公司与生产工厂之间，相当于分公司，可以下设职能部门。同时，公司总部设立专门的统筹机构，负责对各事业部进行授权，监测各事业部的经营活动和绩效，在事业部之间配置经营资源，并从事战略性计划工作，对各事业部的经营方针、销售利润和资金调度进行统一决策；各事业部部长直属于企业执行总裁或执行委员会，受公司总部长期计划预算的监督，负有完成利润计划的责任。

M 型组织结构优点在于：各事业部是独立的利益主体，拥有较大自主权进行利润分配、投资决策等；将集权与分权有效结合，一方面调动了各个事业部发展的积极性，另一方面通过协调管理，集团总部能够制定和实施整体发展战略，有利于总部发展。其缺点在于：各事业部利益独立性容易产生本位主义，不利于各部门间的协调；管理层次复杂，管理人员数量较多，增加了管理成本。

因此，M 型组织结构适合多元化经营的大规模控股公司。

（三）H 型组织结构

H 型组织结构（又称控股制）是一种过度分权的组织架构，在公司总部下设置若干个子公司，公司总部作为母公司对子公司控制全部或者部分股份，并承担有限责任。控股公司依据其所从事的活动内容，可分为纯粹控股公司和混合控股公司。

H 型组织结构的优点在于：子公司的经营业务多样化，有助于分散经营风险；子公司对管辖范围内的经营管理具有高度决策权，有利于子公司管理层的积极性；与 U 型组织结构不同，集团总部可减轻日常经营管理事务的负担，将精力集中于整个集团发展战略的制定与落实。其缺点在于：子公司自主性大，集团总部在资源配置难度大；集团总部需通过股东大会对子公司进行指挥，管理成本高。

（四）矩阵型组织结构

矩阵型组织结构是指在企业集团中既有按职能设置的纵向组织系统，又有按某一项目划分的横向组织系统，两者相结合形成了交叉式的组织结构。矩阵型组织结构最初是为适应专业产品生产与综合产品生产的矛盾而产生的。由于客户的要求向个性化发展，传统的专业化生产越来越难以满足需要，企业集团内部各子公司横向联系和协作的要求增强了。矩阵型组织结构在各子公司或事业部的某些部门之间横向形成专门的项目小组，以满足单个公司或事业部难以满足对特殊项目和特殊产品的需求。现代企业集团的组织都正在进行矩阵结构的改组，如深圳华为等。

在矩阵型组织中，完成项目的所有关键人物都一起工作，直线职能制所面临的协调问题迎刃而解；同时，与事业部相比，矩阵型组织没有多余的人员，所以在最大程度上避免了人员重复或浪费。

矩阵型组织结构中的项目小组可以不断地接受新任务,富有灵活性,对专业人员的使用富弹性,矩阵型组织由于实行项目经理制,可以将智能专业化和对象专业化很好地结合起来,是一种可以不断适应战略和环境变化,最大限度地实现企业集团联合目标的集团组织形式。但是,矩阵组织存在的两条权力线形成了双重指挥,违反了统一指挥原则。此外,项目经理承担着项目责任,但却不能完全控制相应的资源(如人员、设备等),会导致责权的不对称,从而使矩阵型组织结构的运作效率受到影响。因此,在矩阵型组织结构下统一指挥和责权对等的原则就遇到挑战。

三、企业集团财务管理体制

企业集团的财务管理体制是确保集团内财务活动的顺利进行、有效管理和监控的重要组成部分。

(一) 财务部门

企业集团通常设立一个中央财务部门,该部门由财务总监或财务副总裁领导。财务部门是集团内负责财务管理的核心部门。它下设不同的职能部门,如财务规划与分析部门、财务会计部门、成本管理部门、税务管理部门和内部控制部门等。

(二) 财务规划与分析部门

财务规划与分析部门负责制定集团的财务战略和目标,并提供财务数据分析和决策支持。该部门与集团高层管理层合作,参与制定长期财务规划、预算和投资决策,以确保集团的财务目标与整体战略一致。财务规划与分析部门负责制定集团的财务战略,明确集团财务的长期目标和方向。财务规划与分析部门通过分析市场趋势、竞争环境和内部资源,确定集团的财务战略,包括盈利目标、资本结构、股东回报等。财务规划与分析部门负责对集团的财务数据进行分析,提供关键的财务指标和趋势,帮助管理层了解集团的财务状况和业绩表现。同时,该部门通过利润分析、资产负债表分析、现金流量分析等方法,评估集团的盈利能力、财务健康状况和投资回报。

另外,财务规划与分析部门为集团高层管理层提供财务数据和分析,支持决策制定过程,通过制定财务模型、风险评估和业务案例分析等,为管理层提供决策所需的财务信息和建议。

(三) 财务会计部门

财务会计部门负责集团的日常会计事务,包括账务处理、准备财务报表、编制年度财务报告和监督合规性。他们确保财务数据的准确性、可靠性和及时性,并遵守适用的会计准则和法规。

财务会计部门负责记录集团内的财务交易,包括收入、支出、资产和负债等。该部门使用会计准则和原则,将财务交易记录在适当的会计账簿中,以保持财务数据的完整性和一致性。财务会计部门负责编制集团的财务报表,包括资产负债表、利润表、现金流量表和股东权益变动表等。该部门按照会计准则的要求,整理和汇总财务数据,向内部和外部利益相关方提供准确的财务报告。

财务会计部门负责编制集团的年度财务报告。报告包括财务报表、附注和管理层讨论与分析等,向股东、投资者和监管机构披露集团的财务状况、业绩和前景。

财务会计部门负责确保财务活动的合规性。该部门负责监督内部控制制度的有效性,确保财务活动符合适用的会计准则、法规和合规要求。此外,该部门也参与内外部审计,确保财务报告的可靠性和准确性。

(四)成本管理部门

成本管理部门负责监控和管理集团的成本和开支。该部门进行成本分析,帮助管理层优化资源配置和控制成本,以提高集团的盈利能力和效率。成本管理部门还可能负责制定和实施成本管理政策、制度和流程。

成本管理部门负责对集团的成本进行分析。该部门对各个业务单位和部门的成本进行跟踪和分析,以识别成本结构和成本驱动因素。通过成本分析,该部门帮助管理层了解成本组成、成本效益和成本改进的机会。

成本管理部门与业务单位合作,帮助管理层优化资源配置。该部门通过评估业务单位的需求、资源利用效率和绩效指标,提供决策支持,确保资源的最佳配置和利用。

成本管理部门制定和执行成本控制政策和措施。该部门与业务单位合作,确保成本预算的制定和执行,监控成本的实际支出,并提供成本控制的建议和指导。通过成本控制,该部门帮助集团降低成本、提高盈利能力。

(五)税务管理部门

税务管理部门负责处理集团的税务事务,包括纳税申报、税务合规、税务筹划和税务风险管理。该部门密切关注税法和税务规定的变化,确保集团合法遵守税务法规,并尽可能优化税务结构和税务负担。

1. 纳税申报

税务管理部门负责集团内各个业务单位的纳税申报工作。该部门根据适用的税法和规定,收集和整理相关的财务和税务信息,准确填报纳税申报表,并按时缴纳应纳税款。

2. 税务合规

税务管理部门负责确保集团的税务合规性。该部门监督各个业务单位遵守税法和税务规定,包括报税时限、税务登记、发票管理和相关备案等。税务管理部门还负责与税务机关的沟通和协调。

3. 税务筹划

税务管理部门参与集团的税务筹划工作。该部门评估不同的税务政策和规定对集团的影响,提供税务筹划建议,以最大限度地降低税务风险和税务负担。

4. 税务风险管理

税务管理部门负责管理和监控集团的税务风险。该部门识别和评估潜在的税务风险,制定相应的风险管理策略和措施。税务管理部门还与内部审计部门合作,进行税务合规性审计和风险评估。

(六) 内部控制部门

内部控制部门负责建立和监督集团范围内的内部控制体系。该部门确保财务活动的合规性、进行风险管理和资产保护。内部控制部门制定和执行内部控制政策和程序,并进行内部审计和风险评估。

1. 内部控制政策

内部控制部门制定内部控制政策和制度,确保财务活动的合规性和规范性。这些政策包括财务授权程序、审批流程、审计制度、风险管理政策等。

2. 内部控制流程

内部控制部门设计和执行财务流程和程序,确保财务活动的透明性和完整性。他们与业务部门合作,制定内部控制流程,包括财务报告、审计和风险管理等。

3. 内部审计

内部控制部门负责进行内部审计活动,评估和监督内部控制的有效性。他们定期对集团内各个业务单位的财务和业务活动进行审计,发现潜在的风险和问题,并提供改进建议和措施。

(七) 集团控制和报告

集团财务部门负责集团层面的财务控制和报告。他们整合各个业务单位的财务数据,进行集团层面的财务分析、报表编制和财务披露。集团控制和报告确保集团的财务透明度,为投资者、股东和监管机构提供准确和可靠的财务信息。

(八) 外部审计和合规

集团需要委托独立的外部审计师事务所进行年度审计,以确认财务报表的准确性和合规性。外部审计师事务所评估集团的财务健康状况,并发表独立的审计意见。此外,集团还需要遵守适用的法律、法规和行业标准,确保合规性。

第二节 企业集团筹资管理

企业集团的筹资管理是指为集团的业务活动提供资金支持的过程和机制。它涉及筹集资金的来源、资本结构的管理、筹资决策以及债务管理等方面。下面将详细阐述企业集团筹资管理的各个方面。

一、筹集资金的来源

(一) 内部资金来源

内部资金来源是指企业集团通过自身的经营活动所获取的资金。主要包括利润留存、资本回报、自有资金等。企业集团通过合理管理和优化内部资金的使用,可以减少对外部筹资的需求。

（二）外部资金来源

外部资金来源是指企业集团通过外部渠道筹集的资金。主要的外部资金来源包括银行贷款、债券发行、股权融资等。通过多样化的外部资金来源，企业集团可以满足不同业务需求和发展阶段的资金需求。

二、资本结构的管理

资本结构是指企业集团的资金来源和资本组成的比例关系。它由股本、债务和其他负债构成。企业集团需要根据自身的情况和发展目标，合理配置资本结构，以平衡风险和回报。杠杆比率是衡量企业集团债务使用程度的指标。企业集团需要根据自身的偿债能力和经营状况，确定适当的杠杆比率水平。高杠杆比率可以提高资本回报率，但也增加了偿债风险。资本成本是企业集团筹资所需的回报率。企业集团需要评估资本成本，以确定融资成本和项目回报率之间的差异。通过管理资本成本，企业集团可以优化资本结构，从而达到降低融资成本的目的。

三、筹资决策

企业集团筹资决策的核心问题是筹资决策权配置。企业集团筹资决策主要包括以下四个方面。

（一）筹资需求的确定

企业集团需要确定筹资的具体需求。筹资需求的确定需要考虑到业务扩张、新项目投资、并购重组、债务偿还等方面的因素。确定准确的筹资需求有助于制订合理的融资计划。

（二）筹资规模的确定

企业集团需要确定筹资的规模，即所需资金的具体金额。筹资规模的确定需要考虑到项目的规模、发展阶段、预期收益和风险等因素。确定适当的筹资规模有助于满足企业集团的资金需求，并避免过度筹资或筹资不足的情况。

（三）筹资方式的选择

企业集团可以选择不同的筹资方式，如股权融资、债务融资、混合融资等。选择合适的筹资方式需要考虑到成本、期限、风险承担和股权结构等因素。

（四）筹资渠道的选择

企业集团需要选择适合的筹资渠道来获取资金。筹资渠道包括银行、证券市场、私募股权等。选择合适的筹资渠道有助于企业集团获得有竞争力的筹资条件和更好的筹资效果。

四、债务管理

在企业集团中，债务管理主要涉及债务结构的管理、偿债能力的评估、债务协议的管理以及债务再融资和重组等内容。

(一) 债务结构的管理

企业集团需要管理债务结构,包括债务的种类、期限、利率和偿还计划等。企业集团通过合理管理债务结构,可以降低偿债风险,提高债务偿还能力。

(二) 偿债能力的评估

企业集团需要评估自身的偿债能力,包括现金流量、盈利能力、资产负债比率等指标。偿债能力的评估有助于制定合理的偿债计划和债务管理策略。

(三) 债务协议的管理

企业集团需要管理与债权人的协议和合同。这包括履行利息支付、偿还本金、抵押担保等方面的义务。合规地管理债务协议可以维护企业集团与债权人的良好关系。

(四) 债务再融资和重组

在债务到期或财务状况变化时,企业集团可能需要进行债务再融资或债务重组。这有助于优化债务结构、延长偿还期限、降低融资成本,并改善企业集团的财务状况。

五、资金监控和优化

资金监控和优化能够在确保资金正常流转、充分利用的基础上,保障资金安全,合理规划资金使用用途。

(一) 资金流动的监控

企业集团需要对资金流动进行监控和管理,包括对资金收入、支出和流转的跟踪。企业集团通过及时监控资金流动,可以保持充足的流动性和健康的资金状况。

(二) 资金利用的优化

企业集团需要优化资金的利用效率,确保资金在不同业务和项目之间的合理配置。企业集团通过优化资金利用,可以提高资金的回报率和效益。

(三) 风险管理

企业集团需要进行风险管理,包括市场风险、信用风险和流动性风险等。企业集团通过有效的风险管理措施,可以减轻财务风险对资金的影响。

(四) 资金预测和规划

企业集团需要进行资金预测和规划,以预测未来的资金需求,并制定相应的筹资计划。准确的资金预测和规划有助于避免资金短缺或闲置,优化资金的利用。

六、企业集团筹资的特点

企业集团的筹资具有以下几个特点。

(一) 主体多元化

由于从法律层面上讲,企业集团的各子公司均为独立法人,都是利润管理中心或投资管理中心,是较为彻底的分权单位,各子公司具有独立的经营管理机构并独自负有利润责任,拥有独立筹资能力,从而形成"公司内的公司",所以企业集团本身就意味着多个理财主体。

(二) 筹资方式多

单个企业的内部筹资主要是指企业的自我资金积累,相比之下,企业集团的内部筹资除了这部分外,还包括集团内部企业之间的内部融资,即母公司与子公司、子公司与子公司之间相互提供资金的融通。集团内部筹资可以更好地发挥内部筹资的优势,如筹资成本相对较低、交易费用减少、降低信息不对称、提高资金使用效率、优化资源配置等。同时,企业集团提供资金融通的方式是多种多样的,如相互持股、发行债券、短期商业信用等形式。

(三) 筹资效应显著

企业集团的财务优势主要集中于是否拥有或创造出更多、更顺畅的筹资渠道,以及有无足够的能力有效地利用这些渠道筹措资金。在以上两个方面,企业集团的筹资效应要远远超过单一企业。

(四) 筹资决策多层次

由于企业集团的特性,企业集团在坚定母公司主导地位的基础上,要充分考虑不同产业、地区、管理层次的企业的不同情况,合理配置资源,处理好母公司与各分公司之间的关系,充分调动集团各层次成员企业的积极性,发挥各级公司管理层的决策权力,保证企业集团的发展战略顺利实施。

七、企业集团筹资的方式

企业集团的筹资方式包括外部资金融通和内部资金融通两种方式。

(一) 外部资金融通

与单一企业一样,企业集团的对外筹资的方式有股权融资、债权融资和混合融资三种形式,但是企业集团可利用的具体筹资方式更为广泛,如企业债券、银行的集团统一授信、银行间交易商协会发行的短期融资券和中期票据等。

(二) 内部资金融通

内部资金融通是指企业集团利用自身拥有的资金和各成员企业的闲置资金在集团内部进行资金融通使用。具体来讲,企业集团内部资金的调剂和融通主要方式有成员企业之间的借款、相互担保、股权转让或调拨、内部资产重组和内部产品交易等。利润留存也是集团内部筹资的主要方式。

第三节 企业集团投资管理

一、企业集团投资的动因

企业集团对外投资主要分为证券投资和实体投资。实体投资作为企业集团对外投资最主要的内容被纳入企业整体战略考虑,因此,本部分重点阐述企业集团对外实体投资的动因。

(一)实现企业集团外部扩张

实现企业集团外部扩张是企业集团开展实体投资的根本动因。企业集团进行外部扩张主要有两种形式：第一，横向扩张，即通过对其他同类企业的投资，扩充现有产品或劳务市场的份额，使企业集团的规模不断扩大，从而取得市场定价或竞争的话语权，进而获取规模效益。第二，纵向扩张，即通过向主导产品上游企业或下游企业进行投资，实现上下游一体化经营，以此来解决主导产品的原材料供应问题和产品的市场销售问题，提高企业集团整体的市场竞争能力。

(二)获取优势资源

通过对外实体投资，投资企业可以获取被投资企业的资金、技术、销售、品牌等优势资源，以优化自身的资源配置。

(三)实现利润增长

对投资企业来说，通过自己购买新设备、开发新产品来实现内部增长，不仅投资大、周期长，而且还有较大的风险，但是通过并购活动就可以快速进入某一垄断行业、某一地域、某一新兴市场，获得某一关键技术，取得某一品牌，打破行业、地域、市场、技术的限制，从而实现收益增值。

二、企业集团投资的方式

企业集团在对外进行实体投资时，需要对各种投资方式的成本和收益进行权衡，结合自身所处的竞争环境，仔细分析每种方式的优缺点以及自身的需要。通常情况下，企业集团主要通过并购、合营、联营等途径来实施对外实体投资。

(一)并购

并购，即兼并与收购的统称。并购是指一家企业以现金、证券或其他形式购买其他企业的产权，使其他企业丧失法人资格或改变法人实体，并取得对这些企业决策控制权的投资行为。与其他投资方式一样，并购也存在自身特有的优点和缺点。并购的主要优点是，它可以迅速确定投资企业在新业务中的位置。通过并购已经存在的竞争者，企业可以省去在新的业务领域重新构建自己势力所需的时间和精力。或节约企业开发从事该业务的资源所需要的时间，尤其是当这些关键性资源很难被模仿或积累时。除此之外，并购还可以获得市场协同效应、管理协同效应、财务协同效应和税收效应等。

尽管并购存在上述优势，但它也存在严重的缺点。例如，并购是一种相当昂贵的市场进入方式，这是并购最主要的缺点。通常，为了完成一项收购交易活动，收购方需要支付高于目标企业当前股票市值30%的费用甚至更高。所以，无论收购能创造出多少价值，"价值的升水"都有可能使这些价值在收购交易的竞争中损失殆尽。除了存在标价过高的可能性之外，并购活动还存在着并购后整合失败的问题。

(二)合营

合营是指由两个或多个企业或个人共同投资建立的企业，合营各方按合同约定对某项经济活动所共有的控制,被投资企业的财务和经营政策必须由投资双方或若干方共同决定。企业通过合营的形式对外投资而不采取并购或其他形式,是由于合营各方均掌握着对方所必须依赖的优势(如资金、技术、营销网络),为了实现优势互补,不得不互相妥协,从而形成任何一方都可以控制但又无法完全控制合营企业的格局。合营最大的优点是可以较低成本,迅速地获得本企业所需要的互补资源。但是合营企业也存在一系列问题,如可能援助了潜在的竞争对手、企业整合难度较大、长期有效性存在问题等。尤其是如何界定合营各方为企业所做的贡献以及如何监控这些贡献,企业的战略应该由谁来负责制定等,这些问题常常纠缠合营双方而使合营的最初设想与计划的功效大打折扣。

(三) 联营

联营是指由有关单位共同出资,组成联合经营的对外投资活动。联合经营的各方共同协商签订章程或契约合同,履行相应的手续、程序,承担相应的经济、社会责任,参加联合经营的各单位一般都具有一定的协作关系。一般而言,当投资企业直接或通过子公司间接拥有联营企业20%以上但低于50%的股权时,投资企业对联营企业的财务和经营政策有参与决策的权力,但并不能够控制这些政策的制定。联营最主要的优势体现在融资方面,当有些大型项目涉及的流动资金金额巨大,而一家企业无法承担时,可以由数家企业组成联营体共同承担,而且通过联营也可以弥补企业自身在某些技术方面的不足,从而增强竞争实力,或者无须购买某些昂贵的大型设备而节省大量资金。另外,通过多家企业组成联营体也可以分散风险。但是联营也存在一些缺点,如联营各方在经营观点和经营策略等方面可能存在差异,会存在意见的分歧、管理层次多、利害关系复杂、控制力度不大等缺陷,并且在投资企业自身优势不明显时,控制的有效性就值得怀疑。

三、企业集团投资过程管理

为保证投资顺利实施,企业集团从投资立项、投资实施、投资跟踪到最后投资退出,进行全过程的规范和制约,以规避风险,实现预期收益。

(一) 投资立项管理

投资立项管理的目标是确保投资行业选择符合集团发展的战略;地域选择具有政策优势、资源优势,符合集团业务的布局要求;投资规模适度,投资回报符合要求;如果是参股、控股,要确保其与股权相对应的控制权。对投资立项的可行性研究,要坚持实事求是的原则。通过对市场的分析,研究产品的销路、发展趋势、工艺流程和技术数据,预测产品的销售价格、成本、税金和利润,涉及外汇的还要考虑汇率风险,以及规避这些风险的措施。如果是借入资金进行项目投资,还要考虑筹资成本。另外,还要从不同角度和不同意见中分析利弊得失,从而取得比较切合实际的可行性研究结论。投资项目通过可行性研究、论证后,应予以立项。立项的投资项目,应履行企业规定的审批手续。一般长期、重大投资项目及其决策,需经过董事会集体决策、审批并实行联签制度。

(二)投资实施管理

投资实施管理的目标是建立合适的管理控制体系,保持企业集团对投资项目的控制力度,保证投资支出运作程序的规范性。例如,集团以数额较大的实物资产、无形资产对外投资,需要经过国家认可的评估机构进行资产评估,评估结果经国有资产管理部门确认后,才能作为投入资产入账价值的依据。投资部门还要检查投资项目的进度与投资资金使用量的匹配程度。如果是参股、控股其他公司,还涉及组织文化融合、各方股东关系梳理、制度体系改革等。

(三)投资跟踪管理

项目投资以后,要加强对投资项目的跟踪管理。对企业集团投资的管理或资产投资管理的内容主要包括:对投资比例较大、控股权较高的企业,应考虑向被投资企业委派参与管理的人员,并对委派的管理人员建立相应的联系汇报制度;对投资的资产要建立、健全管理备查制度和会计核算制度;投资管理部应对投资项目的经济效益及相关信息进行收集、整理和报告,企业财务部门应对投资项目的价值及增减、收益变动等情况进行跟踪管理;对被投资单位除了听其汇报、审阅其方案外,还应及时了解其经营情况,发现问题尽可能及时解决。这样既帮助了被投资企业,又维护了投资企业的合法权益。

(四)投资退出管理

一般而言,如果集团总部的战略发生了调整,由于环境的改变导致子公司不再符合母公司的发展战略,子公司的经营绩效不佳,或者通过转让能比继续维持经营获得更大的经济价值,企业集团都可以考虑退出投资。通常退出的流程分为退出项目的确定、退出方案的制订、退出方案的实施等步骤。

1. 退出项目的确定

退出项目的确定包括以下程序:①投资部门根据集团发展战略和投资回报率的要求,分析投资项目持续经营的可能性与必要性,在初步估算继续经营与处置收益对比结果以及评估退出成本后,提出退出项目名单。②财务部门在审核投资项目年度经营报告和财务报告的基础上,对退出项目名单给出初步意见。战略发展部门分析退出项目与企业战略的偏差程度,结合投资部门和财务部门的意见,对属于战略退出的项目给出退出时机的专业意见,对有战略意义的项目提出复评建议。③投资委员会对投资部门、财务部门和战略发展部门的意见进行审查,包括战略符合性审查、经济效益指标审查和非经济效益指标审查,并给予批复。

2. 退出方案的制订

项目退出方案制订的要点有:①投资部门根据投资委员会的批复,会同财务部门、战略部门和法律部门组成项目退出管理小组,分析市场环境、企业的经营状况与前景,接触潜在的受让者并进行协商谈判,提出退出时间、退出方式以及退出策略。②财务部门要审查财务报表,清理抵押、担保、应收应付款项,规范财务报表;分析项目退出的避税空间;聘请资产评估机构客观评估投资项目的投资价值。③投资委员会根据企业发展战略及行业现状、发展趋势,分析退出方案,报董事会或股东大会审核,并给予批复。

3. 退出方案的实施

退出方案的实施包括：①投资部门履行退出计划，保障退出后各种资源的合理利用，减少退出损失；评估员工安置方案，减少退出影响；协调供应商、客户资源的移交方式。②财务部门监督退出财务制度的执行，完善各种退出财务监管制度。例如，收回货币资金时，应及时办理收款业务；收回实物资产时，应编制资产回收清单并由相关部门验收；收回债权时，应确认其真实性和价值；核销对外投资时，应审核因被投资单位破产等而不能收回投资的法律文书和证明文件，并报相关部门审议批准。③投资委员会审查投资、财务、法律等部门的报告资料，评估各职能部门的工作绩效和管理水平；对大额损失进行冲销审查。

四、投资管理内容

企业集团的投资管理是指企业在资金和资源有限的情况下，通过对各种投资项目进行评估、选择和监控，以达到最大化投资回报和实现战略目标的过程。投资管理涉及投资决策、投资组合管理、项目评估、风险管理、绩效评估和监控等方面。

1. 投资决策

投资决策是指企业集团在评估各种投资机会后，选择适合的项目进行投资的过程。在进行投资决策时，企业集团需要考虑以下因素：①可行性评估。对投资项目进行可行性分析，包括市场需求、竞争情况、技术可行性、财务可行性等方面的评估，以确定项目的潜在收益和风险。根据企业集团的长期发展战略和目标，选择与之相符合的投资项目。投资决策应与企业集团的核心业务和战略定位相一致。评估投资项目的风险水平和预期回报率，通过风险与回报的权衡来选择最有利可图的投资项目。考虑企业集团的资金状况和预算限制，确保投资项目符合可承受的资金压力，并能够保持企业集团的财务稳定性。②法律和监管要求。遵守相关法律和监管要求，确保投资项目的合法性和合规性。

2. 投资组合管理

投资组合管理是指对企业集团的整体投资组合进行管理和优化，以达到风险分散、回报最大化和长期价值增长的目标。首先，根据企业集团的投资目标和风险承受能力，确定不同资产类别的配置比例。常见的资产类别包括股票、债券、房地产、现金等。其次，通过将投资分散到不同行业、地区和资产类别，降低整体投资组合的风险。分散投资可以减少单一投资的风险对整体投资组合的影响。再次，对投资组合进行定期绩效评估，分析投资回报率、风险指标和市场比较基准等，以评估投资组合的表现，并进行必要的调整和优化。最后，根据市场环境和投资目标的变化，进行投资组合的动态调整，及时识别和纠正投资组合中的不合理配置和风险集中情况。

3. 项目评估

项目评估是对投资项目进行全面评估和分析，以确定项目的价值和可行性，并提供决策依据。首先，对市场需求、竞争情况和未来趋势进行调研和分析，确定项目在市场中的地位和潜在机会。其次，对项目的财务可行性进行评估，包括预测现金流、投资回收期、净现值、内部收益率等指标的计算和分析。再次,评估项目的风险和不确定性因素,并制订相应的风险管理计划,以降低风险对项目的影响。对项目的技术可行性进行评估,包括技术可行性、技术风险和技术支持等方面的考虑。最后,评估项目对社会和环境的影响,并制定相应的社会责任和环境保护措施。

4. 风险管理

风险管理是企业集团投资管理的重要组成部分,旨在降低投资风险,并保护企业集团的财务安全和稳定性。一是风险识别和评估。识别和评估投资项目的各类风险,包括市场风险、信用风险、流动性风险等。通过风险评估,确定风险的概率和影响,并制定相应的风险管理策略。二是风险控制措施。采取适当的风险控制措施,包括分散投资、资金管理、保险和衍生品等,以降低风险对企业集团的影响。三是风险监测和报告。建立风险监测系统,及时跟踪和监测投资项目的风险状况,并及时报告给决策者和相关利益相关者。四是应急预案和风险对策。制定应急预案,应对风险事件的发生,并制定相应的风险对策,以最大限度地降低风险的影响。

5. 绩效评估和监控

绩效评估和监控是对投资项目和投资组合的表现进行定期评估和监测,以确保达到预期目标和进行必要的调整。首先,对投资项目的绩效进行评估,包括投资回报率、净现值、内部收益率等指标的计算和分析。通过绩效评估,确定投资项目的表现和贡献。其次,对投资组合的整体绩效进行评估,包括投资回报率、风险指标、市场比较基准等。通过投资组合绩效评估,了解整体投资组合的表现和调整需求。再次,建立监控系统,及时跟踪和监测投资项目和投资组合的运行情况。通过定期报告和分析,向决策者和利益相关者提供投资绩效和风险状况的信息。最后,根据绩效评估和监控结果,进行必要的调整和优化投资组合,以提高整体绩效和实现投资目标。

第四节 企业集团分配管理

一、企业集团分配管理的重点与基本原则

企业集团分配管理是指对企业集团内部盈利的分配和利润管理的过程。它涉及对企业集团的各种资源和收益进行合理的分配,以满足各个利益相关者的需求和实现企业集团的长期可持续发展。

由于企业集团组织结构的复杂性,对企业集团财务分配的研究需要从单纯的成果分配层次拓宽到利益分配层次,其管理的重点并不是单体企业范围内的企业对所有者、债权人乃至经营者与职工的具体分配,而是一种"反向"的分配,即母公司(或集团核心企业)站在集团成员企业外部,对各事业部和子公司的利益协调。于是,企业集团的分配管理重心也就发生了明显的变化,即分配管理从经营成果的分配问题,转化为集团中利益协调与激励机制问题。

企业集团的收益分配,涉及比单体企业更多的利益主体和更复杂的利益关系。因此,需要

一套由全体集团成员遵照法律、规章和相关协议制定的，并共同实施的科学系统及公平合理的分配制度。企业集团分配管理的基本原则是，既要平等互利、协调发展，又要打破"大锅饭"，真正起到激励作用。

二、企业集团内部的利益分配方法

企业集团分配管理的重心，从经营成果的分配问题，转化为集团中利益协调与激励机制问题。从经营成果分配的角度来看，以母子公司体制为基础的股份制企业集团内部，以及企业集团中以股份联合的核心层、紧密层和半紧密层之间，应该按照相应的股份比例对经营成果进行股息形式的分配和红利形式的分成，即母公司按照在子公司股本中的比例享有子公司分配的现金股利和股票股利。这是现代企业集团利润分配的主要发展方向。要注意的是：第一，中间层级的公司收到的下级子公司的股利正是对子公司投资的回报，属于其经营成果的一部分，相应地要向上一层级的母公司进行分配。第二，很多情况下子公司的利润都以资本公积、未分配利润等形式留在公司中，作为以后发展的资金来源，但这往往是控股母公司在子公司董事会上的决策。这种情况下，母公司仍可将这部分子公司的经营成果视为自己已经获得的投资收益，这与合并会计报表中对控股子公司采用权益法是一致的。

根据企业集团的规模与层次、成员企业的性质和地位，企业集团内部还可以有多种利益分配方法。

（一）完全内部价格法

完全内部价格法是指完全以内部价格进行集团内部的交易，盈亏自负，不进行各企业间利润分割的分配方法。通常适用于集团心层紧密层与其他层次间的利益分配，或是在某些特别需要按市场方式交易以激励成员企业降低成本、提高生产效率的领域。一般情况下，这种内部价格直接以市场价格为基础制定。

（二）一次分配法

使用一次分配法的企业集团以体现平均先进的劳动耗费的标准成本为基础，加上分解的目标利润，确定各成员企业配套零部件的内部协作价格。这种内部协作价格中包括了分解的目标利润，因而其利润是在成员企业出售零部件时一次实现的。

（三）二次分配法

使用二次分配法的企业集团要先确定主要产品的目标成本，并以此为基础分解确定零部件和半成品的目标成本，作为集团内部各成员企业之间的内部转移价格。各成员企业的实际成本与内部结算价格形成的盈亏差额由各成员企业自己承担，由此激励成员企业想方设法提高生产效率，降低生产成本。

企业集团以最终产品的销售收入减去产品目标成本的余额或者盈利作为分配基金，然后按一定的标准在各成员企业之间进行二次分配。集团成员通过二次分配来获得集团整体盈利中自身相应的部分。

二次分配的标准是考虑集团成员差异化的关键之处，这一标准可以是：①各成员企业的目标成本占最终产品目标成本的比例。②各成员企业产品目标成本中劳动力成本占最终产品目标成本中劳动力成本的比例。③先按一定利率补偿各成员企业投入的资本(即①中所指的成本),然后按②的标准进行分配等。在集团内部,应根据生产流程、资金占用和人工投入等因素的不同,本着公平和互利的原则确定标准。

二次分配法可以在不同的紧密层企业与非紧密层企业上灵活使用,将内部转移价格与事后的利润分配较好地结合起来,是企业集团进行企业间利益分配的一种较好的选择。

(四) 级差效益分配法

级差效益分配法的基础是,将产品生产的技术难度、劳动强度等方面的差别和原材料、劳动力价格等方面形成的差异归为级差效益 I,将经营管理水平、技术更新改造等方面形成的收入差异归为级差效益 II。

级差效益 I 按内部转移价格进行调整,弥补短期内这些不可以人为改变的因素在集团内部成员企业间产生的收入差距;级差效益 II 形成的利润则全部归各企业所有,激励成员企业改善经营管理,提高生产效率,降低消耗,提高产品质量。

一种较好的选择是在紧密层企业建立以利润分割为中心,以内部转移价格和承担核心层部分费用为补充的利益分配体系;在非紧密层企业则建立以内部转移价格和承担核心层部分费用为中心,以利润分割为补充的利益分配体系。

以纯粹的控股公司模式运作的资产经营公司可以考虑将下属企业按照股本结构上缴的利润大部分留在下属企业,但这并不是说资产经营公司可以放松对利润分配的调控,在具体操作上仍需把握两点:第一,要行使"审查批准下属企业的利润分配方案"的法定权力;第二,按照利润上缴和以资本效益为核心的激励与约束机制要结合起来,以形成下属企业尽力向资产经营公司缴利的机制。

为加强股利分配中的财务控制,需按照以下程序进行操作:①确认利润分享者。公司的员工作为人力资源的提供者,他们的积极性、创造性、管理才能的发挥对公司的健康发展至关重要,在激烈的竞争环境中,来自人力资源的创新能力尤为重要,他们应当成为利润分享者。其中,母子公司之间的利润分配,如果是全资子公司,则子公司的税后利润除公积金外,全部收回母公司,母公司可用再投入的手段留利给子公司。②确定利润分配的金额和方式。公司留利和应付利润应当与公司发展规划相协调,对母子公司分别作出资金需要规划,综合考虑市场风险和集团抵御风险的能力,确定税后留存收益水平和应付利润额。集团总部作为子公司的股东,可能为实现集团产业调整、战略调整等目标,将某些子公司的利润全部抽回,注入需要的产业或另一些子公司,增加对它们的投资力度,为其注入活力、动力,鼓励其发展。③对于掌握企业集团命运的重要管理人员,为避免其行为的短期效应,使其收入与企业集团命运相联系,可以在业绩评级的基础上实行年薪制,或给予股票期权。

三、分配政策与目标

企业集团的分配政策与目标是指公司在收入和利润分配方面所采取的策略和目标。这些政策和目标旨在确保公平、公正和可持续的利益分配,同时满足公司的长期发展和股东的利益。

(一) 分配政策

一是向股东支付股息和分红。股息是根据股东所持股份的比例支付的利润分配,而分红是在股息之外向股东支付的现金或股票奖励。分配政策的目标是确保股东在公司盈利中获得公平的回报,以激励他们继续持有股份并支持公司的发展。

二是用于公司内部再投资的利润。这意味着一部分利润被保留在公司内部,用于扩大业务、研发新产品、进行资本支出等。这种再投资的目标是实现公司的增长和创新,提高市场竞争力,并为股东带来更大的长期回报。

三是员工福利和奖励计划。公司可以通过支付竞争力的薪酬,提供福利和奖金、股票期权等方式激励和回报员工。这种政策的目标是吸引、保留和激励高素质的员工,提高他们的工作积极性和创造力,从而为公司的长期成功作出贡献。

四是社会责任和可持续发展的因素。公司可以通过捐赠慈善组织、支持社区项目、推动环境可持续性等方式回馈社会,同时实现公司的可持续发展目标。这种分配政策的目标是建立积极的公司形象,增强公司在利益相关者和社会大众中的声誉,为可持续的商业运营作出贡献。

总体而言,集团企业的分配政策与目标是通过公平、公正和可持续的利益分配,激励股东和员工,回馈社会,实现公司长期发展和股东价值最大化的平衡。这些政策和目标需要根据公司的战略目标、市场环境、股东需求和社会责任等因素来制定和调整,以确保公司的可持续成功。

(二) 分配渠道

1. 红利分配

企业集团应根据盈利状况和股东权益,制定红利分配政策。红利分配可以通过现金红利、股票红利等形式实施。红利分配应公平合理,并兼顾股东的利益和企业集团的可持续发展。一是资本公积金。企业集团可以将一部分盈利用于增加资本公积金。资本公积金可以用于补充企业集团的资本,提高企业集团的抗风险能力和可持续发展能力。二是盈余公积金。企业集团可以将一部分盈利用于增加盈余公积金。盈余公积金可以用于企业集团的再投资、研发创新、并购扩张等,以促进企业集团的增长和发展。三是增资扩股。企业集团在需要进一步融资时,可以通过增资扩股的方式,向现有股东或新股东发行股票,以募集资金用于企业集团的发展和扩张。

2. 员工福利与奖励

首先,企业集团应根据员工的工作内容、能力和市场行情等因素,合理确定员工的基本工资水平。基本工资应与员工的工作量和质量相匹配,公平公正。企业集团可以根据员工的绩效和贡献,设立绩效奖金制度。绩效奖金可以通过定量指标和定性评估相结合的方式确定,以激励员工的工作积极性和提高工作绩效。其次,企业集团可以通过股权激励计划,向员工提供股权或股票期权作为奖励,以激发员工的创新和激情,增强员工的归属感和忠诚度。最后,企业集团应提供一系列的员工福利待遇,如医疗保险、养老保险、住房公积金、子女教育等,以提高员工的生活质量和福利水平。

3. 社会责任和慈善事业

企业集团应承担社会责任,积极履行企业公民的角色,推动可持续发展和社会进步。企业集团可以通过捐赠资金、开展公益活动、参与社会项目等方式,回馈社会。同时,企业集团可以设立慈善基金或捐赠资金,支持教育、扶贫、环保、健康等慈善事业,帮助社会弱势群体,推动社会公益事业的发展。

(三) 分配管理和监控

首先,企业集团应设立专门的分配管理部门或机构,负责制定分配政策、管理分配过程和监控分配效果。分配管理部门应与企业集团的其他部门密切合作,确保分配管理的顺利实施。其次,企业集团应建立健全的分配监控制度,及时跟踪和监控各项分配活动的执行情况。定期报告分配情况,向决策者和利益相关者提供相关信息和数据。再次,企业集团应建立有效的内部控制机制,确保分配活动的合规性和规范性。定期进行内部审计,评估分配管理的有效性和合理性。最后,企业集团应遵守国家法律法规和相关规定,加强对分配管理的监管和合规。遵循财务报告准则和会计准则,确保分配管理的透明度和合法性。

第五节 企业集团资本经营

一、资本经营的概念和特征

资本经营是指独立于商品经营而存在的,以价值化、证券化了的资本或可以按价值化、证券化操作的物化资本为基础,通过流动、收购、兼并、战略联盟、股份回购、企业分立、资产剥离、资产重组、破产重组、债转股、租赁经营、托管经营、参股、控股、交易、转让等各种途径优化配置,提高资本运营效率和效益,以实现最大限度增值目标的一种经营方式。资本经营的核心是资本控制权的问题,即对出资者的控制权或产权的经营,典型的形式是通过参股、控股等运用较少的资本实现对更大规模、更优资产的控制。资本经营的过程实际上是一个不断获得或放弃控制权的过程,也是所控制的资产不断优化的过程,通过这一过程,企业实现资本收益的最大化。

由上述定义可知生产经营自然包含在其中并且是资本经营一个很重要的内容。但从资本经营在我国的提出以及人们对传统生产经营的理解来讲,传统的生产经营又不等同于资本经营。相对于传统的生产经营,资本经营有以下特征和创新。

第一,资本经营是以资本导向为中心的企业运作机制。资本经营的目标是实现资本最大限度的增值。因此,它要求企业在经济活动中始终以资本保值、增值为核心关注资本的投入产出效率,保证资本形态变换的连续性和并存性。这与传统的生产经营只注意产品的生产和开发是有本质不同的。

第二,资本经营是以价值形态为主的管理。资本经营要求企业将所有可以利用和支配的资源、生产要素(包括各种专利、技术、商标、商誉等无形资产)都看作是可以经营的价值资本,力争用最少的资源、要素投入获得最大的收益。它不仅重视生产经营过程中的实物供应、实物消耗、实物产品,更关心价值变动、价值平衡、价值形态的变换。

第三,资本经营是一种开放式经营。资本经营要求最大限度地发挥资本的作用,用较少的资本调动支配更多的社会资本。企业不仅关注企业内的资源,通过资产的优化组合来达到价值增值的目的,还注意利用一切投融资手段、信用手段扩大利用资本的份额,以及通过兼并、收购、参股、控股等途径实现资本的扩张,使企业内部资源与外部资源整体实现优化配置,以获得最大的价值增值。

第四,资本经营注重资本的流动性。资本经营理念认为资本只有流动才能增值资产闲置是资本的最大流失。因此,一方面它要求通过兼并、收购、租赁等形式的资产重组盘活沉淀、闲置、利用率低下的存量资本,使资本不断流向报酬率高的产业和产品;另一方面,它又要求缩短资本的流转过程,加速资本的流转速度,避免资金、产品、半成品的积压。

第五,资本经营强调通过资本组合回避经营风险。由于企业外部环境的不确定性,企业的经营活动充满风险。为了保障投入资本的安全资本经营高度重视"资本组合"尽可能避免把鸡蛋放在同一个篮子里。企业不仅可以依靠产品组合,而且可以靠多个产业或多元化经营来支撑企业以降低或分散资本经营的风险性。

二、企业集团资本经营的作用

(一)突破规模不经济的临界点

规模经济不是无限地扩大规模。规模经济的基本含义是指在技术水平不变的情况下,X倍的投入产生大于X倍的产出。这种随生产规模的扩大导致的收益递增现象不是无限度的。当生产规模扩大到一定程度,如达到生产能力、管理成本(又可视为企业内部的交易成本)、技术进步的限度时,如果继续扩大生产规模,就会出现收益递减的情况,即从规模经济转化为"规模不经济"。

单体企业在发展到临近规模不经济时,如果要扩张,另建一个企业形成企业集团而不是继续扩大生产规模是一种较好的选择。企业集团不同于大型企业的一个特点,就是突破了单体企业的"结构性约束",在体制上为规模经济开辟了新的道路。当出现单体大企业不能克服的边际收益递减问题时,企业集团却可能靠组织和体制上的变革将其克服。组织管理形式的变动,如实行事业部制等,能够改变信息传递的速度和信息的质量,改善决策的效率和针对性,从而拉长规模经济存在的时间跨度和空间跨度。另外,如前所述,企业集团的边界是模糊和具有动态性的,因此其规模经济的弹性也更大。企业集团的资本经营就是要充分利用集团规模经济的优势,在对外投资和权益融资上产生更好的效益,如再兼并产生新的子公司,或者将母公司某一部分包装上市形成子公司的时候,不但要注意该子公司本身的资产状况和资本结构,还要注意该子公司在集团中所处的层次和位置,以最大限度发挥资本的作用。

(二) 适应经济、技术发展的新要求

随着科技的发展、知识经济的到来和人们消费观念的进步,建立在大批量生产方式基础上的"满性化需求"小批量逐渐被顾客定制的"集约型规模经济"所替代。建立在细之又细的彻底专业化分工基础上的规模效益不应该是企业集团的主要追逐目标。企业集团内部企业联合的形式为实施差异化战略与大规模定制战略供了很好的平台。集团生产、科研、资源的共性和个体成员的相对独立性为产品差异和大规模定制提供了最好的组织体制。

新经济的兴起正在迅速地改变着企业竞争的环境和方式,企业的某一种产品凭借单一或少数几种式样、型号、功能与服务取得持续稳定的利润已经非常困难。大规模定制以及广泛的定制生产模式正在逐步取代大规模的生产模式,引起众多企业的关注。由于定制集成了大规模生产和手工作坊的双重优点,能够为解决客户需求的多重矛盾作出贡献,有望实现客户对产品和服务的低成本、高质量、个性化、快速交货等多方面需求。面向客户的定制需求,企业往往采取联盟的方式来实现客户需求的快速响应,企业集团则天生具有这种联盟优势。对企业集团内部成员企业的生产经营实行合理的分工和资源配置,可以实行规模经济、打开并维持不同产品的市场,从而使它们在日益细分的市场中占有更大的优势。这对于企业集团资本经营时的对象选择(如在并购、剥离和分拆的时候),无疑有很强的指导意义,具体表现如下。

1. 组织优势

企业集团实际上是处于企业与市场之间的一种中介组织。这种中介组织在一定条件下能够通过内部行政协调替代市场协调,在降低企业市场交易费用的同时,又不增加内部管理费用,从而使经济运行的总费用降低。此外,由于企业集团可以实行跨行业、跨部门、跨地区联合,所以,它可以更大范围、更大规模地开展资本经营,有利于资本迅速集中。

2. 资本优势

企业集团可以聚集资本经营所需的大量资金。资本集中是以社会化大生产为基础的市场经济发展的必然趋势和客观要求,也是资本经营的必然要求。通过集团化,企业以有限的资金,可以控制数倍以至数十倍的社会资本。

3. 技术优势

强大的、与时代科学技术水平相适应的技术优势,包括技术开发能力,既是企业集团组建的物质基础,也是企业集团得以生存和发展的前提条件。因此,强大的技术优势对企业集团来讲,既是一种能力,也是一种资本。

4. 品牌优势

事实证明,一个过硬产品、名牌产品可以造就一个大企业,甚至企业集团。而企业集团能够以大规模生产实现规模效益和以高投入实现技术优势,创造和生产出国际名牌产品。没有优质过硬的产品去占领市场的企业在激烈的市场竞争中是无法生存的。

5. 管理优势

一些大企业集团的核心企业一般都具有良好的机制与管理方式。我国的邯钢、宝钢、长

虹、小天鹅等都是优秀企业的卓越代表。因此,大企业集团可以在较大范围内推行核心企业的良好机制与管理方式,把资产重组与管理重组结合起来,使成员企业融合为一体,产生一种协同效应。

（三）大企业集团在资本经营中的突出作用

由于具有以上资本经营优势,企业集团,尤其是大型企业集团,在资本经营中显示出了重要作用和特征。大企业集团在资本经营中会以优势扩张作为企业目标,不会将其他非优势扩张性的目标带入资产重组,如将社会目标带入资产重组,因而其资产重组一般是高效的。大企业集团可以冲破条块分割的障碍,使资本经营能够在一个较大范围内进行。大企业集团可以在较大范围内对所属企业进行优势互补,扶强并弱,使资本运营效率得以提高。资本重组应当伴随机制和管理重组。以大企业集团为主体进行重组,可以在较大范围内推行核心企业的良好机制与管理方式。即通过良好机制与管理方式的输出而对众多企业进行机制与管理的重组,从而充分发挥企业集团的管理优势。大企业集团不仅可以消除各种行政性分割,使资本在较大范围内进行重组,而且还可以通过以产权为基础的母子公司体制,削弱各企业经营者在资产重组中的逆向作用,使资产重组能够在较大范围内实现优化组合。

三、企业集团资本经营的内容

企业集团资本经营的内容可以从资本经营的目的,即资本扩张和资本收缩两方面来阐述。

（一）以资本扩张为目标的资本经营

资本扩张包括并购、股份制改制与上市。

并购是企业实现资本扩张的主要方式,美国经济学家乔治·斯蒂格利茨曾说过,"没有一个美国的大公司不是通过某种程度、某种方式的兼并而成长起来的"。由于并购在前面几章已有详细说明,本节不展开讨论。

股份制改制是将原有企业经过分立、合并等方式,对股权、资产和组织合理划分、重新组合与设置,改组为股份有限公司或有限责任公司。股份制改制资本经营的重要方式,控股方只要取得了控制权,实际上就取得了对所有参股资本的支配权,从而在事实上自己的股资本占有了其他的参股资本,使自己的资本得到了扩张。股份制改制已经成为我国国有企业改革的重要内容。2006年12月,国资委发布《关于推进国有资本调整和国有企业重组的指导意见》,该文件明确指出：加快国有企业的股份制改革,除了涉及国家安全的企业必须由国家垄断经营的企业和专门从事国有资产经营管理的公司外,国有大型企业都要逐步改制成为多元股东的公司。

股份制改制有利于企业增加筹资渠道,改善企业资本结构,降低企业财务风险;同时,股份制改制还有利于减少内部管理层次,优化内部劳动组合,提高运营效率。

国有企业改制上市主要有六种典型模式：①原整体续存改组模式,指将被改组企业的全部资产投入股份有限公司,以之为股本,再增资扩股,发行股票和上市的改组模式。②并列分解改组模式,指将被改组企业专业生产的经营和管理系统与原企业的其他部门分离,并分别以它们为基础成立两个或多个独立的法人,直属于原企业的所有者,再将他们改组为股份有限公司,原企业的法人地位不复存在。③串联分解改组模式,指将被改组企业纵向一分为二,构造出一对母子公司,实践中往往将主要行政管理力量、辅助工厂、社会负担等放在母公司,而以生产主体部分为主构造下边的子公司。④合并整体改组模式,指以投入被改组企业的全部资产并吸收其他权益作为共同发起人而设立股份有限公司,以此为股本,再增资扩股,发行股票和上市的改组模式。这种模式与第一种模式相比,只是在股份有限公司的发起人方面增加了其他权益人。⑤买壳上市改组模式,指非上市企业通过购买上市公司的股权并实现控股后,达到间接上市乃至直接上市的目的。⑥资产注入、资产置换改组模式。资产注入模式是指政府部门、行业协会、集团母公司将其所属的企业的资产或权益注入拟上市公司或已上市公司,使其资产质量、股本水平、收益能力等符合上市要求。资产置换是指两家企业为调整资产结构、突出各自的主营业务,或出于特定的目的而相互置换资产的重组方式。

在上述六种改制上市模式中,第二种和第三种模式一般会涉及复杂的关联交易设计,外部股东的利益往往无法得到保证;相比之下,其他四种模式往往更容易得到市场的认同。

(二) 以资本收缩为目标的资本经营

资本收缩是指将所控制的资产转移给可以对其进行更有利管理的所有者,收缩对其原有资产的控制权,并不是资本规模的缩减。资本收缩一般包括资产剥离、公司分立、股权出售、股份回购四种形式。

资本收缩并非是企业失败的标志,相反,与企业资本扩张战略一样,它也是一项重要的公司战略选择。一个公司通过剥离或分立不适合于公司长期战略、没有成长潜力或影响公司整体业务发展的子公司、部门或产品生产线,可以使自己更集中于某些经营重点,从而更具竞争力,使公司所拥有的资产实现更为有效的配置,提高公司的资产质量和资本的市场价值。

(三) 完善企业集团内部管理

1. 集团(公司)总部的功能与机构设置

集团(公司)总部是企业集团的投资中心和战略决策中心,对整个集团的经济活动统一协调,并为长期发展统一配置资源。集团(公司)总部的作用主要体现在以下几个方面:第一,集团发展战略的制定和监督实施功能。发展战略选择得当与否关系到整个集团的兴衰,通过制定和监督实施发展战略,选择恰当的投资方向,向高效业务领域倾斜配置资源,可以把各成员单位凝聚在一起。第二,营销和市场开拓功能。企业不仅要具备生产高质量、多品种、适销对路的产品的、强大的生产能力;还要具有参与国内和国际市场的营销能力。整个集团应统一面向市场,以节约交易费用,提高效益。第三,资本经营功能。企业集团不仅要选择恰当的并购方式和策略,而且要在并购后有能力进行系统整合,组成一个相互衔接的有机整体,形成合力。第四,技术创新功能。从整个集团的长期发展战略出发,强化研究与开发力度,推动产品结构和技术结构调整,培育新的经济增长点,提高整个集团的市场竞争力。第五,金融功能。金融功能包括聚财、理财、生财等诸多方面,是一个完整的体系。资金是企业发展的血液。没有一定的资金,一切规划、战略都只是空中楼阁。集团总部要充分利用企业和社会两方面的资源,聚集资本为集团发展提供可靠的金融资源。

2. 明确集团公司(母公司)的出资人关系

企业集团建立母子公司管理体制的目的是要明确母子公司的出资人关系,建立资本联结纽带,完善集团功能,规范集团成员的权利和义务,充分发挥企业集团的整体优势。明确了这一目的,就不难理清母子公司的关系。它们的相互关系主要是:第一,出资人与被投资企业之间的关系。母公司依据持有的股权对子公司行使出资人权利并依所持股份承担有限责任。而作为被投资企业的子公司,应当切实维护出资人的种种合法权益,为出资者收益最大化作出自己应有的贡献。第二,法律主体之间的平等关系。母公司、子公司都是依法设立的公司制企业法人,各自享有独立的法人财产权,独立行使民事权利,承担民事责任。母公司不是子公司的行政管理机构,母公司与子公司之间不是上下级行政隶属关系。母公司不能违反法律和集团章程规定,直接干预子公司的日常生产经营活动。母公司与子公司的经营活动,既要有利于发挥集团整体优势,也要坚持平等、竞争、效率的原则,最大限度地调动方方面面的积极性和创造精神,以增加企业集团的实力。

3. 既要正确集权,又要适当分权

企业集团是企业之间的产权联合体,其内部产权管理与单个企业内部的产权管理是不同的。它们之间的最大区别在于:企业集团内部母公司作为股东的产权管理是以承认和尊重子公司独立法人地位为前提的。母公司的产权管理行为要服从《公司法》的规范,要承认和尊重子公司法人地位的独立性,以不损害子公司特别是非全资子公司利益为前提。首先,要在企业集团内部牢牢确立核心企业即母公司的主导地位,这是因为核心企业是整个企业集团发展目标的制定与实施的组织者,是使集团作为一个有机整体有效地运转的指挥者。其次,对紧密层企业的法人地位必须尊重。紧密层企业应在集团发展目标和统一规划的指导下,实行自主经营、独立核算、自负盈亏。核心企业不仅不能把紧密层企业当成分公司、分厂或生产车间看待,包办紧密层企业的日常经营活动,而且必须给予紧密层企业充分的自主权,想方设法调动他们的积极性。同时让他们承担相应的投资风险。核心企业应集中哪些权力要根据集团发展的不同阶段采取不同的办法,要充分考虑到分布在不同产业、不同地区甚至不同国家的紧密层企业的特殊环境,相应给予特殊政策。只有处理好集权与分权的关系,才能最大限度地减少内部矛盾,真正调动企业集团各层次成员企业的积极性和创造性,保证集团发展规划和经营战略的顺利实施。

(四)建立以"资本经营"为核心的企业集团管理新格局

1. 围绕以资本增值为目标

切实加强对企业法人财产的管理在市场经济条件下,企业的一切生产经营活动都是围绕企业法人财产运营的,所以,企业内部对资本的管理主要是对企业法人财产的管理。在现代企业制度中,企业法人财产组织制度的建立,是企业资本管理的重要实现形式。因此,对资本的管理应先确立企业的产权管理制度,包括资本的投向和投量、资本结构、资本的投入产出关系及其相应的资本经营考核指标体系和监督约束机制等内容的制度建设。

从我国由过去的高度集中计划经济向市场经济的转轨过程来看,重要的是要对思想观念进行转变:变过去的行政管理模式为资本经营管理模式。为了企业要与这个转变相适应,应大胆改革企业内部的组织制度和领导制度,完善与国际惯例接轨的企业财务会计管理制度,建立科学规范的企业财务管理体系、财务预算约束机制和会计核算制度,充分发挥财务会计的检查分析和稽核监督职能,强化内部审计,建立供应、制造、营销成本相对分离的成本核算体系,加速企业资金的循环与周转等。

2. 以资本经营为核心,分类建立企业集团的责任中心

从国际上通行的做法来看,不论企业集团组织结构的差异如何,企业集团内部应给每个层次所进行的活动划分十分明确的责任范围。该责任范围,是各个责任层次能够严格进行控制的活动区域,被称为"责任中心"。划分责任中心的目的,是为了充分调动一切积极因素,使各中心在其职责范围内,恪尽职守,努力工作,从而使集团内部根据功过或绩效大小赏罚分明,杜绝吃"大锅饭"和平均主义。同时也使企业集团内部机构设置和管理更加有序,避免机构重叠、职能交叉等紊乱现象,使企业集团健康、规范发展。

第六节 企业集团财务控制

一、企业集团财务控制的概念

财务控制作为现代企业管理水平的重要标志,它运用特定的方法、措施和程序,通过规范化的控制手段,对企业的财务活动进行控制和监督。由于企业集团的特殊性,财务控制包括母公司自身的财务控制和母公司对子公司的财务控制。由于母公司自身的财务控制与单一企业的财务控制相同,本节重点讨论母公司对子公司的财务控制。

二、企业集团财务控制的意义

(一)实现企业集团理财目标的需要

企业集团的理财目标是集团价值最大化,但由于其下属成员企业有一定的决策权,出于自身的利益考虑,往往会做出与集团总体目标不一致的行为。为克服这一现象导致的资源浪费和效率低下,企业集团应加强财务控制,使得成员在企业确定理财目标时考虑集团的整体利益,协调好局部与全局的利益冲突,从而实现企业集团价值的最大化。

(二)实施集团战略决策的需要

集团资源与市场优势的生成,来自共同利益目标下聚合运行的协同性与有序性,集团发展战略的贯彻实施离不开集团成员的配合与努力,加强对子公司的财务控制,能够引导成员企业服从集团总体战略决策的需要,顾全大局,并确保必要的财力支持。

(三)解决母子公司信息不对称的需要

在两权分离条件下,企业集团的母公司不直接管理子公司的日常财务活动,而是授权下属子公司的经营者进行日常管理,从而造成母子公司之间的信息不对称。这种信息往往会引发子公司道德风险和逆向选择问题。可能出现子公司出于对眼前局部利益的追求而扭曲上报到母公司的财务信息,从而误导整个集团的经营决策。因此,母公司应加强财务控制,通过派驻财务总监或财务人员,对财务人员进行统一配置和管理;完善子公司财务决策的程序;对子公司的经营者进行业绩评价,并通过事后监督来减少经营者的机会主义行为。

(四)为构建和完善企业集团财务控制系统提供理论指导

实践促进了理论的发展,理论既来源于实践,又指导实践。在知识经济时代,激烈竞争的市场环境和动态变化的市场需求给企业集团的生存和发展带来了巨大压力。现有的集团财务控制理论应根据这一时代要求和环境特点充分吸收和消化相关理论的前沿研究成果。集团财务控制效率是构建集团财务控制系统的指导思想。财务控制效率除受控制方式的影响之外,还受财务控制背后的契约关系、企业上层的权力结构以及控制主体的个体特征的影响;而且后者往往是关键因素,但却被现有集团财务控制理论所忽略。因而,现有集团财务控制理论应重构,以便为构建和完善集团财务控制系统提供理论指导。科学、高效的集团财务控制系统有助于提高集团的财务控制能力和核心竞争力。

(五)为诊断企业集团财务控制系统提供思路启发和理论依据

企业集团在发展中难免会碰到诸多财务问题,这些问题可能涉及多个方面,如集团治理缺乏效率,集团财务控制模式不合适,财务控制方法不当,集团财务战略与内外环境不匹配,集团本身发展所带来的"惯性陷阱"问题等,要解决这些问题,需要站在系统的角度去考虑,且需要理论依据作为支撑。本章构建的集团财务控制研究框架,如集团财务控制绩效影响因素框架、集团财务控制体系框架等,可为诊断集团财务控制问题提供思路启发和理论依据,增强集团财务控制系统的适应能力,进而为企业集团的健康发展保驾护航。

企业集团财务控制是企业集团管控的核心。科学、高效的集团财务控制系统有助于提高集团的财务控制能力,强化集团风险抵御能力和对环境的应变能力,提高集团资产质量和使用效率,避免集团的资产损失,有利于企业集团的可持续发展。同时,加强企业集团财务控制,可培植集团能力,提升集团整体执行力,充分发挥母公司的整合效应和协同效应,进而提升企业集团的核心竞争力。企业集团是国民经济的重要支柱,是国家创新体系的支撑主体,是推动产业升级的主导力量,代表着一个国家的竞争力。企业集团财务控制理论研究有利于指导财务控制实践,从而有利于提高企业集团盈利能力和资产质量,促进企业集团稳步发展,保持和增强国家的综合经济实力。

三、企业集团财务控制优化

(一)集团财务控制系统优化

1. 集团财务控制系统层次

构建和优化集团财务控制系统需要区分和归纳控制系统的内在要素和外部环境。集团财务控制主体一般包括集团董事会、总经理、总会计师和集团财务部等。财务控制权可分为决策权和执行权。重大财务决策权由董事会、总经理和总会计师行使,且行使频率较低;而一般财务决策权和执行权由集团财务组织机构(总会计师和集团财务部)行使,且行使频率较高。泛财务资源理论要求财务控制范围不能仅仅局限于资产、资金等有形资源,还应关注文化、能力等无形资源。基于这一情况,将集团财务控制系统分为财务控制运行系统和财务控制支持系统,将集团董事会及集团财务组织机构可控且与控制效率相关的要素纳入集团财务控制运行系统,将集团层面可控且与控制效率相关的要素纳入财务控制支持系统;将集团层面可控性较弱且与控制效率有一定相关的要素归于财务控制系统的内部环境;将集团层面不可控且与控制效率相关性较弱的要素归于财务控制系统的外部环境。

某项要素是系统内要素还是外部环境要素,并不是一成不变的,由于系统和环境的动态变化性和演化过程的不平衡性,某项要素可能会从外部环境要素变为系统内要素,也可能会从系统内要素变为外部环境要素。财务控制效率为构建和优化企业集团财务控制系统提供方向指引。企业契约理论、能力理论、企业内部交易治理框架以及内部控制、管理控制的研究成果可为归纳、整理和优化集团财务控制系统的要素提供指导、启发和借鉴。

2. 集团财务控制环境构成要素

在构建企业集团财务控制体系时,需要考虑集团财务控制模式的选择问题。根据前面章节的分析,外部环境的复杂性和不确定性对控制模式产生影响。内部环境中,母公司因素特征、子公司因素特征和母子公司组合因素特征会对控制模式产生影响。其中,母公司因素特征包括母公司组织特征(规模属性、战略形态、多元化程度)、母公司领导者风格等;子公司因素特征包括子公司发展阶段、子公司管理者能力、子公司外部环境不确定性等;母子公司组合因素特征包括子公司对母公司的重要性程度、母子公司整合程度和母子公司文化差异等。

科学合理的财务控制模式显然有助于财务控制系统更好运行,提高财务控制效率。外部环境中还包括文化、风俗、法律、政治、经济、技术、行业和产业政策、金融市场环境、汇率及利率、竞争对手情况和市场上下游情况等,这些因素会对集团财务控制效率产生或多或少的影响,但一般不在集团可控范畴之内,仅作为设计集团财务控制系统的参考因素。

(二)集团财务控制模式优化

企业集团财务控制属于集团管理控制的核心职能,既具备了集团管理控制的共性特征,在管理控制模式和管理控制方式上,表现出相同的特点,也保留了集团财务控制独有的个性特征。财务控制的客体主要是资源控制权的分配。在设计集团财务控制体系之前,必须考虑的是集分权程度,也就是控制模式的选择问题。合理的集团财务控制模式有助于提高集团财务控制效率。因而,优化集团财务控制模式是集团财务控制优化的必要组成部分。

(三)集团财务控制方式优化

财务控制方式是集团财务控制系统的基础和关键,集团财务控制方式为集团财务系统的运行提供了基本框架,与财务控制目标能否实现有直接关系,优化财务控制方式是提升集团财务控制效率的必然选择。

集团的性质决定了财务控制的本质属性,而财务控制的本质属性决定了财务控制的目标定位和功能诉求,进而决定了财务控制方式。从集团的契约属性来理解,财务控制的本质是监督机会主义、弥补契约不完全,节约内部交易成本。从集团的生产属性来看,财务控制的本质是配置资源、保护资源、培植能力、学习知识,维持和增强企业的效率优势。最终本质则是为了提升集团价值。

财务控制目标从集团经营角度来看,分为战略目标、经营目标、报告目标和合规目标。从集团可持续竞争优势角度,以及从实现战略目标和经营目标所依赖的基础或条件来看,则为能力目标。财务控制的终极目标则是集团价值最大化。目标决定了方式,目标的多层次性决定着财务控制方式的多样化。在吸收借鉴管理控制理论研究成果的基础上,本节先将传统的集团财务控制方式进行重新梳理,然后将边界控制、愿景控制、互动控制、团队控制和自我控制等方式有机融入集团财务控制方式体系中。不同的控制方式适用于不同的控制目的。集团财务控制方式体系的构建过程也是集团财务控制方式体系的优化过程。

(四) 集团企业文化建设

企业文化是由企业价值观、愿景信念、道德规范、行为准则和仪式符号等组成的特有的文化形象。价值观是企业文化的核心。从控制方式的角度来看,企业文化是一种间接控制方式,不仅作用于控制目标,还对其他控制方式的效率产生影响。从企业能力的角度来看,企业文化不仅是企业能力的重要组成部分,更是培育企业能力的载体和手段。

企业文化作为一种控制手段,可从委托代理理论、交易费用理论和心理契约理论进行解释。代理成本根源于委托人和代理人之间的目标冲突;目标冲突越大,代理成本就会越高。委托人可以利用共同的愿景、价值观和道德规范来有效缓解与代理人之间目标不一致程度,抑制其机会主义倾向,并使代理人能自觉实现委托人目标,从而降低代理成本。当委托人面对众多代理人时,企业文化的辐射效应使得这种控制方式具有规模效应。交易费用理论认为,交易属性不同,交易治理方式相应不同。

在市场控制、官僚控制和文化控制三种方式中,市场控制适用于交易环境简单、交易条款清晰明了、交易不确定性和未来风险均较低的情况;官僚控制适用于交易环境相对稳定、有较为稳定的规则、程序和标准可供参照、行为与结果之间的因果关系比较清晰的情况。文化控制适用于交易环境的不确定性、交易行为的复杂性、交易结果的模糊性较高的情况。交易契约越不完全,越需要用到文化控制。文化控制治理交易的机制与市场控制和官僚控制不同,文化控制用组织成员高度共享的企业文化和价值观来引导、规范员工行为,减少交易中的分歧和争议,降低交易成本。文化控制虽然效果好,但却耗时长、成本高。

心理契约理论为解释企业文化的控制功能提供新的角度。心理契约是企业文化的基础,企业文化影响着心理契约的形成,员工行为受心理契约的驱动。一旦员工在心理上接受和认同了企业文化,企业文化所要求的行为规范和价值理念便在员工内心形成"隐形契约",以无形或有形的方式约束和指引员工行为。

(五) 集团诚信建设

诚信是企业文化的基石,属于企业文化的重要组成部分。诚信不仅是一种品行,更是一种责任；不仅是一种道义，更是一种准则；不仅是一种声誉，更是一种资源。在当前诚信缺乏的社会里，诚信更是一种稀缺资源，具有价值性，它反映了企业的信用、实力和形象。

从控制机制的角度来说，诚信属于一种自我控制，它可以大幅度地降低市场交易成本和组织交易成本。诺思说："一个有效率的自由市场制度，除了需要有效的产权和法律制度相配合外，还需要在诚实、正直、公正、正义等方面有良好道德的人去操作这个市场。"市场和企业是契约组织，依靠立足于诚信之上的信用体系和强制性之上的法律制度来维系组织的运作；而信用体系是契约组织运作的内在机制，尤为关键。

诚信能赢得信任，建立秩序。从企业能力的角度来说，诚信有利于提高企业的竞争力。诚信是企业存亡与兴衰的基石。纵观国内外企业发展史，凡是取得成功的大企业，无不以诚信为本，凡是缺乏诚信的企业，最终会走向失败。

我国历史上晋商和徽商，在当时信息闭塞、交通不便、制度不健全的大环境之下，正是依赖于诚信而取得辉煌的业绩；海尔凭借"首先卖信誉，其次卖产品"的诚信理念，成为家电业的巨人。美国安然、世界通讯和我国三株、德隆皆因诚信缺失而被逐出市场。韩国现代集团依靠"信用是企业的财富、竞争是企业的生命"的经营理念而取得巨大发展。再从企业核心竞争力的结构来看，企业核心竞争力由表及里可分为产品层、制度层和文化层三个层次，而诚信则是文化层的基石，可见诚信居于核心竞争力中的核心。张维迎将企业核心竞争力归因于企业积累的互补知识和企业信誉两方面。短期看，企业的核心竞争力取决于产品、营销、技术、流程和资源等因素，长期看，则是诚信。其背后逻辑是：诚信产生合作—合作形成团队—团队创造信誉—信誉建立品牌—品牌赢得顾客—顾客，稳定并扩大市场占有率，从而提高企业核心竞争力。

章节测试

班级_____ 姓名_____ 学号_____ 日期_____ 分数_____

一、单项选择题(每小题 6 分,共 30 分)

1. 下列各项中,属于企业集团最基本的特征的是( )。
   A. 企业集团以产权连接为主要纽带,形成多层次的组织结构
   B. 企业集团是一个多法人组成的法人集合体,但其本身不具有法人资格
   C. 企业集团有一个能起主导作用的核心经济实体
   D. 企业集团不是企业的简单聚合,而是特殊形式的大企业的结构形态

2. 从筹资的角度来讲,企业集团筹资管理的目标应立足于( )。
   A. 创造财务优势   B. 预防财务危机
   C. 创造规模经济   D. 增加资金来源

3. 企业集团在初创期强调筹资一体化管理的原因是( )。
   A. 提高资本的杠杆效应
   B. 从财务上控制集团成员企业
   C. 强化企业集团一体化概念
   D. 利用贷款规模优势来降低负债成本

4. 投资政策是企业集团财务战略与财务政策的重要组成部分,不包括( )基本内容。
   A. 投资领域   B. 投资行为
   C. 投资方式   D. 投资质量标准

5. 按财务管理对象划分,不属于财务战略分类的是( )。
   A. 筹资战略   B. 资产战略   C. 投资战略   D. 分配战略

二、多项选择题(每小题 8 分,共 40 分)

1. 从利益协调与激励机制角度看,企业集团内部利益分配方法包括( )。
   A. 完全内部价格法   B. 一次分配法
   C. 二次分配法   D. 级差效益分配法

2. 企业集团筹资权集中化的优点主要有( )。
   A. 减少债权人的风险,增大筹资的数额,增加筹资渠道
   B. 符合规模经济,可以节约成本

C. 有利于集团掌握各子公司的筹资情况

D. 便于预算的编制

3. 企业集团在资本经营时应当把握以下原则(　　)。

A. 企业集团资本经营必须与生产经营相结合

B. 企业集团资本经营要充分考虑剩余资源

C. 企业集团资本经营要充分考虑企业联合的特点

D. 企业集团资本扩张要考虑核心企业的承受能力

4. 企业集团可分为不同层次,包括(　　)。

A. 核心企业   B. 紧密层企业

C. 半紧密层企业   D. 合作层企业

5. 组建企业集团必须坚持的原则有(　　)。

A. 自愿原则   B. 平等原则

C. 互惠互利原则   D. 合法性原则

三、判断题(每小题6分,共30分)

1. 筹资权的集中化等于筹资的集中化,意味着企业所有的筹资都通过企业集团或集团的母公司来进行。　　　　　　　　　　　　　　　　　　　　　　　　　　　(　　)

2. 企业集团决策者在制定投资决策时,投资决策指标或者利润等财务指标是唯一的决策准则。　　　　　　　　　　　　　　　　　　　　　　　　　　　　　　(　　)

3. 多元化经营的动机可以分为两类,一是进攻型动机促成的多元化经营;二是防御型动机促成的多元化经营。　　　　　　　　　　　　　　　　　　　　　　　(　　)

4. 资本收缩是企业失败的标志。　　　　　　　　　　　　　　　　　　(　　)

5. 控股型企业集团的核心层是一个生产经营性公司。　　　　　　　　　(　　)

第八章 财务预警与风险管理

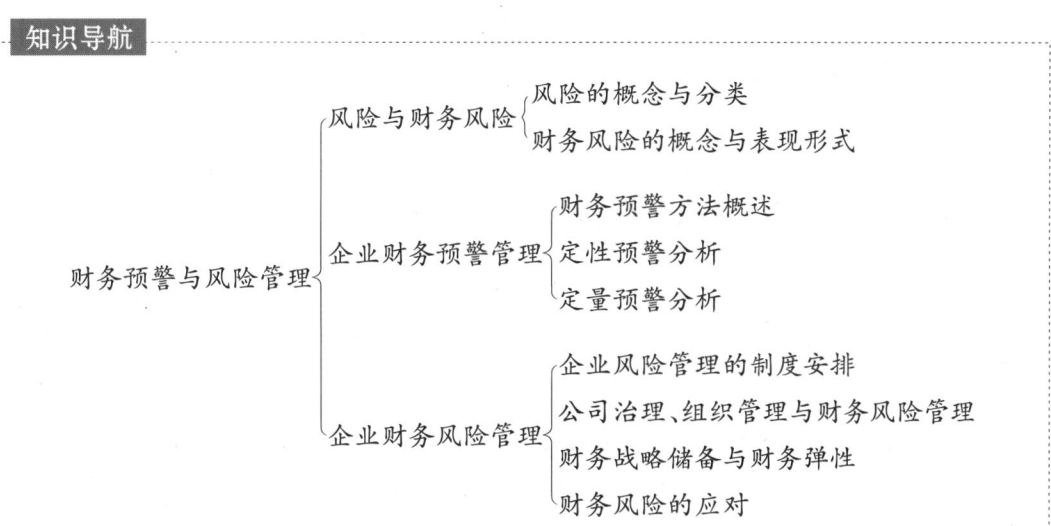

学习目标

1. 理解风险的概念与分类。
2. 理解企业财务预警管理原理与方法。
3. 掌握企业财务风险管理原则与应对措施。

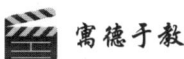 寓德于教

"财务内控"防范廉政风险

"郑州市检察院积极主动开展内部控制与风险管理体系建设,是河南省第一家将财务内控系统做成功、见到成效的单位,填补了全省行政事业单位在内部控制方面的空白。"近日,在对郑州市检察院内控信息化系统进行验收时,河南省财政厅有关负责人对该院的工作给予充分肯定。

据悉,该院于2014年4月启动内部控制与风险管理体系建设工作,2015年1月1日,内控信息化系统正式上线运行,基本上实现了单位内部主要经济活动风险的防范和管控。

记者在郑州市检察院采访时，该院检察长说："内控机制建设，归根到底是通过科学化、规范化、信息化的手段，依法管好人、财、物。只要人、财、物不出问题，队伍就不会出问题。"

"我们的内控信息化系统共分为预算管理、支出管理、政府采购管理、合同管理、资产管理、项目管理、车辆管理七大模块。"采访当天，在工作人员的带领下，记者观摩了该院的内控信息化操作平台，感受信息化带来的高效便捷与精细完整。

为更好地发挥预算的管理作用，该院计财处在今年年初对机关各部门逐一走访，详细了解实际工作中发生的支出事项及具体业务过程，并由各部门申请全年预算计划，经院党组研究通过后，在内控信息化系统进行登记，严格实行"先预算后支出"原则，无预算一律不得支出，不能随意扩大开支范围和开支标准。

据该院计财处干警介绍，内控信息化平台"只认程序不认人"，没有支出指标和金额，没有系统通过各个审批环节自动生成的费用审批表，即使领导同意报销签字，也无法进行经费报销。

"管控只是手段，如何用同样的钱干更多的事，集中财力保障重点业务经费合理支出，才是我们工作的重点。"郑州市检察院计财处处长如是说。

据统计，内控信息化系统投入使用后，该院预算执行能力大大提高。今年以来，该院通过政府采购公开招标形式办理了近千万元的重点经济活动，严谨的程序保障了重点业务工作的资金需求，实现了大要案专项经费保障率100%，办案车辆保障到位率100%。

思考与讨论：请结合材料谈谈新时代如何防范风险。

资料来源：检察日报，2015-7-13，《"财务内控"防范廉政风险》，http://newspaper.jcrb.com/html/2015-07/13/content_190665.htm，有删节。

第一节 风险与财务风险

一、风险的概念与分类

（一）风险的概念

风险是指一定条件下和一定时期内未来结果的不确定性。企业风险是指企业在生产经营过程中，由于企业内外各种不确定性或不可控因素的影响，从而使企业生产经营的未来实际结果与企业预期基本目标之间产生差异的可能性。

风险并不等同于危险，危险的结果只能是绝对的损失或伤害，而风险则既可能带来损失也可能带来收益。这恰恰是风险让人畏惧但又不甘放弃的根本原因。那么企业的风险又是从何而来呢？任何会对企业的未来财务状况和经营结果产生影响的因素都有可能成为风险推手，大到国际经济环境动荡，小到财务人员的录入错误，可以说风险缘由无处不在。

对于风险的理解国内外学术界有着不同的观点，具体有以下几种观点。

观点1：根据《韦氏新国际大辞典》(第三版)的解释，风险有两层含义：其一，易变化的特性或状态，缺乏肯定性，即不确定性；其二，具有无常的、含糊的或未知性质的事物。

观点2：《辞海》(上海辞书出版社1989年版)对风险的解释，人们在生产建设和日常生活中遭遇可能导致人身伤亡、财产受损及其他经济损失的自然灾害、意外事故和其他不测事件的可能性。

观点3：小阿瑟·威廉姆斯、理在德·汉斯将风险定义为，在给定情况下和特定时间内，那些可能发生的结果间的差异。这种差异越大，风险就越大。

观点4：风险指特定客观情况下，特定期间内，某一结果发生的可能差异程度，即实际结果与预期结果的变动程度，变动程度越大，风险却越大；反之，则越小。

观点5：风险是指某一不利事件将会发生的概率。

观点6：风险是引起损失的不确定性。

观点7：风险是指人们在事先能够肯定采取某种行动所有可能的后果，以及每种后果出现的可能性的状况。

不同的看法，都基于不同的理解，在不同程度上对风险的含义作了阐述。其共性在于它们都将风险与事件的结果及其发生的可能性联系起来。

(二) 风险的分类

1. 按风险能否分散将风险划分为系统性风险和非系统性风险

(1) 系统性风险。系统性风险亦称不可分散风险，是指由于外部因素的变化给一定时期一定区域内所有企业都带来经济损失的可能性，这些因素包括政策变更、通货膨胀、汇率调整、经济周期等。在一定时期和一个较广的范围内，这种风险影响所有企业。对于投资者和公司来说，这种风险是无法通过多元化投资消除的。

(2) 非系统性风险。非系统性风险亦称可分散风险，是指某些因素对个别公司造成经济损失的可能性，这些因素既可以包括行业地域等企业外部因素，也可以包括公司重大经营决策、日常生产组织等企业内部因素。这种风险可通过产业、区域投资多元化来抵消。

2. 按风险成因将风险划分为经营风险和财务风险

(1) 经营风险。经营风险也称商业风险，是指由于生产经营上的原因带来的收益不确定性。造成经营风险的原因有两大类：一类是企业外部因素，如自然灾害、经济不景气、通货膨胀等不可控因素；另一类是市场需求和成本等因素的不确定性，尤其是固定成本因素决定的经营杠杆的客观存在，当产销量变动时，利润将以经营杠杆系数的幅度上升或下降。经营杠杆系数越大，利润的波动幅度就越大，这意味着企业经营风险也就越大。降低经营风险的基本方针就是要降低经营杠杆系数。

(2) 财务风险。财务风险是指企业在各项财务活动中由于各种难以预料和无法控制的因素，使企业在一定时期、一定范围内所获取的最终财务成果与预期的经营目标发生偏差，从而产生的使企业蒙受经济损失或更大收益的可能性。

二、财务风险的概念与表现形式

(一) 财务风险的概念

关于财务风险的定义有狭义和广义之分。

狭义的财务风险是使用财务杠杆造成的。西方财务教科书通常认为,财务风险是由于使用负债融资而带来的风险。

广义的财务风险是企业由于受经营环境及各种难以预计或无法控制的因素影响,在一定时期内实际的财务收益与预期财务收益发生偏离,从而蒙受损失的可能性。它是从企业财务管理活动全过程,从财务管理的整体观念透视财务本质来界定的。广义的财务风险贯穿于企业各个财务环节,是各种风险因素在财务上的集中体现。

(二) 财务风险的表现形式

应该说企业风险不仅仅局限于财务方面,但是都最终表现在财务报表和财务运行上。

1. 按内容分类

按内容划分,财务风险包括负债(杠杆)风险、支付能力风险、投资风险、信用风险、利率风险与外汇风险等主要形式

(1) 负债(杠杆)风险。对于企业来说,不能偿还到期债务是负债经营隐含的最大风险。负债风险既包括不能偿还到期债务本金的风险,也包括企业因偏离最佳资本结构而导致资本成本上升的风险。

(2) 支付能力风险,是指企业现金流不足以满足必要经营支出和投资支出项目的风险,这类风险也称现金流风险。

(3) 投资风险,是指投资决策失误和投资过程控制失灵招致的投资失败的风险。这是现代企业最大的财务风险之一。

(4) 信用风险,是指企业不能按期足额收回应收款项的风险。

(5) 利率风险,是指由于利率的波动性导致公司收或支的利息高(低)于预期值的风险。

(6) 外汇风险也称货币风险,是指汇率变化而产生的资金回收与盈利方面的不利影响的风险。

2. 按管理角度分类

从管理角度,财务风险包括财务制度风险、财务业绩风险、财务流动性风险与财务信息风险等。

(1) 财务制度风险,表现为制度实际执行偏离法律制度规范要求的程度。制度的主要功能是控制风险。"上有政策、下有对策"是制度失灵的标志,是风险的导火线。

(2) 财务业绩风险,表现为实际业绩偏离目标、预算等标杆值的程度。如果目标值与实际状况长时间发生很大偏差或重大波动,这是企业危机的征兆。

(3) 财务流动性风险,是当企业的偿债能力或支付能力不足时,其现金流无法偿还到期债务或无法维持当前的运营水平所需的必要支出所导致的一种风险。

(4) 财务信息风险,表现为信息不对称、信息失真、信息迟缓等导致企业在决策上、控制过程和业绩评价等方面出现问题。

第二节 企业财务预警管理

一、财务预警方法概述

企业经营无时无刻不处于包括财务风险、市场风险、法律风险等在内的各种风险之中,因此,企业应建立预警制度,在面临复杂多变的市场环境和内部不可控因素的条件下,尽可能地预先察觉经营中的危机,并采取有效应变措施,化解风险消除危机。

针对财务风险展开的预警构成了企业财务预警分析,即通过对企业财务报表及相关经营资料的分析,利用及时的财务数据和相应数据化管理方式,将企业已面临的危险情况预先告知企业经营者和其他利益相关者,并分析企业发生财务危机的原因和企业财务运营体系隐藏的问题,以提早做好防范措施的财务分析系统。

财务预警方法根据不同的标准可以分成不同类别。

(一) 按分析时利用指标或因素的多少划分

按分析时利用指标或因素的多少,可分为单变量预警分析和多变量预警分析。

(1) 单变量分析。单变量分析是指通过对每个因素或指标进行分析判断,与标准值进行比较,然后决定是否发出警报以及警报的程度。

(2) 多变量分析。多变量分析是根据不同指标、因素的综合分析的结果进行判断。

(二) 按分析判断时采取的主要依据不同划分

按分析判断时采取的主要依据,可分为指标判断和因素判断。

(1) 指标判断。指标判断通过建立风险评价指标或指标体系,划定指标预警标准以及警报区域,然后根据指标值落入警报区域的状况来确定是否发出报警以及警报的程度。

(2) 因素判断。因素判断以风险因素是否出现或出现的概率作为报警准则。在实际中,可将风险因素按一定方式进行重要度排序,以重点因素作为主要的报警因素,或通过某种方法得到风险因素的出现概率,然后与报警概率进行比较,作出判断。

(三) 按预警分析时采用的分析方法不同划分

按预警分析所采用的分析方法,分为定性分析和定量分析。

(1) 定性分析。定性分析主要根据分析者对财务运行状况、组织管理的综合评判得出预警结论。

(2) 定量分析。定量分析主要通过财务指标和各种模型的计算与分析得出预警结论。

二、定性预警分析

(一) 标准化调查法

标准化调查法又称风险分析调查法,即通过专业人员、咨询公司、协会等,就企业可能遇到的问题加以详细调查与分析,形成报告文件供企业经营者使用的方法,如表8-1所示。

表8-1　　　　　　　　　　　　标准化调查表

项目	调查内容
业绩	1. 现状:好、一般、不好 2. 前景:增长、下降、稳定、不明 3. 交易对象、行业前景:增长、下降、稳定、不明 4. 对外资信:高、一般、低、不明
同行业对比	1. 规模、地位:大、中、小、独立 2. 同行业间的竞争:激烈、一般、无 3. 销售实力的基础:销路、客户、商标、商品组织、广告、特殊销售法 4. 生产实力的基础:特殊技术、特殊设备、特殊材料、特殊产品、特殊生产组织
经营上的问题与原因	1. 问题:销售不振、收益率差、成本差、生产率低、人力不足 2. 销售不振的原因:不景气、竞争激烈、行业衰退、销售力弱、产品开发慢、生产率低 3. 收益率低的原因:价格低、成本高、高利率 4. 生产率低的原因:效率低、人力不足、管理不善、现代化程度低、多品种少量化 5. 成本高的原因:材料费高、开工不足、工资等费用高
前景	1. 方针:扩大、维持现状、转换、不明确 2. 扩大方向:整体规模、新增范围、人员 3. 具体方法:多样化、新产品、新销路、专业化 4. 重点基础:产品开发、设计、设备、技术、增强销售力、劳务人事、成本、质量

(二)"四阶段症状"分析法

企业财务运营情况不佳甚至出现危机,肯定有其特定的症状,应及早发现各个阶段的症状,对症下药。企业财务运营症状大体分为四个阶段,各阶段危机症状如表8-2所示。如企业有相应情况发生,要尽快弄清原因,采取有效措施,摆脱财务困境。

表8-2　　　　　　　　　企业财务营运症状与危机的四个阶段

Ⅰ 财务危机潜伏期	Ⅱ 财务危机发作期	Ⅲ 财务危机恶化期	Ⅳ 财务危机实现期
1. 盲目扩张	1. 自有资本不足	1. 经营者无心经营业务,专心于财务周转	1. 负债超过资产,丧失偿付能力
2. 无效市场营销	2. 过分依赖外部资金,利息负担重	2. 资金周转困难	2. 宣布倒闭
3. 疏于风险管理	3. 缺乏会计的预警作用	3. 债务到期违约不支付	
4. 缺乏有效管理制度,企业资源分配不当	4. 债务拖延偿付		
5. 无视环境重大变化			

（三）"3个月资金周转表"分析法

"3个月资金周转表"分析法关注企业是否经常检查结转下月余额与总收入的比率、销售额与付款票据兑现额的比率等。这种方法的理论思路是当销售额逐月上升时，兑现付款票据极其容易。可是反过来，如果销售额每月下降，已经开出的付款票据也就难以支付。

该方法的判断标准如下：

（1）如果制定不出3个月的资金周转表，说明企业存在问题。

（2）如果能够制出3个月的资金周转表，要查明转入下一个月的结转额是否占总收入的20%以上，付款票据的支付额是否在销售额的60%以下（批发商）或40%以下（制造业）。

（四）流程图分析法

企业流程图分析是一种动态分析。运用流程图分析可以暴露企业潜在的风险，在企业整个生产经营流程中，即使仅一两处发生意外，都有可能造成损失，使企业难以达到既定目标，而如果在关键点上出现堵塞和发生损失，将会导致企业全部经营活动终止或资金运动中止。

（五）风险指数法

世界著名征信公司邓白氏国际信息公司根据调查对象的信用风险指数确定信用等级的方法，称为客户风险指数法。邓白氏国际信息公司将企业的风险级别分成6级，各级的标准和风险程度如表8-3所示。

表8-3　　　　　　　　　邓白氏的企业风险指数等级表

风险指数	等级	风险程度	建议控制方法
付款能力	RS1	最小	进行信用交易，放宽付款条件
资金流动能力	RS2	低	进行信用交易
债务权益比率	RS3	中等	进行信用交易，但要监控
主要负责人简历	RS4	高于平均值	进行信用交易，但要严格监控
法律诉讼	RS5	明显	寻求担保
合法结构	RS6	高	现金交易

风险指数计算时选择的关键要素（特征指标）为12个，每个指标按10分制评分，指标越好，评分越高。各指标的得分乘以相应权重，然后加总，就得出该客户的风险指数，对比表8-3，可以确定其风险等级。风险指数法所选择的12个关键要素如表8-4所示。

表8-4　　　　　　　　　邓白氏的企业风险指数计算表

关键要素	分数	权重	权重分
付款能力			
资金流动能力			
债务权益比率			

(续表)

关键要素	分数	权重	权重分
主要负责人简历			
法律诉讼			
合法结构			
运作时间			
销售能力			
盈利能力			
财务增长区域			
厂房所有权			
雇员人数			
总计			
平均信用风险指数			
调整			
最终风险指数			

三、定量预警分析

(一) 单变量分析方法

1. 财务比率法

财务比率法是威廉·比弗在比较研究了79个失败企业和相同数量、相同资产规模的成功企业后提出的,他在计算了各财务报表项目的平均值之后,对流动资产项目中的重要项目作了如下说明:

(1) 失败企业有较少的现金而有较多的应收账款。

(2) 当把现金和应收账款加在一起列在速动资产和流动资产之中时,失败企业与成功企业之间的不同就被掩盖住了,因为现金和应收账款不同,它们是向相反的方向起作用的。

(3) 失败企业的存货一般较少。

根据威廉·比弗的结果说明,可以看出,在预测企业的财务危机时,应特别关注现金、应收账款和存货三个流动资产项目,对于现金和应收账款较少,而存货较多的企业,分析时应特别警觉。此外,财务比率法也可以根据企业所处的阶段、行业及其特点,选用其他的财务指标,包括速动比率、流动比率、资本结构比率、存货周转率、收入结构比率、资本回报率、利润边际率、资产周转率等,并且在静态指标的基础上,还可引入动态指标,如销售变动率(应收账款变动率/销售变动率)等。目前通常用来作为企业发生财务危机征兆的指标有债务保障率、资产收益率、资产负债率等。

企业的现金流量、净收益和债务状况不能改变,并且表现为企业长期的状况,而非短期因素。根据这一方法,跟踪考察企业时,应对上述比率的变化趋势予以特别注意。

2. "利息及票据贴现费用"判别分析法

"利息及票据贴现费"判别分析法,即用企业贷款利息、票据贴现费占其销售额的百分比来判断企业正常(健康)与否。制造业中,如果百分比的数值为3%,则属情况一般;如果是5%,就表明资金周转较困难;数值到了7%,就会发生拖欠职工工资的现象;当百分比的数值上升到10%时,则企业可能要倒闭了,具体见表8-5。

表8-5　　　　　　　　　利息及票据贴现费用判别分析法的标准值

企业状况	健康型	维持现状型	缩小均衡型	倒闭型
制造业	3%	5%	7%	10%
批发商	1%	3%	5%	7%

3. 企业股市跟踪法

这种方法适用于上市公司。一般而言,企业的外部相关利益主体无法像企业内部经营者那样熟知企业的全部真实情况,仅通过企业对外报送的财务报告或临时公告等方式来了解企业的变化。由于很可能发生会计信息失真,相关利益主体更愿意以企业发行的股票价格为分析因素,简单地认为企业股票价格的持续下降是企业经营失败的前兆。

虽然这种方法具有简单易行的优点,其缺点也是显而易见的,首先,它只适用于上市公司,不具普遍性;其次,股票价格波动的影响因素太多,经营状况的好坏只是其中的一个主导因素,如果市场有效性较弱,股票价格就更加不能反映企业真实的财务状况和经营成果。

(二)多变量分析方法

1. 企业安全率模式

企业安全率是由两个因素交集而成:一是经营安全率;二是资金安全率。

(1)经营安全率。经营安全率用安全边际率表示:

$$安全边际率 = 安全边际额 \div 现有(预计)销售额$$
$$= (现有或预计销售额 - 保本销售额) \div 现有(预计)销售额$$

【例8-1】 ABC公司明年预计销售2 500万元,变动成本率60%,固定成本800万元,则保本销售额和安全边际分别是多少?

保本销售额 = 800 ÷ (1 - 60%) = 2 000(万元)

安全边际率 = (2 500 - 2 000) ÷ 2 500 = 20%

(2)资金安全率。资金安全率的计算方法是:

$$资金安全率 = 资产变现率 - 资产负债率$$
$$资产变现率 = 资产变现金额 \div 资产账面金额$$
$$资产负债率 = 负债总额 \div 资产总额$$

即：

$$资金安全率＝(资产变现金额－负债总额)÷资产账面总额$$

资产变现金额，是企业立即处置其所有资产后可以变成现金的总数。

【例 8-2】 仍以 ABC 公司为例，公司资产账面价值为 1 000 万元，其中，他人资本 600 万元，自有资本 400 万元，经仔细核定确认将变现价值估算约为 900 万元，则：

资产变现率＝900÷1 000＝90％

资产负债率＝600÷1 000＝60％

资金安全率＝90％－60％＝30％

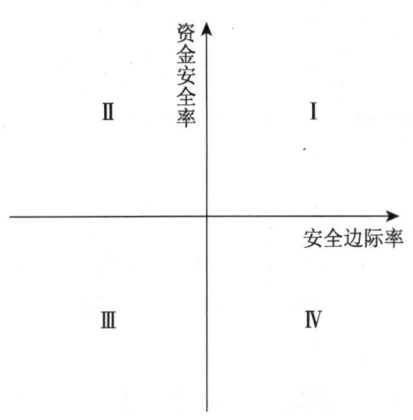

图 8-1　企业安全率分析模式

企业进行财务预警分析时，可将资金安全率与安全边际率结合起来判断企业的经营情况和财务状况是否良好，企业安全率分析模式如图 8-1 所示。当两个指标共同确定的经营安全率落在第Ⅰ象限时，表示企业经营状况良好，应该采取有计划经营扩张策略。当经营安全率落在第Ⅱ象限时，表示企业经营财务状况尚好，但是市场销售能力明显不足，应全盘研究对策，以加强企业总体销售实力，创造企业应有利润。当经营安全率落在第Ⅲ象限时，表示企业经营已陷入经营不善的境地，随时有关门的危机，经营者应下决心立即采取措施，进行有效的重整。当经营安全率落在第Ⅳ象限时，表示企业财务状况已露出险兆，经营者应将改善财务结构列为首要任务，要求企业全员有总体现金观念，自有资金比例提高，并积极进行开源节流。此时对市场营销应采用适度的成长策略，并且要求营销部门对顾客做必要的筛选，提高信用政策的标准，以防止不良销售损失加速企业财务状况的恶化。

2. 多元线型函数模式

多元线型函数模式是从总体宏观角度检查企业财务状况有无呈现不稳定的现象。

(1) Z 计分模型。该模型是运用五种财务比率，进行加权汇总产生的总判别分(称为 Z 值)来预测财务危机的模型。1968 年，Altman 发表了一篇使用 Z 计分模型来预测财务危机的模型，此后该模型也被作为一种方便的综合经营业绩的评价方法普遍使用，其计算公式为：

$$Z = 0.717X_1 + 0.847X_2 + 3.11X_3 + 0.420X_4 + 0.998X_5$$

其中，Z 值为判别分；X_1 为营运资金除以资产总额，用于衡量企业流动资产净额相对于资产总额的比例；X_2 为留存收益除以资产总额，用于衡量企业一段时间内的累计获利能力，其中"留存收益"数字来自资产负债表；X_3 为息税前收益除以资产总额，该比率剔除了税收和杠杆因素影响，用于衡量企业资产的生产能力；X_4 为股东的权益资产除以负债总额，用于衡量企业在负债超过资产,企业无偿债能力之前其资产可能的跌价的程度;X_5为销售额除以资产总额,用于衡量企业资产取得销售收入的能力。

Z计分模型中的财务比率X_1、X_2、X_3、X_4和X_5以绝对百分率表示,比如,当"营运资金÷资产总额"为30%时,X_1则表示为30。按照这一模式,Z值越低,企业就越可能破产。通过计算某个企业连续若干年的Z能发现企业发生财务危机的先兆。回归分析结果表明:当$Z<1.20$时,企业属于破产之列;当$Z>2.90$时,企业属于不会破产之列;当$1.20<Z<2.90$时,企业属于"灰色区域"或"未知域"之列,难以简单地得出企业是否肯定破产的结论。

下面给出蒙牛、伊利两家公司某年度相关财务数据及X值计算表,如表8-6所示。

表8-6　　　　蒙牛、伊利两家公司某年度相关财务数据及X值计算表　　　　单位:万元

项目	蒙牛	伊利	项目	蒙牛	伊利
流动资产	16 321.14	16 467.20	资产总额	40 339.39	32 877.40
流动负债	18 063.33	15 517.01	X_3	0.06	0.09
营运资金	−1 742.19	950.19	股东权益市价	15 360.91	20 127.80
资产总额	40 339.39	32 877.40	负债总额	24 978.48	16 564.40
X_1	−0.04	0.03	X_4	0.61	1.22
留存收益	4 940.42	6 575.48	营业收入	43 399.99	47 778.90
资产总额	40 339.39	32 877.40	资产总额	40 339.39	32 877.40
X_2	0.12	0.20	X_5	1.08	1.45
息税前利润	2 228.70	3 027.29			

(2) 日本开发银行的"利用经营指标进行企业风险评价的新尝试"。日本开发银行调查部发表的《利用经营指标进行企业风险评价的新尝试——利用多变量分析的探索》虽然没有Alman的名字,但分析方法却与他的思路如出一辙,不同的只是构成Z的各独立变量的选择有明显的差异。日本开发银行选择了东京证券交易所310家上市公司作为研究对象,分成优良企业和不良企业两组,进行了财务困境预测,建立了破产模型计算公式为:

$$Z = 2.1X_1 + 1.6X_2 - 1.7X_3 - X_4 + 2.3X_5 + 2.5X_6$$

其中,X_1为销售额增长率;X_2为总资本利润率;X_3为利息率;X_4为资产负债率;X_5为流动比率;X_6为粗附加值生产率(为折旧费、人工成本、利息与利税之和与销售额之比)。

模型中X_3和X_4的系数是负数,表明他人资本分配率和资产负债率越小,风险越小。判别函数的Z值越大,企业越是"优秀",相反,则是"不良"的象征。并将Z在0~10的数值,定为可疑地带,即灰色区域。

(3) 模糊综合评判法。从上面的各种分析法可以看到,财务风险的分析预测是一个多因素的过程,其反映本质特性的指标很多,除了有直接可以量化的指标外,也有大量的难以用数值确切表达的指标。如信用风险"很大",领导者"有才能",员工的素质"较高",规章制度"比

较"完善等模糊概念。同时在指标体系或变量模型中,还存在特征、口径不一致的问题,缺乏可比性。因而,要利用模糊数学的方法来解决这个问题。但是,该方法的计算量较大,为了快捷处理数据信息,需利用计算机来完成该项预测过程。

从模糊矩阵评判中得到结果,取其最大值所对应的风险等级状态,各种风险状态发出不同程度的警报来报警。警报的发出可采取计算机"亮灯"的方式,例如,当企业的财务状况发生变化,计算机自动进行模糊运算,当最大值对应的风险状态为正常状态时亮"绿灯",低度风险状态时亮"蓝灯",高度风险状态时亮"黄灯",处于危机状态时亮"红灯"。将财务预警系统与计算机结合,可以随时警示风险状态,促使管理者及时调整策略,减少损失或危机发生的可能性。

第三节 企业财务风险管理

一、企业风险管理的制度安排

(一) COSO 的全面风险管理框架

美国反虚假财务报告委员会下属的发起人委员会(COSO)提出的全面风险管理框架(ERM)表明全面风险管理是一个过程。这个过程受董事会、管理层和其他人员的影响。这个过程从企业战略制定一直贯穿到企业的各项活动中,用于识别那些可能影响企业的潜在事件并管理风险,使之在企业的风险偏好之内,从而合理确保企业取得既定的目标。ERM 框架有三个维度:第一维是企业的目标;第二维是全面风险管理要素;第三维是企业的各个层级。第一维企业的目标有四个,即战略目标(与整体目标一致)、经营目标(资源的使用效率)、报告目标(报告的可靠性)和合规目标(满足法律法规的要求)。第二维全面风险管理要素有八个,即内部环境、目标设定、事件识别、风险评估、风险对策、控制活动、信息和交流、监控。第三个维度是企业的层级,包括整个企业、各职能部门、各条业务线及下属各子公司。ERM 三个维度的关系是,全面风险管理的八个要素都是为企业的四个目标服务的;企业各个层级都要坚持同样的四个目标;每个层次都必须从以上八个方面进行风险管理。

ERM 对风险的治理、财务、运营的多维视角分析,融战略于风控之中,充分体现了"全面"的含义。

(二) 中央企业全面风险管理指引

2006 年国务院国有资产监督管理委员会(简称国资委)印发《中央企业全面风险管理指引》(以下简称《指引》),要求中央企业遵照执行。《指引》中对全面风险管理的定义是:企业围绕总体经营目标,通过在企业管理的各个环节和经营过程中执行风险管理的基本流程,培育良好的风险管理文化,建立健全全面风险管理体系(包括风险管理策略、风险理财措施、风险管理的组织职能体系、风险管理信息系统和内部控制系统),从而为实现风险管理的总体目标提供合理保证的过程和方法。企业开展全面风险管理工作,既应注重防范和控制风险可能给企业造成损失和危害,也应把机会风险视为企业的特殊资源,通过对其管理,为企业创造价值,促进经营目标的实现。

根据《指引》对全面风险管理的界定，中央企业需要通过全面风险管理实现以下目标：确保将风险控制在与总体目标相适应并可承受的范围内；确保内外部，尤其是企业与股东之间实现真实、可靠的信息沟通，包括编制和提供真实、可靠的财务报告；确保遵守有关法律法规；确保企业有关规章制度和为实现经营目标而采取重大措施的贯彻执行，保障经营管理的有效性，提高经营活动的效率和效果，降低实现经营目标的不确定性；确保企业建立针对各项重大风险发生后的危机处理计划，保护企业不因灾害性风险或人为失误而遭受重大损失。

为了实现全面风险管理目标，需要采用以下风险管理的基本流程：收集风险管理初始信息；进行风险评估；制定风险管理策略；提出和实施风险管理解决方案；风险管理的监督与改进。《指引》还说明，企业开展全面风险管理工作应与其他管理工作紧密结合，把风险管理的各项要求融入企业管理和业务流程中。具备条件的企业可建立风险管理三道防线，即各有关职能部门和业务单位为第一道防线；风险管理职能部门和董事会下设的风险管理委员会为第二道防线；内部审计部门和董事会下设的审计委员会为第三道防线。

根据《指引》的要求，各中央企业需要每年编制年度全面风险管理报告，由国资委相关部门汇总分析后向有关领导报送《中央企业全面风险管理年度汇总分析报告》。随着近年来中央企业全面风险管理工作的推动，报送全面风险管理报告的中央企业已经由2008年的50%左右达到了100%。

（三）内部控制基本规范

为了加强和规范企业内部控制，提高企业经营管理水平和风险防范能力，促进企业可持续发展，维护社会主义市场经济秩序和社会公众利益，根据国家有关法律法规，2008年财政部会同证监会、审计署、银监会、保监会制定了《企业内部控制基本规范》（以下简称《基本规范》）。

根据《基本规范》的定义，内部控制是由企业董事会、监事会、经理层和全体员工实施的、旨在实现控制目标的过程。内部控制的目标是合理保证企业经营管理合法合规、资产安全、财务报告及相关信息真实完整，提高经营效率和效果，促进企业实现发展战略。企业建立与实施有效的内部控制，应当包括内部环境、风险评估、控制活动、信息与沟通和内部监督五大要素。

2010年4月26日，财政部、证监会、审计署、银监会、保监会五部委又联合发布了《企业内部控制配套指引》，该配套指引包括《企业内部控制应用指引》《企业内部控制评价指引》和《企业内部控制审计指引》，连同此前发布的《基本规范》，标志着适应我国企业实际情况、融合国际先进经验的中国企业内部控制规范体系基本建成。《基本规范》自2009年7月1日起先在上市公司范围内施行；鼓励非上市的其他大中型企业执行。2011年1月1日起包括《基本规范》和配套指引在内的内部控制规范体系首先在境内外同时上市的公司施行，自2012年1月1日起扩大到在上海证券交易所、深圳证券交易所主板上市的公司施行；在此基础上，择机在中小板和创业板上市公司施行；同时，鼓励非上市大中型企业提前执行。

二、公司治理、组织管理与财务风险管理

(一) 公司财务风险管理的原则

1. 全面风险管理原则

全面风险管理原则是针对公司各层次的业务单位、各类风险的全面控制和管理，管理上不能留有任何"死角"。该管理原则要求把公司所有经营活动及责任人都纳入风险控制范围之内。

2. 全员风险管理原则

全员风险管理原则要求公司每个岗位都是风险管理岗位，每位员工都应该具有风险管理义务和责任，自觉在业务和管理活动中执行公司的制度。

3. 全程风险管理原则

全程风险管理原则要求对风险的管理不仅仅是事后的查漏补缺，而是要贯穿于所有业务的每一个过程。

(二) 公司风险管理系统

行之有效的风险管理系统主要有以下四个方面。

1. 培植成熟的风险管理理念

培植成熟的风险管理理念，要充分认识到现代企业经营实际上也是风险经营，风险管理是公司核心竞争力之一。应该把风险管理理念融入企业经营战略目标，谋求发展速度、盈利水平与风险控制的动态平衡，形成协调的企业风险管理文化。

2. 架构健全的风险管理组织体系

公司要有完整的、独立于业务之外的风险管理组织，独立开展风险预警和控制工作，如成立风险管理委员会、独立的风险控制和稽核部门，以及由业务人员分级组成的风险控制小组。

3. 采用先进的风险预警模型或风险分析工具

公司应采用先进的风险预警模型或风险分析工具，现今许多国内外公司都有适合自己组织结构、业务特征的风险监视和质量模型与分析工具。

4. 采用闭环型的、权变式的风险管理流程

风险管理应该经过风险预警辨别、评估、防控与处置等环节，在这些环节中根据风险的影响因素和影响程度分别采用不同的管理方式。

三、财务战略储备与财务弹性

(一) 财务战略储备

财务战略应稳健，有足够的现金储备公司才能面对复杂多变的市场环境和内部不可控因素，才能及时应对各类风险与危机。从投资战略和经营战略分析，财务战略储备是必备的防火墙与应对突发危机必备装置。

1. 财务战略储备应该具备的特点

(1) 剩余现金和迅速获取现金的能力。

(2) 长期处于预留状态,具有非特定目的。具有明确特定用途的现金储备不能列作"战略存储"。

(3) 因其战略特征,这部分储备必须由公司决策层和高管直接掌控。

(4) 具有很高的流动性和机会成本。正因其极强的流动性,安排财务战略储备是以较高的机会成本为代价的,甚至要放弃一些眼前的现实收益。

2. 企业财务战略储备的具体项目

(1) 多余的现金。

(2) 未动用的股权融资能力。

(3) 多余且极易变现的资产或股权,如储备的土地、流动性强的但是无须战略增持的子公司股权或股票。

(4) 保守的财务杠杆。财务杠杆是资本结构的显示器。企业维持较低的负债率的财务策略,既是最可靠的风险管理策略,也是始终保持再融资能力的一种战略储备。

(5) 能够迅速转为现金的表外融资能力。

(二) 财务弹性

与财务战略储备特别相近的另一个财务战略性命题是"财务弹性",或称财务灵活性,是指财务上资产和资本的可调整余地、资本结构的灵活性。比如,长期债务在时间上可以展期或提前偿还,反映在债务的时间安排上的灵活性;可转换债券可以由债券转为股票,这是融资方式上的弹性。确保财务弹性也是稳健经营理念的体现。

四、财务风险的应对

(一) 风险规避

风险规避是指企业回避、停止或退出蕴含某风险的商业活动或商业环境,避免成为风险的所有人。财务风险也可以通过避免涉及可能产生风险的环境和业务而实现风险规避。例如,为了规避应收账款无法收回的风险,公司可以通过5C评估法等对客户进行评估,即使会牺牲部分销售收入,也要放弃与信用不好的客户进行交易。又如,为了避免金融衍生品交易潜在的巨大损失,公司可以通过制度约束回避衍生品交易,只进行必要的套期保值,以免出现类似中航油新加坡公司航油衍生品交易的巨大损失。

(二) 风险转移

风险转移是指将风险性资产或风险性活动,通过某种方式转移给其他经济实体或个人,从而消除或减少财务风险。转移财务风险的方式一般有以下几种。

(1) 通过风险性资产或活动本身向他人转移,以达到转移风险的目的。

(2) 转移风险本身。例如,购买财产保险,从而将该资产的风险转移给保险公司。

(3) 财务风险也可以通过合同转移给第三方,不过这种转移不会降低风险,只是将之转移给其他主体承担。比如，并购业务较多的公司，为了避免并购失败给公司带来重大损失，可以选择事先并购建立基金；参加相关的社会保险；与被并购方签订业绩承诺，规定被并购方无法实现承诺时需提供的补偿等。

实务中常见的风险转移方法有：保险、国际信贷工具、远期外汇交易、货币和利率转换、协议转移等。

（三）风险转换

风险转换是指企业通过战略调整等手段将企业面临的风险转换成另一个风险。对于财务风险来说，风险转换不会直接降低风险，而是在减少某一风险的同时，增加另一风险。例如，公司如果当前受到的业绩压力较大，需要尽快增加销售收入，那么就可以选择放松客户的信用标准，通过应收账款的形式增加销售收入。此时，销售收入过低的风险得以缓解，但是应收账款无法回收的风险随之增大。

（四）风险对冲

风险对冲是指采取各种手段，引入多个风险因素或承担多个风险，使这些风险能够互相对冲，使这些风险的影响互相抵消。资产组合是风险对冲的典型做法。财务风险的应对中，最常见的风险对冲是使用金融衍生品，如套期保值。

（五）风险补偿

风险补偿是指事前（损失发生以前）对风险承担的价格补偿。对于财务风险，同样可以采用风险补偿的方式加以规避。例如，商业银行在贷款定价中，需要对客户进行评估，对不同客户的贷款利率进行区别对待，优质客户可以获得一定利率优惠，而信用等级较低的客户，商业银行可以不予合作或在基准利率的基础上调高利率。又如，当需要采用现金流折现评估某项资产价值时，评估主体可以通过调整折现率的方式体现出对风险的预先估计，从而为将来可能发生的风险做好准备。

章节测试

班级_____ 姓名_____ 学号_____ 日期_____ 分数_____

一、单项选择题(每小题 6 分,共 30 分)

1. 企业风险按( )将风险划分为系统性风险和非系统性风险。
   A. 管理角度   B. 风险成因
   C. 内容   D. 目标风险能否分散

2. ( )是指企业不能按期足额收回应收款项的风险。
   A. 货币风险   B. 利率风险   C. 投资风险   D. 信用风险

3. ( )表现为制度实际执行偏离法律制度规范要求的程度。
   A. 财务制度风险   B. 财务业绩风险
   C. 财务环境风险   D. 财务流动性风险

4. 按预警分析( )的不同,分为定性分析和定量分析。
   A. 分析时利用指标   B. 分析时采取的依据
   C. 分析时主体   D. 所采用的分析方法

5. 邓白氏国际信息公司将企业的风险级别分成( )级。
   A. 4   B. 5   C. 6   D. 7

二、多项选择题(每小题 8 分,共 40 分)

1. 按风险成因可以将企业的风险划分为( )。
   A. 系统风险   B. 财务风险
   C. 非系统风险   D. 经营风险

2. 财务风险按内容划分主要包括( )。
   A. 投资风险   B. 信用风险
   C. 支付能力风险   D. 负债(杠杆)风险

3. 从管理角度,财务风险包括( )。
   A. 财务制度风险   B. 财务业绩风险
   C. 财务信息风险   D. 财务流动性风险

4. 财务预警按分析时利用指标或因素的多少,可分为( )。
   A. 定性分析法   B. 单变量预警分析

  C. 定量分析法   D. 多变量预警分析

5. 定量预警分析可分为(　　)。

  A. 财务比率法   B. 单变量分析方法

  C. 企业股市跟踪法   D. 多变量分析方法

三、判断题(每小题 6 分,共 30 分)

1. 非系统性风险亦称不可分散风险,是指由于外部因素的变化给一定时期一定区域内所有企业都带来经济损失的可能性,这些因素包括政策变更、通货膨胀、汇率调整、经济周期等。(　　)

2. 支付能力风险,是指公司现金流不足以满足必要经营支出和投资支出项目的风险,这类风险也称现金流风险。(　　)

3. 财务流动性风险,表现为企业的偿债能力或支付能力不足时,其现金流无法偿还到期债务或无法维持当前的运营水平所需的必要支出所导致的一种风险。(　　)

4. 财务预警按分析判断时采取的主要依据,可分为指标判断和因素判断。(　　)

5. 企业安全率是由两个因素交集而成:一是经营安全率;二是资金安全率。(　　)

第九章　企业破产、重整与清算

知识导航

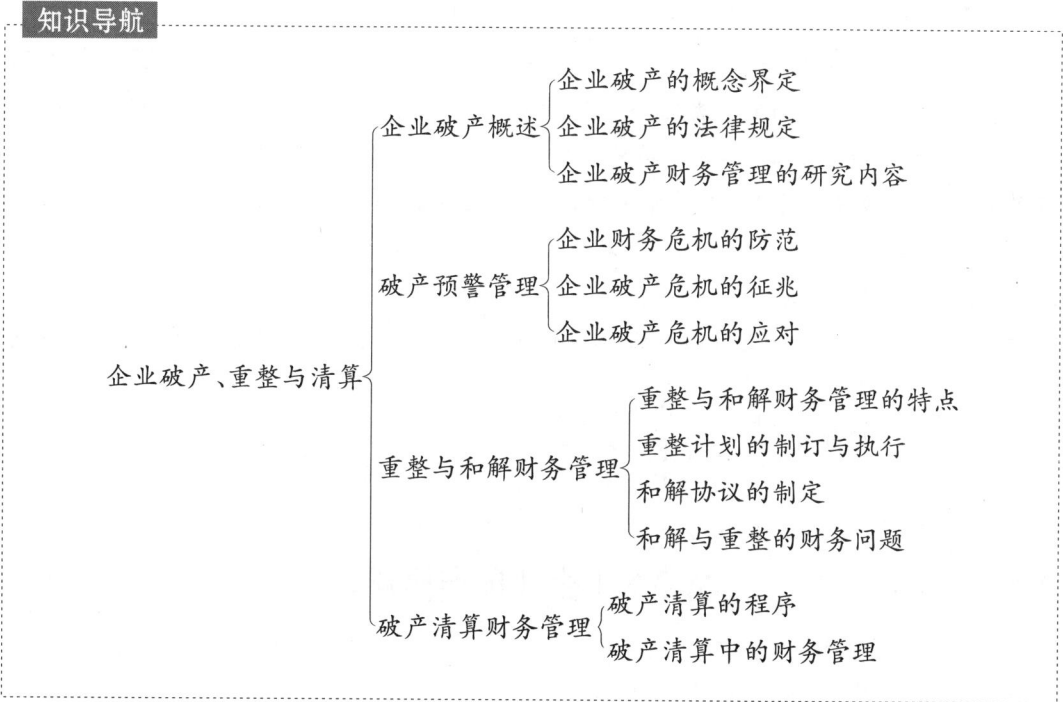

学习目标

1. 了解破产、重整与清算的基本概念及相关法律规定。
2. 掌握破产危机的辨别、应对和管理。
3. 熟悉重整计划的制订与执行。
4. 掌握破产财产、破产债权的范围与破产清偿顺序。

寓德于教

长生生物疫苗事件

2018年7月15日,国家药品监督管理局发布通告指出,长春长生生物科技有限公司冻干人用狂犬病疫苗生产存在记录造假等行为。这是长生生物自2017年11月份被发现百白破疫苗效价指标不符合规定后不到一年,再曝疫苗质量问题。

2018年7月20日,中央第十一巡视组向市场监管总局党组反馈了巡视意见,国家市场监督管理总局在整改意见中提到,相关疫苗问题处罚偏轻,失察失责。8月3日,深交所发布多个公告,经查明,高俊芳、张晶在作为长生生物科技股份有限公司董事、高级管理人员期间,以及蒋强华、刘景晔、张友奎、赵志伟在作为长生生物科技股份有限公司高级管理人员期间,存在违规行为,深圳证券交易所拟给予公开谴责的处分。8月7日,国家卫生健康委员会、国家药品监督管理局联合印发《接种长春长生公司狂犬病疫苗续种补种方案》。2018年8月9日,卫健委就长生公司狂犬病疫苗案续种补种工作要求——接种单位主要负责人是第一责任人。8月16日,中共中央政治局常务委员会召开会议,中共中央总书记习近平主持会议并发表重要讲话。2019年2月,吉林长春长生公司问题疫苗案件相关责任人被严肃处理。3月5日,在发布的2019年国务院政府工作报告中提出,加强食品药品安全监管,严厉查处长春长生公司等问题疫苗案件。3月12日,最高人民检察院检察长张军在作2019年最高人民检察院工作报告说,长生公司问题疫苗案,吉林检察机关依法批捕18人。

思考与讨论: 结合案例谈谈如何加强企业的诚信和道德规范,促进企业的合规经营和社会责任履行?

资料来源:百度百科。

第一节 企业破产概述

一、企业破产的概念界定

经济学意义上的破产,是指由于管理无能、不明智的扩张、激烈的竞争、过高的负债等原因造成公司经营状况恶化,效益低下,在市场竞争中被淘汰。破产意味着企业经济实体的解体,它既是企业的终结,又是经济资源重新分配的开始,在财务管理上表现为原有理财主体的消亡或再建恢复。从法学角度来看,破产是债务人不能清偿到期债务时,由法院强制执行,公平清偿全体债权人,或者在法院监督下,由债务人与债权人达成和解协议,整顿复苏企业,清偿债务,避免倒闭清算的法律制度。破产意味着企业法律"人格"的丧失、法律主体的消亡。由此可见,经济学上的破产侧重于破产淘汰;法学上的破产侧重于破产还债。

"破产"一词有着广义与狭义之分,狭义的破产仅指破产清算,广义的破产还包括和解与重整。世界各国法学理论和司法实践中对破产的处理不尽相同,如美国等大多数国家出于社会安定、保护债权人利益等方面的考虑,不主张采取"破产清算"这种极端形式。企业从申请破产到最终破产清算,《破产法》尽可能为企业创造避免解体、再建恢复的机会,该程序在法律上称为"和解与整顿"。破产和解制度与整顿制度可以使债务人摆脱债务诉讼或减轻债务负担,能给债务人一个"生还"的机会。只有当债务人已具备破产宣告条件,如和解、整顿失败,不执行和解协议,严重损害债权人利益等,才依法宣告破产。

二、企业破产的法律规定

(一) 破产原因

破产原因是申请债务人破产的事实根据,是对债务人进行破产清算和破产预防的法律事实,也是破产程序启动、变更和终结的法律依据。我国《中华人民共和国企业破产法》(以下简称《破产法》)对所有的法人企业适用统一的破产原因,《破产法》第二条规定企业法人不能清偿到期债务,并且资产不足以清偿全部债务或者明显缺乏清偿能力的,债务人可以向人民法院提出重整、和解或者破产清算申请,债权人也可以向人民法院提出对债务人进行重整或破产清算的申请。

以上所说的"不能清偿到期债务"是指债务人由于缺乏清偿能力,对于已到清偿期而受请求的债务无法全部进行清偿的一种客观经济状态。以上所说的"资产不足以清偿全部债务",即资不抵债,是指债务人的全部资产不足以偿付其全部债务。以上所说的"明显缺乏清偿能力",实质上是不能清偿到期债务。

(二) 重整与和解

1. 重整

重整是指不对无偿付能力的债务人的财产立即进行清算,而是在人民法院的主持下由债务人与债权人达成协议,制订重整计划,规定在一定的期限内,债务人按一定的方式,全部或者部分清偿债务,同时债务人可以继续经营其他业务的法律行为。重整适用于所有类型的企业法人,是一个独立的破产预防程序。

按照我国《破产法》第七十条的规定,债权人和债务人都可以向人民法院申请对债务人进行重整。如果债权人提出破产清算,在人民法院受理破产申请后、宣告债务人破产前,债务人或者出资额占债务人注册资本 1/10 以上的出资人,可以向人民法院申请重整。由人民法院裁定债务人进行重整并予以公告。自人民法院裁定债务人重整之日起 6 个月内,债务人或者管理人应当向人民法院和债权人会议提交重整计划草案,包括以下内容:债务人的经营方案、债权分类、债权调整方案、债权受偿方案、重整计划的执行期限、重整计划执行的监督期限、有利于债务人重整的其他方案。人民法院将在收到重整计划草案 30 日内召开债权人会议,并按照债权是否有担保,是否为所欠税款等对债权进行分类,分组对重整计划草案进行表决。出席会议的同一表决组的债权人过半数同意重整计划草案,并且其所代表的债权额占该组债权总额的 2/3 以上的,即为该组通过重整计划草案。

按照我国《破产法》第七十三条规定,在重整期间,经债务人申请人民法院批准,债务人可以在管理人的监督下自行管理财产和营业事务。第七十八条规定,在重整期间,有下列情形之一的,经管理人或者利害关系人请求,人民法院应当裁定终止重整程序,并宣告债务人破产:①债务人的经营状况和财产状况继续恶化,缺乏挽救的可能性。②债务人有欺诈、恶意减少债务人财产或者其他显著不利于债权人的行为。③由于债务人的行为致使管理人无法执行职务。

2. 和解

和解是破产程序开始后,债务人和债权人之间就债务人延期清偿债务、减少债务数额、进行整顿事项达成协议,以挽救企业、避免破产、中止破产程序的法律行为。债务人可以直接向人民法院申请和解,也可以在人民法院受理破产申请后、宣告债务人破产前,向人民法院申请和解。

申请和解时应提交和解协议草案。经人民法院审查认为和解申请符合我国《破产法》的规定,应裁定和解,予以公告,并召集债权人会议讨论和解协议草案。当出席会议的有表决权的债权人过半数同意,并且其所代表的债权额占无财产担保债权总额的 2/3 以上时,和解协议通过,经人民法院认可后,和解协议对债务人和全体债权人均有约束力。债务人按照和解协议的条款清偿债务。

我国《破产法》第九十九条明确规定:和解协议草案经债权人会议表决未获得通过,或者已经债权人会议通过的和解协议未获得人民法院认可的,人民法院应当裁定终止和解程序,并宣告债务人破产。同时我国《破产法》第一百零三条和第一百零四条对和解协议的终止也作出了规定,主要是因债务人欺诈或违法行为而成立的和解协议,以及债务人不能或不执行和解协议的,人民法院有权裁定终止和解协议,并宣告债务人破产。

(三)破产清算

《破产法》第一百零七条规定:人民法院依照本法规定宣告债务人破产的应当自裁定作出之日起 5 日内送达债务人和管理人,自裁定作出之日起 10 日内通知已知债权人,并以公告。被宣告破产后,债务人称为破产人,债务人财产称为破产财产,人民法院受理申请时对破产人享有的债权称为破产债权。进入破产清算阶段后,管理人应当拟定破产财产变价方案,交由债权人会议讨论通过后,适时变价出售破产财产。

三、企业破产财务管理的研究内容

企业一旦进入破产程序,其财务管理即进入了非常时期。企业财务必须遵守破产法有关法律规定,调整或了结与债权人的债权债务关系,正确处理企业与其他各方经济利益关系,避免直接破产,保护债权人的合法权益,实现公平受偿比例最大化的目标。

由于财务管理目标发生了变化,企业在破产程序实施期间财务管理与正常期间有所不同,主要表现在以下几个方面。

(1)破产企业的财务管理是一种"例外"性质的管理,即危机管理。企业进入破产程序后,随时有可能被宣告破产。此时,财务管理的主要职能是防止财务状况进一步恶化,组织重整与和解计划的实施与完成,采取应急对策,纠错、治错,避免破产清算。

(2)破产企业的财务管理内容具有相对性和变异性。企业破产是既定的理财环境下发生的,随着理财环境的改变,企业可能在瞬间由破产困境变异为盈利顺境。例如,政府有关部门给予资助或者采取其他措施帮助清偿债务取得担保;已核销应收账款的收回;外部资源改变;经济政策出台等。因此,破产企业的财务管理内容需要根据环境的变化作相应调整或改变。

（3）破产企业的财务活动及破产财产受控于破产管理人，并处于法院的监督之下。企业提出重整与和解申请后，应当向债权人会议提交重整、和解协议草案，该草案经债权人会议通过并报请法院审查认可，自公告之日起具有法律效力。如果企业不执行协议或财务状况继续恶化或者严重损害债权人利益，债权人会议有权向法院申请，终结企业重整与和解，宣告其破产。法院自宣告之日起15日内成立清算组，清算组负责破产财产的保管、清理、估价、处理和分配，并接受法院监督。破产企业在财务预算、财务决策和财务控制诸环节的管理中必须重视破产管理人的意见。

因此，破产企业财务管理研究内容包括以下两个方面：一是破产企业财务管理理论，包括预警管理理论和破产管理理论，主要研究企业破产的早期监测与控制、企业破产的财务管理体制、企业破产的原因、破产债权及破产财产的分辨标志、破产财产的估价方法等。二是破产企业财务管理实务，包括重整与和解实务及破产清算实务，主要研究重整与和解协议草案的内容、债务清偿方式及顺序、剩余财产的分配等。

第二节 破产预警管理

一、企业财务危机的防范

企业破产的直接原因是发生财务危机，它是财务风险加剧的必然结果。财务危机的早期监测是预知风险发生的可能性，及时有效地采取应急对策，设法阻止危机进一步恶化。

（一）财务风险的辨识

财务风险是指全部资本中债务资本比率的变化带来的风险。在竞争激烈的市场经济条件下，财务风险是不可避免的。企业管理者应善于辨识财务风险，及时采取有效措施。财务风险的辨识是指对存在于企业内部和外部的各种风险进行分辨，弄清楚哪些属于企业的财务风险，哪些不属于企业的财务风险；哪些已形成现实的财务风险，哪些尚属于潜在的财务风险；哪些财务风险已威胁到企业生存与发展，哪些财务风险尚不构成威胁。

对财务风险的辨识可以从不同层次、不同角度进行。既可以运用预测分析等方法从宏观层面分析，也可以运用财务状况分析等方法从微观层面分析，或将两者结合。进行财务风险分析和判断的前提是找到财务风险生成、发展的证据材料，健全的财务资料有利于提高辨识的质量。财务风险的辨识可通过财务风险辨识问卷进行，如表9-1所示。企业可以根据问题设定不同的权重分值，通过得分高低来判断财务风险的大小。

表9-1 财务风险的辨识问卷

问题	是	否	说明
财务风险源是否存在？			

(续表)

问题	是	否	说明
财务风险是否已经生成?			
财务风险是否针对本企业?			
与财务风险相关的因素是否已显现?有何具体特征?			
财务风险在波及本企业之前是否会发生变异?			
已有财务风险资料是否充分?			
财务风险是否已对企业构成威胁?			
财务风险是否属于显现期?			
财务风险是否需要进行衡量?			
财务风险是否需要进行监测?			

(二) 财务风险的衡量

财务风险的衡量是指对财务风险进行数量界定,它是针对某种财务风险的形成、发展的概率以及可能造成损失的范围和强度进行测算,分析该财务风险对企业的威胁程度、可能造成的影响与危害以及企业的承受能力。财务风险的衡量可通过财务风险衡量问卷进行,如表9-2所示。企业可以通过对每一问题设定权重分值从而对财务风险进行量化。

表 9-2　　　　　　　　　　财务风险的衡量问卷

问题	是	否	说明
财务风险源是否已经显现?			
财务风险资料及规律是否已经把握?			
是否有可借鉴和参考的先例和经验?			
财务风险将在何时或何种情况下发生?			
财务风险的发生需要具备什么条件?			
在企业内外该条件是否已形成?			
财务风险造成损失的范围和强度如何?			
财务风险是否会发生"并发症"?			
财务风险是否超出预警线?			
是否需要采取行动?			

(三) 财务风险的防范

从总体上来说,防范企业财务风险应做好以下几方面工作。

(1) 认真分析财务管理的宏观环境及其变化情况,提高企业对财务管理环境变化的适应能力和应变能力,制定多种应变措施,适时调整财务管理政策和改变财务管理方法,以此降低因环境变化给企业带来的财务风险。

(2) 建立和不断完善财务管理系统。面对不断变化的财务管理环境企业应设置高效的财务管理机构,配备高素质的财务管理人员,健全规章制度,强化各项基础工作,使企业财务管理系统有效运行,以防范因财务管理系统不适应环境变化而产生的财务风险。

(3) 不断提高财务管理人员的风险意识。财务风险存在于财务管理工作的各个环节,任何环节的工作失误都可能会给企业带来财务风险,财务管理人员必须将风险防范贯穿于财务管理工作的始终。

(4) 提高财务决策的科学化水平。财务决策的正确与否直接关系到财务处理工作的成败,经验决策和主观决策会使决策失误的可能性大大增加。为防范财务风险,企业必须采用科学的决策方法,充分考虑影响决策的各种因素,尽量采用定量分析方法并运用科学的决策模型进行决策。对各种可行方案要认真进行分析评价,从中选择最优的决策方案,切忌主观臆断。

(5) 理顺企业内部财务关系,做到权、责、利相统一,企业应理顺内部的各种财务关系,明确各部门在企业财务管理中的地位、作用和应承担的责任,并赋予其相应的权力,真正做到权责分明。

从技术角度来说,防范财务风险的方法主要有以下三种:

(1) 分散法,即通过企业之间联营、多种经营及对外投资,将风险转移给合作伙伴。例如,企业可以采用投资多元化方式分散财务风险。对于风险较大的项目,企业可以采用与其他企业共同投资、收益共享、风险共担的方式分散投资风险。

(2) 降低法,即企业面对客观存在的财务风险,努力采取措施降低财务风险的方法。例如,当市场不可预测因素增多,股票价格出现剧烈波动时,企业应及时降低股票投资在对外投资中的比重,从而降低投资风险。

(3) 回避法,即企业在选择理财方案时,应综合评价各种方案对企业正常生产经营活动的影响,以及其财务风险,选择风险较小的方案,回避风险较大的方案。

二、企业破产危机的征兆

大多数情况下,企业破产危机表现为财务危机。管理无能、不明智的扩张、激烈的竞争、过高的负债等原因致使企业财务状况逐步恶化。在企业财务状况由顺境到逆境的演变过程中通常可以从企业外在特征(如交易记录恶化、过度依赖借款及关联交易、领导班子更换频繁等)及财务特征两个方面察觉危机。

1. 财务指标

企业可以通过观察现金流量、销售量、利润、平均收账期、偿债能力指标等指标的变化,发现财务恶化的苗头。

(1) 现金流量。企业出现财务危机首先表现为缺乏支付到期债务的现金流。企业的现金流量与销售收入、利润密切相关,它们各自有可能上升,有可能持平,有可能下降,排列组合后呈现出联动的内在规律,用三维直角坐标系表示,如图9-1所示。

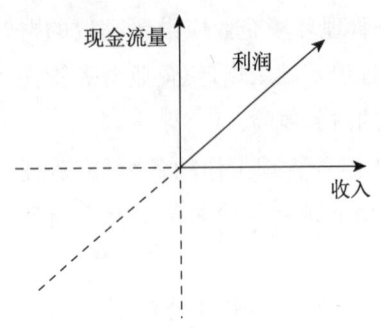

图 9-1 企业现金流量与销售收入、利润的关系

由图 9-1 可以看出,从坐标系区分的卦限来看,现金流量上升的同时,既存在收入、利润同时上升的现象(第Ⅰ卦限),也存在收入、利润同时下降的现象(第Ⅲ卦限),还存在收入下降、利润上升的现象(第Ⅱ卦限)及收入上升、利润下降的现象(第Ⅳ卦限);同理,现金流量下降的同时,既存在收入、利润同时上升的现象(第Ⅴ卦限),也存在收入、利润同时下降的现象(第Ⅶ卦限),还存在收入下降、利润上升的现象(第Ⅵ卦限)及收入上升、利润下降的现象(第Ⅷ卦限)。

就财务活动的客观结果而言,第Ⅰ卦限属正常情况,企业运作良好,现金流转顺畅。其余卦限均为病态,存在危机隐患。通常情况下,一个企业在收入上升时,如果没有利润与现金流量伴随,那么该企业财务方面便会呈现出病态,如成本失控,对外投资无法回收,流动资金短缺,企业不能按期还债付息等。根据"病情"症状最直接的外在表象及上面的演绎结果,将"病情"归并为七类三级,以"十"号多少表示"病情"的严重程度。各病情的病因分析与诊断结果如表 9-3 所示。

表 9-3 各"病情"的病因分析与诊断结果

类别	情况描述	原因分析	级别	诊断
第一类	收入下降、利润上升,而现金流量上升	企业产品销路不畅,主营业务收入下降,企业靠其他业务、对外投资、营业外收入增加利润和流量	十	企业资产配置不合理,影响其长期稳定发展。若举债进行证券投资,企业财务风险进一步加大。企业应尽快调整资产结构及产品结构,生产适销对路的产品,才能使企业稳步健康发展
第二类	收入下降、利润下降,而现金流量上升	企业产品销路不畅,成本上升,企业主营业务利润为负值,其他业务、投资活动等增加的利润有限,仍然扭转不了利润下降的局面。从短期看,当亏损额小于折旧额,在固定资产不需要更新之前,企业现金流转仍可维持。一旦亏损额大于折旧额,若外部筹资不能及时到位,企业将很快破产	十十	短期内扭亏为盈或进行资产重组
第三类	收入上升、现金流量上升,而利润下降	成本费用上升幅度快于收入上升的幅度,或投资损失超过主营业务利润	十	加强成本控制及投资风险管理
第四类	收入上升、利润上升,而现金流量下降	企业放宽信用条件,增加了赊销量,但现金回笼状况差,现金流转不顺畅或长期投资占用资金过大,建设周期过长致使现金流量下降	十	加强应收账款管理及投资风险管理

(续表)

类别	情况描述	原因分析	级别	诊断
第五类	收入下降、现金流量下降,而利润上升	产品市场占有率下降,现金回笼状况差,投资收益未形成现金流入。	十十十	开发新产品,尽量实现产品更新换代;立足主营业务,调整投资结构,加快货币回笼,增强外部筹资能力
第六类	收入下降、利润下降,同时现金流量下降	产品市场占有率下降,其他业务及投资收益欠佳,外部筹资困难	十十	尽快进行资产重组
第七类	收入上升、利润下降,同时现金流量下降	企业采用赊销作为促销手段,信用标准降低而使收益质量下降。另外,成本上升或投资损失、营业外支出过大等均会导致利润下降	十十	进行账龄分析,调整信用标准;加强成本控制及投资风险管理

(2) 销售量的非预期下降。销售量的下降会引起企业管理层的高度关注,但是大多数人往往将销售量的下降仅看作营销问题,会采取调整价格,加强促销等手段来解决,而不考虑财务问题。事实上,销售量的非预期下降会带来严重的财务问题。例如,当一个销售量正在下降的企业仍在扩大向其客户提供赊销时,管理人员就应该预见到其现金流量将面临困境。

(3) 利润严重下滑。如果企业销售额上不去,成本却不断攀升,就会导致盈利空间逐步缩小,甚至出现亏损。几乎所有发生财务危机的企业都要历经3～5年的亏损,随着亏损额的增加,历年的积累被蚕食,而长期亏损的企业又很难从外部获得资金支持,长期下去企业必然陷入财务困境。

(4) 平均收账期延长。平均收账期延长,会增加企业在应收账款方面的投资,占用大量的资金。当企业的现金余额由于客户延迟付款而逐渐减少时,较长的平均收账期就会成企业严重的财务问题。

(5) 偿债能力指标恶化。反映企业偿债能力的财务指标主要有资产负债率、利息保障倍数、流动比率、速动比率等,如果这些财务指标连续多个会计期间不断恶化,就是财务危机的明显征兆。

2. 财务报表

一般来说,财务报表能综合反映企业在特定时点的财务状况和一定时期内的经营成果。因此,观察财务报表的相关数据和平衡关系,可以判断企业是否存在危机隐患。

(1) 从利润表看。根据企业经营收益、经常收益和当期收益的亏损和盈利情况,可将企业财务状况分为A—F六种类型。不同类型财务状况对应的安全状态如表9-4所示。

表9-4　　　　　　　　不同类型财务状况对应的安全状态

项目	A	B	C	D	E	F
经营收益	亏损	亏损	盈利	盈利	盈利	盈利
经营收益	亏损	亏损	亏损	亏损	盈利	盈利
当前收益	亏损	盈利	亏损	盈利	亏损	盈利
状态说明	接近破产状态		若此状态继续，将会导致破产		根据亏损情况而定	正常状态

说明：
经营收益＝主营业务利润＋其他业务利润－销售费用－管理费用＋投资收益
经常收益＝经营收益－财务费用
当期收益＝经常收益＋补贴收入＋营业外收入－营业外支出

（2）从资产负债表看。根据资产负债表平衡关系和分类排列顺序，可以将企业财务状况分为X、Y、Z三种类型。X型表示正常；Y型表示企业已亏损了一部分资本，财务危机有所显现；Z型表示企业已亏损了全部资本和部分负债，临近破产。不同类型对应的安全状态如表9-5、表9-6和表9-7所示。

表9-5　　　　　　　　　　　　X型

流动资产	流动负债
	长期负债
非流动资产	资本

表9-6　　　　　　　　　　　　Y型

流动资产	流动负债
	长期负债
非流动资产	资本
	损失

表9-7　　　　　　　　　　　　Z型

流动资产	流动负债
	长期负债
非流动资产	
	损失

三、企业破产危机的应对

企业破产危机应对的关键是捕捉先机，即在危机到来之前，建立明确的、便于操作的危机

应急预案,避免事前无计划、事后忙乱的现象。应急预案的内容可能会随着企业经营范围、理财环境的变化而变化,但一般应包括:

(1) 处理危机的目标(包括最高目标和最低目标)与原则。

(2) 与债权人的谈判策略。

(3) 专家与组织。

(4) 应急资金的来源。

(5) 削减现金支出和变卖资产的顺序。

(6) 资产组合和负债结构的调整和优化措施。

(7) 应急措施,如利用媒体与债权人进行传播和沟通,以此控制危机,设法使受危机影响大的债权人站到企业的一边,帮助企业解决有关问题;邀请公正、权威机构及专家来帮助解决危机,以取得债权人与社会对企业的信任,设立危机控制中心等。

(8) 重组计划。

破产危机应急具体对策如表9-8所示。

表9-8　　　　　　　　　　　破产危机应急具体对策

对策	举例	优缺点
规避	放弃风险大的投资项目	操作简便易行,安全可靠,效果有保障,但该方法易丧失盈利机遇,为竞争对手所利用
布控	企业建设项目投标的、与客户签订的购销合同的标的等重大财务决策采取加密措施	可有效控制财务风险的发生和发展,但该方法受到技术条件、成本费用、管理水平的限制
承受	变卖企业资产偿还到期债务	丢卒保车,但该方法会发生实际经济损失,并由企业内部资产进行补偿
转移	将已辨识的财务风险予以保险,或转让、转包、转租、联营、合资、抵押、预收、预提等	可减少或消除一时的风险损失,转移不慎,有可能产生新的风险因素
对抗	企业已资不抵债,再增加借款。股票投资已套牢,再注入一笔资金	高风险,可能带来高回报,但也可能遭受加倍损失

破产预警管理效果评价是指对破产预警管理结果的评价,目的在于总结经验教训,为以后决策提供依据。破产预警管理效果评价可采取问卷的方式进行,如表9-9所示。

表9-9　　　　　　　　　　　破产预警管理效果的评价问卷

问题	是	否	说明
破产预警管理结果是否实现了预期目标?如果存在差异其幅度有多大?			
破产预警管理对策是否易于分解落实?			
财务风险损失较预计有无增加?如有,原因何在?			
财务风险控制的力度如何?			

(续表)

问题	是	否	说明
是否存在更佳的方案未被采用？			
破产预警管理过程中是否出现失控区间？失控原因及后果如何？			
破产预警管理是否为最佳成本费用选择？			
破产预警管理方案是否具有弹性？是否适应于可能发生的变异？			
该破产预警管理的经验教训有哪些？			

第三节 重整与和解财务管理

一、重整与和解财务管理的特点

重整是我国《破产法》的主要创新之一。重整是在法院的主持和各利害关系人的参与下，对陷入困境、濒临破产而又具有挽救价值和重建可能的企业进行生产经营上的整顿和债权债务关系的清理，最终使企业重获生产经营能力，避免破产清算，摆脱困境的一种特殊法律形式。重整、和解与破产清算有机结合构成了破产程序体系。重整与和解期间，企业的生产经营活动会继续进行，但不同于正常财务管理活动，其特点主要体现为以下几个方面。

（1）重整期间，债务人要在管理人的监督下自行管理财产和营业事务。管理人可以由有关部门、机构的人员组成的清算组或者依法设立的律师事务所、会计师事务所、破产清算事务所等社会中介机构担任，由人民法院指定。

（2）重整计划与和解协议草案的制订是重整与和解阶段的首要任务，而且必须通过债权人会议并由人民法院裁定认可才能生效。如果企业未能履行重整计划与和解协议，法院将终止重整与和解，宣告其破产。

（3）在重整计划规定的监督期间内，债务企业需要向管理人报告重整计划的执行情况和财务状况。

二、重整计划的制订与执行

重整的程序可以分为以下四个步骤。

（1）由债权人或债务人向人民法院申请重整。企业法人只要具备明显缺乏清偿能力的可能性就可以申请进入重整程序。

（2）在人民法院裁定重整的6个月内，债务人或管理人需向债权人会议和人民法院同时提交重整计划草案。

（3）人民法院在收到重整计划草案的30日内召开债权人会议，对重整计划进行表决，表决通过后10日内，债务人或管理人向人民法院申请批准重整计划，人民法院在收到申请的

30日内裁定批准。

(4) 债务人负责重整计划的执行,并在监督期内接受管理人的监督。

如果其中的任何一步没有按要求完成,则重整程序终止,人民法院会宣告债务人破产。

因此,重整是否可以顺利完成,主要取决于重整计划的制订是否可以获得债权人会议的通过以及人民法院的裁定认可。重整计划草案应尽可能完整地勾勒出债务人对未来经营的设想与安排、可行性、对债权人的利益保护程度等,以获得债权人的认可。主要可以分为以下几个方面。

(1) 经营方案的描述与可行性分析,这是企业获得新生的动力所在,也是促成重整程序获得通过的重要基础。

(2) 理清企业所有的债权并进行分类,在此基础上提出债权调整与受偿方案。该环节要注意维护债权人的利益,并做到公平对待不同类型的债权人。

(3) 明确界定重整计划的执行期限与监督期限。

债权人会议讨论重整计划草案时,需要按债权类型分类分组进行表决,如果涉及出资人变更权益事项,则应设出资人组对计划草案进行表决。各表决组均通过计划草案时,即为通过。否则,债务人或管理人应积极同未通过计划草案的表决组进行协商,协商后再次进行表决。如还未能通过,债务人还可以在重整计划符合公平、公正等条件下,申请人民法院批准计划草案。

重整计划获得批准后由债务人负责执行,并在监督期内接受管理人的监督,监督期满,管理人向人民法院提交监督报告,管理人的监督职责终止,重整计划的利害关系人有权查阅该监督报告。必要时,管理人可以申请人民法院批准延长监督期限。重整计划对所有债权人和债务人都有约束力,债权人未依照我国《破产法》规定申报债权的,在重整计划执行期间不得行使权利;在重整计划执行完毕后,可以按照重整计划规定的同类债权的清偿条件行使权利。如果债务人不能执行或不执行重整计划,管理人或其他利害关系人可以向人民法院申请裁定终止重整计划,终止重整计划执行后,债权人在重整计划中作出的债权调整的承诺失去效力。债权人因执行重整计划所受的清偿仍然有效,债权未受清偿的部分作为破产债权。

三、和解协议的制定

和解制度着眼于债权债务关系的变动,通过债权、债务双方的协商,达成新的偿债协议,从而避免债务企业破产。不同于重整,和解申请一般由债务人提出,既可以直接提出,也可以在人民法院受理但尚未宣告债务企业破产前申请和解。和解程序可以分为以下五个步骤。

(1) 债务人不能及时清偿债务,可以向法院提出和解申请。债务人可以依照我国《破产法》规定,直接向人民法院申请和解,也可以在人民法院受理破产申请后、宣告债务人破产前,向人民法院申请和解。债务人申请和解,应当提出和解协议草案。

(2) 债权人会议讨论和解协议草案。人民法院经查认为和解申请符合法律规定的,应当裁定和解,予以公告,并召集债权人会议讨论和解协议草案。债权人会议通过和解协议的决议,须由出席会议的有表决权的债权人过半数同意,并且其所代表的债权额占无财产担保债权总额的 2/3 以上。

(3) 债权人会议通过和解协议的,由人民法院裁定认可,终止和解程序,并以公告;和解协议草案经债权人会议表决未获得通过,或者虽已经债权人会议通过但未获得人民法院认可的,人民法院应当裁定终止和解程序,并宣告债务人破产。经人民法院裁定认可的和解协议,对债务人和全体和解债权人均有约束力。和解债权人是指人民法院受理破产申请时对债务人享有无财产担保债权的人。

(4) 债务人应按照和解协议规定的条件清偿债务。

(5) 如因债务人的欺诈或者其他违法行为而成立的和解协议,人民法院应当裁定无效,并宣告债务人破产;如债务人不能执行或者不执行和解协议的,人民法院经和解债权人请求,应当裁定终止和解协议的执行,并宣告债务人破产。

四、和解与重整的财务问题

1. 和解的财务问题

(1) 确定各项债务的偿还数额、日期和步骤。企业财务人员要对债权人和本企业的情况进行具体分析,合理确定债权减免的数额。除了债权减免外,还应提出延缓支付债务的要求。一般而言,对到期债务应实行分期分批偿还。

(2) 提出改善财务状况的具体方案,主要包括:如何增加企业资金来源;怎样减少企业资金占用;如何扩大市场,增加销售收入;采取哪些降低成本的措施等。

2. 重整的财务问题

破产企业一般都存在管理混乱、资产破坏严重、销售收入减少、成本居高不下、产品质次价高等问题。为使重整取得成效,破产企业在财务上应做好以下工作。

(1) 筹集一定数量的资金对厂房和设备进行修理或更新以利于正常进行生产和大幅度降低成本。

(2) 筹集一定数量的资金以购置生产经营所需要的流动资产。

(3) 筹集一定数量的资金开发新产品和占领新市场,以便增加销售收入。

(4) 筹集一定数量的资金偿还到期债务。

进行上述工作都需要资金,重整能否取得成功,关键问题是企业能否筹集到重整过程中所需的资金。在重整期间,企业的信誉低,难以取得贷款或发行债券、股票,可以考虑采取以下措施。

(1) 努力争取上级主管部门的资金支持。如果上级主管部门提出了和解申请,说明它愿意帮助企业渡过难关。因此,上级主管部门的资金可能成为重整期间企业资金的主要来源。

(2) 寻找信誉良好的企业作担保人,向银行获取担保贷款,调整资金结构。如果可能的话,最好把债权转化为股权。适当处理过时和损毁的流动资产,以减少资金占用。减少奖金发放,停止股息和红利的支付。

第四节 破产清算财务管理

一、破产清算的程序

破产清算由法院裁定,严格按法定程序进行,破产清算程序的步骤一般包括:

(1) 法院依法宣告公司破产,由此企业正式进入破产清算程序。

(2) 管理人接管破产公司,负责破产财产的保管、清理、估价、处理和分配。

(3) 全面清查财产、债权、债务。清算组成立后,应对破产企业的财产、债权、债务做全面检查,编制出资产负债表和详细的财产目录。

(4) 制定破产财产分配方案,债权人会议讨论通过,法院裁定后执行。

(5) 管理人向法院提交破产财产分配报告,法院裁定终结破产程序。管理人持裁定公告办理企业注销登记,办理停业登记。自此,公司法人资格正式终止。

二、破产清算中的财务管理

(一) 破产财产的界定与变卖

根据我国《破产法》的规定,破产财产包括:受理破产申请时,公司经营管理的全部财产;公司宣告破产后至破产清算终结前所得财产,如收回应收账款、应当由破产公司支配的其他财产。

破产财产被确定以后一般都要变卖为货币资金,以便清偿债务。破产财产应采用公开拍卖的方式加以出售。拍卖一般委托拍卖公司进行,也可由清算组聘请专人负责,谁出价高,就卖于谁。但破产财产若有法律限制自由买卖的商品,如黄金,炸药等应由政府主管部门或指定部门收购破产财产中的整套设备或生产线,应尽量整体出卖,确实无法整体卖的,方可分散出售。

(二) 破产债权的界定和确认

破产债权,是指在破产申请受理时,对于债权人享有的债权。在界定和确认破产债权时,包括破产宣告前成立的无财产担保的债权,以及放弃优先受偿权的有财产担保的债权。即使破产宣告前未到期的债权,也视为已到期债权,但应当减去未到期的利息。

债权人申报债权时,应当书面说明债权的数额和有无财产担保,并提交有关证据。如果申报的债权是连带债权的,也应当说明。管理人收到债权申报材料后,应当登记造册,对申报的债权进行审查,并编制债权表。

不作为破产债权的情况主要包括:破产宣告前成立的有财产担保的债权,债权人有就该担保品优先受偿的权利,这部分债权不能构成破产债权。但是,有财产担保的债权其数额超过担保品价款的,未受偿部分应作为破产债权;债权人对破产公司负有债务的其债权可在破产清算之前抵销,抵销部分不能算为破产债权;债权人未在法律规定的期限内向法院申报债权,视为自动放弃债权,被自动放弃的债权不能作为破产债权;债权人参加破产清算程序的费用,不能作为破产债权。

(三) 破产费用的确认与管理

破产费用是指在破产案件中,为破产债权人的共同利益而支出的费用。破产费用包括:

(1) 破产案件的诉讼费用。

(2) 管理、变价和分配债务人财产的费用。

(3) 管理人执行职务的费用、报酬和聘用工作人员的费用。

共益债务是指破产程序中为全体债权人的共同利益由债务人财产及其管理人行为而产生的债务。人民法院受理破产申请后发生的下列债务,为共益债务。例如,因管理人或者债务人请求对方当事人履行双方均未履行完毕的合同所产生的债务。为债务人继续营业而应支付的劳动报酬和社会保险费用以及由此产生的其他债务。

破产费用和共益债务由债务人财产随时清偿。如果债务人财产不足以清偿所有破产费用和共益债务,应该先行清偿破产费用;如果债务人财产不足以清偿所有共益债务,则按照比例清偿;如果债务人财产不足以清偿破产费用,管理人应当提请人民法院终结破产程序。

在破产案件清算过程中,应当尽量减少破产费用的支出。破产费用在破产财产中优先拨付,当破产财产不足以支付破产费用时,清算组要向法院及时申报,由法院宣告破产终结。

(四) 破产财产的分配与的清偿

当破产财产全部被确认和拍卖,破产债权全部被界定和确认,破产费用总额核算(估算)出来以后,清算组便可提出分配方案。分配方案要由债权人会议通过,经法院裁定后执行。

破产财产不足以清偿同一顺序的清偿要求的,按照比例分配。破产财产清偿到某一顺序而全部用完时,破产程序就此终结。

章节测试

班级_____ 姓名_____ 学号_____ 日期_____ 分数_____

一、单项选择题(每小题6分,共30分)

1. 按照《破产法》的有关规定,公司的破产财产应先偿付(　　)。
   A. 破产企业所欠的税款　　　　　　B. 已担保的债权
   C. 破产企业所欠职工工资和劳动保险费　D. 无担保的破产债权

2. 下列各项中,不属于破产费用的是(　　)。
   A. 破产案件的诉讼费用　　　　　　B. 管理人执行职务的报酬
   C. 管理人执行职务致人损害的费用　D. 管理和分配债务人财产的费用

3. 下列各项中,属于共益债务的是(　　)。
   A. 管理人对破产财产进行分配而发生的费用
   B. 管理人为破产财产的估价聘请的资产评估专业人员而支付的劳动报酬
   C. 债务人的财产在债务人自己的仓库保管时发生火灾,殃及近邻,造成他人的财产损失
   D. 人民法院受理债务人的破产案件依照职权发生的由债务人负担的调查费用、公告费和文件送达费用

4. 下列有关重整制度的表述,说法不正确的是(　　)。
   A. 在重整期间,对债务人的特定财产享有的担保权暂停行使
   B. 担保物有损坏或者价值明显减少的可能,足以危害担保权利的,担保权人可以向人民法院请求恢复行使担保权
   C. 在重整期间,债务人或者管理人为继续营业而借款的,可以为该借款设定担保
   D. 在重整期间,债务人的出资人可以请求投资收益分配

5. 关于破产清偿顺序,下列说法正确的是(　　)。
   A. 在清偿有担保的债权之前,要优先清偿破产费用和共益债务
   B. 破产财产在优先清偿破产费用和共益债务后,要先清偿欠缴的税款
   C. 破产财产在优先清偿破产费用和共益债务后,要先清偿普通债权
   D. 破产财产不足以清偿同一顺序的清偿要求的按照比例分配

二、多项选择题(每小题8分,共40分)

1. 下列各项中,属于破产债权的有(　　)。

A. 破产宣告前发生的虽有财产担保但是债权人放弃优先受偿的债权

B. 债权在破产宣告后产生的利息

C. 债务人的保证人代替债务人清偿债务后依法可以向债务人追偿的债权

D. 破产债权人参加破产程序所支付的费用

2. 下列各项中,不属于破产财产的有（　　）。

A. 已作为担保物的财产

B. 破产企业工会所有的财产

C. 破产企业内属于他人的财产

D. 担保物价款超过所担保债务额的部分

3. 人民法院受理破产申请前1年内,涉及债务人的财产的行为,管理人有权请求人民法院予以撤销,这些行为包括（　　）。

A. 有偿转让财产

B. 以明显不合理的价格进行交易

C. 放弃债权

D. 对没有财产担保的债务提供财产担保

4. 根据《中华人民共和国企业破产法》的规定,对破产企业尚未履行的合同管理人可以选择的处理方式有（　　）。

A. 予以解除　　　　　　　　B. 中止合同履行

C. 宣告无效　　　　　　　　D. 继续履行

5. 关于和解的申请,下列说法正确的有（　　）。

A. 债务人不能直接向法院申请和解

B. 债务人可以直接向法院申请和解

C. 债务人可以在人民法院受理破产申请后、宣告债务人破产前向法院申请和解

D. 债务人在人民法院受理破产申请后不能向法院申请和解

三、判断题(每小题6分,共30分)

1. 根据《破产法》的规定,债权人和债务人企业均可向人民法院提出破产清算申请。（　　）

2. 企业法人已解散但未清算完毕,资产不足以清偿债务,对债务人负有清算责任的人可以申请破产清算。（　　）

3. 对债务人的特定财产享有担保权的债权人,未放弃优先受偿权利的,对于破产财产的分配方案的决议有表决权。（　　）

4. 破产费用是在破产程序中为债权人共同利益而发生的费用。（　　）

5. 债权人申请和解,应当提出和解协议草案。（　　）

第十章　企业财务制度设计

知识导航

```
                          ┌─ 企业财务制度
                          │
            ┌─ 企业财务制度设计概述 ─┤  企业财务制度的内容
            │             │
            │             ├─ 企业财务制度体系
            │             │
            │             └─ 企业财务制度设计
            │
企业财务制度设计 ─┤                       ┌─ 企业财务制度设计的目标
            ├─ 企业财务制度设计的目标与原则 ─┤
            │                       └─ 企业财务制度设计的原则
            │
            │                       ┌─ 企业财务制度设计的程序
            └─ 企业财务制度设计的程序与方法 ─┤
                                    └─ 企业财务制度设计的方法
```

学习目标

1. 了解财务制度的概念和特征。
2. 理解财务制度设计的概念与分类。
3. 掌握企业财务制度设计的原则。
4. 掌握企业财务制度设计的方法。

寓德于教

党的二十大报告中指出，完善中国特色现代企业制度，弘扬企业家精神，加快建设世界一流企业。支持中小微企业发展。深化简政放权、放管结合、优化服务改革。构建全国统一大市场，深化要素市场化改革，建设高标准市场体系。完善产权保护、市场准入、公平竞争、社会信用等市场经济基础制度，优化营商环境。健全宏观经济治理体系，发挥国家发展规划的战略导向作用，加强财政政策和货币政策协调配合，着力扩大内需，增强消费对经济发展的基础性作用和投资对优化供给结构的关键作用。健全现代预算制度，优化税制结构，完善财政转移支付体系。深化金融体制改革，建设现代中央银行制度，加强和完善现代金融监管，强化金融稳定保障体系，依法将各类金融活动全部纳入监管，守住不发生系统性风险底线。健全资本市场功能，提高直接融资比重。加强反垄断和反不正当竞争，破除地方保护和行政性垄断，依法规范和引导资本健康发展。

思考与讨论： 结合习近平总书记党的二十大报告，谈谈企业财务制度设计在财务管理中的重要作用。

资料来源：党的二十大报告原文。

第一节 企业财务制度设计概述

一、企业财务制度

（一）财务制度的概念

根据财务制度按制定主体不同可分为广义财务制度和狭义财务制度。

广义的财务制度是由国家权力机构和有关政府部门以及企业内部制定的用来规范企业同各方面经济关系的法律、法规、准则、办法及其企业内部财务规范的总称。

狭义的财务制度又称为企业财务制度，是由企业管理当局制定的用来组织企业财务活动，规范企业内部财务行为，处理和协调企业内外财务关系的具体规范。

（二）财务制度的特征

财务制度的特征包括以下几点。

（1）实行财务制度可分为正式财务制度和非正式财务制度。正式财务制度是人们有意识创造的财务行为法则，如《企业会计准则》以及有关的财务法规就是一种正式的财务制度。而非正式财务制度是人们在长期交往中无意识地形成的，具有持久的生命力，如财务人员在处理财务活动和协调财务关系中所形成的职业道德等。

（2）财务制度与人的行为、动机有着内在的联系。任何一项制度都是人的利益及其选择的结果，所有的人都是在现实制度所赋予的制度条件下进行各种活动的，任何社会经济活动都离不开制度，财务活动也是如此，不管是融资活动、投资活动还是资金运营活动，分配活动都必须在一定的制度约束下开展。

（3）财务制度反映的是一种合约关系，不管这种关系是正式的，还是非正式的，是显性的还是隐性的，是自愿履行的还是强制履行的。财务制度的合约关系规定每个人在财务行为中的权利与义务，规定了人们在财务行为中能做什么与不能做什么，违反制度将受到什么样的惩罚，遵守了可以得到什么样的补偿，以及怎样衡量人们是否违反了这些规则的标准。

（4）财务制度的本质是财务管理者意志的体现，反映了财务主体在财务管理上的能动性，是组织财务活动、处理财务关系的基本原则与规范。

（5）财务制度总是与特定的条件和时间相联系，因此，它只能在一定的时间和空间的范围内发挥作用。

（6）财务制度随理财环境的变化而发展，因此，面对复杂多变的理财环境，财务制度的设计和选择理财主体具有决定性的意义。

(三) 企业财务制度架构

基于公司所有权、决策权、执行权三权分离的法人治理结构和监督权、决策权、执行权三权分治的财务管理模式,在企业财务制度上形成了以下三个层次的架构体系。

1. 出资者的财务制度规范

出资者作为所有者以股东大会和董事会决议的方式,依法行使公司重大财务事项决策权和监督权。在现代企业制度下,企业出资者与企业经营者出现分离,而经营者作为独立的理财主体,排斥包括所有者在内的任何干扰。因而,所有者有必要对经营者的财务行为进行约束,以保证资本的安全与增值。这就形成了出资者的财务制度规范,主要明确股东会在何时、何种状态下,对何种财务事项进行何种决策。从财务决策的角度来看,出资者的权利有三项:选择经营者、重大决策和资本收益。具体又可细化为多个决策事项,如资本投入、财务预算、利润分配、重大投融资、并购、分立、清算等。

2. 经营者的财务制度规范

经营者以董事会和经理层为代表的高管层,依据公司章程和授权条款,行使对公司重大财务事项的决策权。因此,经营者的财务制度规范主要包括董事会和总经理两个层面。

第一,董事会的财务制度规范。其主要规范两个方面的问题:一是董事会的财务权限;二是董事会对总经理的财务约束与激励机制。

第二,总经理的财务制度规范。总经理既是公司重大决策的执行主体,又是日常经营管理事项的决策主体,应在财务制度中明确总经理在财务预算、财务决策、财务审批、签订合同、提供对外担保等日常经营管理活动中的财务权限和财务责任。

3. 财务经理的财务制度规范

财务经理的职责定位于公司财务决策的日常执行上,他行使日常财务管理权,对公司的日常财务运作进行管理和协调,主要包括以下事项和内容:建立适应企业发展和管理需要的财务管理模式;明确公司各部门及各利益主体在财务管理方面的权限和职责;做好财务管理的各项基础工作;建立企业财务管理的各项管理制度。

二、企业财务制度的内容

企业财务制度的设计涉及多个方面,包括财务管理体制、会计核算制度、财务报告制度、成本管理制度、资金管理制度、税务管理制度等。

(一) 财务管理体制

财务管理体制是企业内部建立的一套组织结构和管理机制,旨在有效管理和控制企业的财务活动。一个健全的财务管理体制对于企业的经营和发展至关重要。

1. 财务部门的设置与职责划分

财务部门通常由财务总监(或财务主管)领导,下设财务会计、财务分析、内部控制等部门或岗位。财务总监负责财务部门的日常管理和决策,并与其他部门密切合作,提供财务支持和咨询。

2. 财务决策的流程和权限

设定财务决策的流程和程序,明确各层级的决策权限和责任,确保决策的合理性和准确性。在决策流程中,应设立审批、复核和监督机制,以提高决策的质量和风险控制能力。

3. 内部控制

内部控制是财务管理体制中重要的一环。它通过建立一系列的控制措施和制度,确保企业的财务活动遵循法律法规和内部规定,并有效地防范财务风险。内部控制包括风险评估与管理、审计与监督、会计准则的遵循等,以保护企业的财务利益和资产安全。

4. 财务与其他部门的沟通与协作

财务部门与销售、采购、生产等部门之间应建立紧密的联系,及时了解业务情况,提供财务指导和支持。有效的沟通和协作能够促进财务部门与其他部门的协同作业,实现财务管理的整体优化。

5. 外部合作与监管

财务部门需要与审计机构、税务机关、银行等外部单位进行合作,履行相关的财务报告和纳税义务。与外部单位的合作能够促进财务管理的规范性和透明度,确保企业遵守法律法规并享受相关政策优惠。

6. 员工培训和发展

财务人员需要具备扎实的财务知识和技能,熟悉相关法律法规和会计准则,能够独立完成财务工作。企业可以通过内部培训、外部培训、职称评定等方式提升员工的财务管理水平,不断提高财务部门的专业素质。

7. 绩效评估和激励机制

设立合理的绩效评估和激励机制,以激发财务人员的工作积极性和创造力,推动财务管理体制的不断改进和创新。绩效评估和激励机制可以通过制定目标和指标、考核体系和奖惩措施等方式实施。

8. 信息系统支持

建立和完善财务管理信息系统,以提高财务数据的准确性和时效性,支持决策和报告的及时完成。信息系统应具备良好的数据管理、处理和分析能力,能够满足企业日常运营和管理的需要。

以上所述的财务管理体制的各个方面相互关联,共同构成一个有机的整体。企业应根据自身的规模、行业特点和发展阶段,灵活运用这些要素,建立适合自身的财务管理体制,并不断优化和完善,以实现财务管理的高效与稳健。

(二)会计核算制度

会计核算制度是企业内部建立的一套规范和规定,用于指导和规范企业的会计核算活动。它包括会计政策、会计核算方法、会计处理程序等,旨在确保企业的财务信息准确、可靠、合法。

1. 会计政策

会计政策是企业在进行会计核算时所采用的一套原则和方法,用于确认和计量财务事项。它包括会计估计的选择、会计政策的制定和变更等。会计政策的选择应符合会计法规和会计准则的要求,并与企业的经营特点和行业规范相适应。会计政策的制定和变更需要经过内部审批和报告相关部门。

2. 会计核算方法

会计核算方法是指企业在进行会计核算时所采用的具体方法和程序。它包括资产的确认和计量、负债的确认和计量、收入的确认和计量、费用的确认和计量等。会计核算方法应符合会计法规和会计准则的要求,并与企业的经营特点和行业规范相适应。不同的企业可以根据自身的情况选择适合的会计核算方法。

3. 会计处理程序

会计处理程序是指企业在进行会计核算时所采用的一系列操作和流程。它包括会计凭证的编制、账务的处理、会计报表的编制等。会计处理程序应严格按照会计政策和会计核算方法的要求进行操作,确保会计记录的准确性和完整性。企业可以建立相应的会计制度和操作手册,明确各项会计处理的具体步骤和要求。

4. 会计凭证的编制与审核

会计凭证是会计核算中记录和证明财务事项的重要凭证。它包括原始凭证和会计凭证两种类型。原始凭证是经济交易的直接凭证,如发票、收据、支票等。会计凭证是根据原始凭证编制的具有会计记账意义的凭证,通常包括记账凭证、复核凭证和审核凭证等。会计凭证的编制应符合会计政策和会计核算方法的要求,经过内部审核和复核后方可入账。

5. 账务处理

账务处理是指根据会计凭证的内容,按照会计政策和会计核算方法的规定,将经济交易的金额分录到相应的账户中。账务处理应严格按照会计凭证的编制和审核要求进行,确保账务记录的准确性和一致性。同时,需要及时进行账务的分类、汇总和调整,以便编制会计报表和提供财务信息。

6. 会计报表的编制

会计报表是企业向内外部用户提供财务信息的主要工具。常见的会计报表包括资产负债表、利润表、现金流量表等。会计报表的编制应遵循会计准则和会计政策的要求,确保财务信息的准确性和可比性。报表编制过程中,需要进行会计核算数据的分类、分析和整理,最终形成完整的会计报表。

7. 财务信息披露与审计

财务信息披露是企业向内外部用户公开财务信息的过程。企业应根据法律法规和相关规定,按时、按规定公开财务信息。审计是对企业财务信息的独立、客观的评价。企业应定期接受内部审计和外部审计,以确保财务信息的真实性和合规性。

8. 内部控制与合规

企业应建立健全的内部控制制度,以确保会计核算的准确性、完整性和合规性。内部控制包括风险评估与管理、审计与监督、会计准则的遵循等方面。内部控制的目的是保护企业的财务利益和资产安全,防范财务风险和错误。

综上所述,会计核算制度是企业进行会计核算的基础和指导,它涵盖了会计政策、会计核算方法、会计处理程序等多个方面。企业应根据自身的特点和需求,建立适合的会计核算制度,并不断完善和更新,以保证财务信息的准确性、可靠性和合规性。

(三) 财务报告制度

财务报告制度是指企业内部建立的一套规范和程序,用于编制和披露财务报告。财务报告是向内部管理层、股东和外部利益相关方提供财务信息的重要手段。

1. 报告制度的设计与组织

设计财务报告制度的目标是确保报告的准确性、及时性和合规性。企业应建立一个明确的组织结构,指定负责编制和审核财务报告的人员。在报告制度中,需要明确报告的范围、频率和形式,并制定相应的流程和时间表,以确保报告的及时提交和披露。

2. 财务报告的内容和格式

财务报告应包括资产负债表、利润表、现金流量表和股东权益变动表等基本财务报表。此外,还可以根据需要编制其他附注、管理层讨论与分析报告等。财务报告的内容应符合相关的会计准则和法规要求,准确反映企业的财务状况、经营成果和现金流量等关键信息。

3. 会计政策和估计的披露

企业应披露其采用的会计政策和估计方法,以便用户理解和评估财务报告的准确性。这包括对重要会计政策的说明和解释,以及对会计估计的依据和影响因素的披露。披露会计政策和估计的目的是增强报告的透明度和可比性,帮助用户更好地理解企业的财务状况和业绩。

4. 内部控制和风险管理的披露

企业应披露其建立和运行的内部控制制度,以及对重要财务风险的管理措施。这包括对内部控制制度的描述、风险评估和风险管理的披露等。披露内部控制和风险管理的目的是让用户了解企业的风险管理能力和财务控制的有效性,增强对企业财务报告的信任度。

5. 审计和审计报告的披露

企业应定期接受内部审计和外部审计,并披露审计的相关信息。其中,外部审计还包括独立注册会计师对财务报告的审查,并发表审计报告。披露审计和审计报告的目的是增强报告的可信度和可靠性,提供对财务报告的独立评价和保证。

6. 报告的披露和传送

财务报告应按照法律法规和相关规定,及时披露给内部管理层、股东和其他外部利益相关方。披露的方式可以包括年度报告、中期报告、季度报告和即时披露等。报告的披露和传送应遵循相关的披露规定和流程,确保信息的准确性、完整性和公正性。

7. 报告的分析和解读

财务报告的编制完成后,需要进行相关的分析和解读,以便向用户提供对财务状况和经营成果的深入理解。这可以包括编制管理层讨论与分析报告、发布分析师报告等。报告的分析和解读可以帮助用户更好地理解企业的财务情况和未来发展趋势,提供决策和投资的依据。

综上所述,财务报告制度是确保财务报告准确、及时、合规的一套规范和程序。它涵盖了报告的设计与组织、内容和格式、会计政策和估计的披露、内部控制和风险管理的披露、审计和审计报告的披露、报告的披露和传送、报告的分析和解读等多个方面。企业应根据自身的需求和相关法规要求,建立健全的财务报告制度,并不断完善和更新,以提高报告的质量和透明度。

(四)成本管理制度

成本管理制度是企业内部建立的一套规范和程序,用于管理和控制成本相关的活动和决策。它涵盖了成本的计划、核算、控制和分析等方面,旨在提高企业的经济效益和竞争力。

1. 成本计划制度

成本计划制度是企业根据经营目标和战略规划,制定成本预算和成本目标的一套程序和规范。它包括制定年度成本预算、制定成本控制目标、分解成本目标等。成本计划制度的目的是确保成本目标的合理性和可实现性,为企业的经营活动提供成本控制的依据。

2. 成本核算制度

成本核算制度是企业内部用于计算和记录成本的一套规范和方法。它包括成本要素的界定、成本的分配和归集、成本的计算和记录等。成本核算制度的目的是准确计算和记录各项成本,并为成本控制和决策提供可靠的数据依据。

3. 成本控制制度

成本控制制度是企业用于管理和控制成本的一套规范和程序。它包括成本控制目标的设定、成本控制方法的选择、成本控制措施的实施等。成本控制制度的目的是确保企业在规定的成本范围内有效管理和控制成本,避免成本的不合理增长。

4. 成本分析制度

成本分析制度是企业用于分析和评估成本构成和成本效益的一套规范和方法。它包括成本构成分析、成本差异分析、成本效益分析等。成本分析制度的目的是帮助企业深入了解成本的组成和影响因素,为成本管理和决策提供有针对性的信息和建议。

5. 成本管理信息系统

成本管理信息系统是企业用于收集、处理和分析成本数据的一套信息系统。它包括成本数据的采集和记录、成本数据的处理和分析、成本报告的生成和分发等。成本管理信息系统的目的是提供准确、及时的成本信息,支持企业的成本管理决策和成本控制活动。

6. 成本管理责任制

成本管理责任制是建立在成本管理制度基础上的一种管理方式。它通过明确各级管理人员的成本管理职责和权责关系,激励和约束其对成本管理的参与和贡献。成本管理责任制的目的是推动各级管理人员积极参与成本管理,增强成本意识和成本效益意识,促进成本的合理控制和优化。

7. 成本管理与绩效评估

成本管理与绩效评估是将成本管理与企业绩效评估相结合,通过对成本管理绩效的评价和反馈,推动成本管理的改进和优化。成本管理与绩效评估的目的是建立成本管理与企业目标、战略和绩效之间的关联,实现成本管理与业绩提升的良性循环。

综上所述,成本管理制度是企业用于管理和控制成本的一套规范和程序。它涵盖了成本的计划、核算、控制和分析等多个方面。通过建立健全的成本管理制度,企业能够更好地管理和控制成本,提高经济效益和竞争力。

(五) 资金管理制度

资金管理制度是企业内部建立的一套规范和程序,用于有效管理和运用资金。资金是企业运营和发展的重要资源,因此,建立科学合理的资金管理制度对于企业的财务稳定和经营活动至关重要。

1. 资金计划制度

资金计划制度是企业根据经营活动的需要,制定资金计划和预算的一套规范和程序。它包括短期和长期资金需求的预测、资金计划的编制和审核、资金筹措计划的制定等。资金计划制度的目的是确保企业在经营活动中有足够的资金支持,合理规划和安排资金的使用和筹集。

2. 资金筹措制度

资金筹措制度是企业用于筹措资金的一套规范和程序。它包括内部资金筹措和外部融资的规划和执行、资金流动和结算的管理、资金需求与资金供给的匹配等。资金筹措制度的目的是确保企业能够及时、有效地筹集到所需的资金,并根据资金需求和成本等因素选择适宜的筹资方式。

3. 资金运作制度

资金运作制度是企业用于管理和运用资金的一套规范和程序。它包括资金的调度和配置、资金的投资和运营、资金的流动和使用等。资金运作制度的目的是优化资金的使用效率,提高资金的回报率,降低资金的风险,确保企业的财务稳定和持续发展。

4. 资金监控制度

资金监控制度是企业用于监控和控制资金活动的一套规范和程序。它包括对资金流动和使用的监控、对资金风险的识别和评估、对资金决策和操作的审查和审批等。资金监控制度的目的是确保资金的合规性和安全性,预防和控制资金风险,保护企业的财务利益。

5. 资金预警制度

资金预警制度是企业用于及时识别和应对资金问题的一套规范和程序。它包括对资金状况的定期监测和分析、对资金风险的预警和预防、对资金紧张情况的应急处理等。资金预警制度的目的是及时发现和解决资金问题,防范和化解资金危机,保证企业的正常运营和发展。

6. 资金管理信息系统

资金管理信息系统是企业用于收集、处理和分析资金数据的一套信息系统。它包括资金流动和结算的信息记录和报告、资金计划和筹措的数据分析和预测、资金运作和监控的信息管理等。资金管理信息系统的目的是提供准确、及时的资金信息，支持企业的资金管理决策和资金运作活动。

7. 资金管理与绩效评估

资金管理与绩效评估是将资金管理与企业绩效评估相结合，通过对资金管理绩效的评价和反馈，推动资金管理的改进和优化。资金管理与绩效评估的目的是建立资金管理与企业目标、战略和绩效之间的关联，实现资金管理与业绩提升的良性循环。

综上所述，资金管理制度是企业用于管理和运用资金的一套规范和程序。它涵盖了资金的计划、筹措、运作、监控、预警等多个方面。通过建立健全的资金管理制度，企业能够有效管理资金，确保资金的安全性和有效运用，提高财务稳定性和经营效益。

（六）税务管理制度

税务管理制度是国家和企业内部建立的一套规范和程序，用于管理和执行税收政策、履行纳税义务以及确保税收合规性。税收作为国家财政收入的重要来源，税务管理制度的建立和执行对于保障税收秩序、促进经济发展和维护社会公平具有重要意义。

1. 税收政策制度

税收政策制度是国家制定和调整税收政策的一套规范和程序。它包括税收政策的制定、修改和废止等，以及相关的法律法规、规章和指导性文件的发布和执行。税收政策制度的目的是根据国家的财政需求和经济发展目标，制定合理、公平、可行的税收政策，引导和调节经济行为，实现税收的最优化配置。

2. 纳税义务管理制度

纳税义务管理制度是国家对纳税人履行纳税义务的一套规范和程序。它包括纳税人的登记、申报、缴纳税款、报告信息等纳税义务的履行要求和流程。纳税义务管理制度的目的是确保纳税人按照法律法规规定及时、准确地履行纳税义务，维护税收秩序和公平竞争环境。

3. 税务审查与稽查制度

税务审查与稽查制度是税务机关对纳税人税务情况进行核查和审计的一套规范和程序。它包括税务审查的范围和程序、税务稽查的方式和手段，以及对涉嫌违法行为的处理和处罚等。税务审查与稽查制度的目的是加强对纳税人的监督和管理，发现和纠正税务违法行为，维护税收秩序和公平竞争环境。

4. 税收征收与管理制度

税收征收与管理制度是税务机关对纳税人的税款征收和管理的一套规范和程序。它包括税款的计算和征收、税款的管理和监控、税款的追缴和退还等。税收征收与管理制度的目的是确保税款的准确计算和及时征收，防止欠税和逃税行为，维护税收秩序和公平竞争环境。

5. 税务协调与合作制度

税务协调与合作制度是国家税务机关与其他相关部门、组织和国际税务机构之间进行协调和合作的一套规范和程序。它包括信息共享、数据交换、执法合作、税收争端解决等方面。税务协调与合作制度的目的是加强税务机关与其他相关方的沟通和合作，提高税务管理的效率和质量，促进税收合规性和国际税收合作。

6. 税务法律援助与纠纷解决制度

税务法律援助与纠纷解决制度是为纳税人提供法律援助和解决税务纠纷的一套规范和程序。它包括纳税人的申诉和复议权利、税务争议解决机制的设立和运行，以及税务法律援助的提供等。税务法律援助与纠纷解决制度的目的是保障纳税人的合法权益，提供便利的纠纷解决渠道，维护税收秩序和社会稳定。

7. 税务管理信息系统

税务管理信息系统是税务机关用于收集、处理和分析税务数据的一套信息系统。它包括纳税人信息的管理、税务数据的存储和分析、税务报告和申报的电子化等方面。税务管理信息系统的目的是提高税务管理的效率和准确性，加强对税收活动的监控和分析，支持税收政策的制定和实施。

综上所述，税务管理制度是国家和企业用于管理和执行税收政策、履行纳税义务的一套规范和程序。它涵盖了税收政策、纳税义务管理、税务审查与稽查、税收征收与管理、税务协调与合作、税务法律援助与纠纷解决、税务管理信息系统等多个方面。通过建立健全的税务管理制度，可以提高税收征收的效率、加强税收合规性监管，促进社会公平和经济发展。

三、企业财务制度体系

我国在从计划经济体制向市场经济体制过渡的过程中，财政部颁布了《企业会计准则》和分行业的《企业财务制度》，构建了以《企业会计准则》为主导、以行业财务制度为主体、以企业财务制度为基础的三个层次的财务制度体系，一直沿用至今。

(一) 企业会计准则

《企业会计准则》由我国财政部制定、国务院批准，以财政部部长令形式颁布，属于部门规章的范畴。《企业会计准则》是设立在中华人民共和国境内各类企业财务活动必须遵循的基本原则和规范，是财务制度体系中最基本的财务法规。在财务法规制度体系中起着主导作用。《企业会计准则》是财务法规的一个重要组成部分，是企业财务工作的统一依据。《企业会计准则》对全国的财务工作、全范围内的财务行为具有行政或法律上的约束力，是联结国家财经法规、财务政策与企业财务活动的中介。

《企业会计准则》是制定行业财务制度和企业财务制度的根据。各行业财务制度和企业内部财务制度都要在《企业会计准则》确定的共同原则与规范的基础上，结合行业与企业特点，制定出行业财务制度和企业内部财务制度，从而保证财务制度的系统性、科学性、完整性和逻辑性。

（二）行业财务制度

行业财务制度是根据《企业会计准则》的规定和要求，结合各行各业的特点及特定的行业管理要求制定的财务制度，其基本原则与《企业会计准则》一致，其内容则是《企业会计准则》的进一步具体化。

目前，我国的分行业财务制度包括工业、商品流通、运输、邮电、金融、旅游和饮食服务、农业、对外经济合作、施工和房地产开发、电影和新闻出版等行业的财务制度。行业财务制度在整个财务制度体系中起补充作用，是各企业进行财务活动时应遵循的具体规定。我国目前的行业财务制度也由财政部制定，这有利于保持与《企业会计准则》的一致性。

（三）企业财务制度

企业财务制度是由企业管理当局依据《企业会计准则》和行业财务制度的规定，结合企业生产经营特点和管理需要自行制定的具体规范，是企业进行财务活动的依据，规范财务行为、处理财务关系的具体规章，在整个财务制度体系中起着基础作用。

四、企业财务制度设计

（一）企业财务制度设计的概念

企业财务制度设计是指企业为了规范财务行为、保证财务目标的实现，而运用一定的财务管理理论和方法，据国家有关财经法规，结合企业具体情况和管理需要，采用文字、图示、表格等形式，对企业组织财务活动、处理财务关系所应遵循的原则与政策、采用的程序与方法、提供的数据与资料以及达到的目标与要求，进行系统规划、明确规定并使之规范化、文本化的管理活动。

（二）企业财务制度设计的种类

1. 全面财务制度设计

全面性财务制度设计是对企业财务工作所应遵守的一切规范行为制度的设计。通过设计，构成企业财务制度的基本框架，并产生一套完整的企业财务制度体系。由于全面性的企业财务制度设计内容复杂，涉及面广，设计难度大，设计质量要求高，头绪比较多，所以设计时应由总体设计到具体设计。总体设计是对所设计的企业财务制度内容和范围及其设计工作进行的全面规划。具体设计是在总体设计的基础之上，采用具体的程序和方法来完成总体设计的要求，用文字表格等形式作出详细具体的规定。

2. 局部性财务制度设计

企业财务制度局部性设计是对财务工作的部分规范进行的制度设计，设计内容一般是原有财务制度中不具有的。其原因多是由于经营规模的扩大、经营范围的拓宽、经营方式的转变和管理要求的提高等。

3. 修订性财务制度设计

企业财务制度修订性设计是对原有的财务制度加以修改而进行的设计，如固定资产的直线折旧法改为加速折旧法、坏账损失的直接核销法改为备抵法、发出材料计价由加权平均法改为先进先出法等。通过制定，可以更新财务制度的部分内容。

局部性设计和修订性设计，一般涉及面较小，设计内容比较简单，因此，主要是做具体设计。但在设计时，应与原有财务制度设计的内容协调配套，以便使财务制度更好地运行。

(三) 企业财务制度设计主体

我国企业财务制度的设计主体包括：

(1) 国家权力机构是财务法律设计主体，制定《公司法》《中华人民共和国会计法》以下简称《会计法》等法律法规作为企业财务制度的主导。

(2) 国家财政部门是宏观财务制度设计主体，制定《企业会计准则》作为企业财务制度设计的依据和规范。

(3) 国有资产监督管理委员会具有国有企业出资人的身份，是国有企业财务制度设计主体，在法律法规允许的范围内，制定面向国有企业的出资人财务管理制度。

(4) 各企业是微观财务制度设计主体，在法律、法规允许的范围内，自主制定本企业的财务目标、财务战略、财务政策和财务方法并设计制定适合本企业的财务制度。

第二节 企业财务制度设计的目标与原则

一、企业财务制度设计的目标

一般而言，企业财务制度的设计应该符合以下五个目标。

(一) 以企业的财务目标为设计目标

企业制定财务制度的目的是加强财务管理、规范财务行为、正确处理各种财务关系，以保证财务管理目标的实现，进而实现企业的总目标，企业财务管理目标是企业价值最大化；建立企业财务制度的重要目的就是使企业的财务活动沿着既定的方针进行，以达到最终实现企业价值最大化的目标。

(二) 能够正确处理和规范企业的各种财务关系

正确处理和规范各种财务关系是企业财务制度设计的重要任务。企业财务制度涉及企业的各个利益主体，各利益主体之间的冲突时有发生。但是，无论企业各利益主体之间发生何种利益冲突，维护出资者的合法权益总是合理的。设计企业财务制度就是要通过一种规定，将企业各个利益主体的一系列既矛盾，又统一的财务关系进行权衡和规范，使企业财务制度成为处理各方面财务关系的基本规范。

(三) 应与企业的内部环境及内部管理需要相适应

设计企业财务制度要符合现代企业的发展需要，要实事求是。既要与市场经济和国际惯例接轨，又要符合企业的经营特点和管理需要，又要重视财务制度的可操作性和适用性。企业财务制度设计的各个方面应当相互协调，具有合力，并保证财务制度能够服从企业整体发展战略和发展规划；制定财务的具体目标时，如筹资目标、投资目标、营运目标等，要努力把目标数量化，以尽量消除主观随意性，使制度设计建立在可靠的基础之上。

（四）建立完善的财务管理组织体系

财务管理组织体系主要包括设置管理机构与配备财务人员。大型企业应设置独立的财务机构；小型企业要设置专职财务管理岗位。要明确财务部门与董事会、经理层的领导关系，特别是明确与会计部门的业务关系。要制定财务人员的任职资格和上岗条件，明确每一个财务管理岗位的职责范围与工作标准。建立完善的财务管理体系是实现财务目标的组织保证，要引起各企业的高度重视。

（五）建立科学的财务指标体系

企业在设计财务制度时，要设计一套科学、完整的财务指标体系。科学的财务指标体系应包括以下四个方面。

一是为国家宏观调控提供服务的综合财务指标，以满足国家宏观调控的需要。

二是为特定主体，如投资者、债权人等提供的财务指标。

三是为企业决策层提供的财务指标，以利于管理者正确把握财务状况和发展趋势，提高企业经营决策水平。

四是为加强内部管理而设计的财务指标，特别是在市场经济条件下，企业应建立以企业偿债能力指标为主，营运能力和盈利能力指标为辅的财务风险控制指标体系，并建立企业财务风险的预警体系。

（六）降低财务风险

企业财务制度设计的目标是降低财务风险，包括市场风险、信用风险、汇率风险等。财务制度应当建立相应的风险管理控制措施，包括风险识别、评估和应对策略等，以确保企业能够有效管理和应对各类财务风险。

二、企业财务制度设计的原则

（一）合法性原则

合法性是财务制度设计的最根本原则。它要求企业的财务制度设计必须符合国家的法律、法规和政策，把国家的法律、法规和政策体现到企业的财务制度中去。

合法性原则在企业财务制度设计时，主要体现在以下两个方面。

一是所设计的企业财务制度，必须符合《公司法》《会计法》的要求。

二是所设计的企业财务制度，必须与国家有关法规相协调。

进行企业财务制度设计时，要以国家法律、法规和政策作为设计依据；必须使特定主体所采用的财务政策、财务方法符合经济、财务、税收等国家法规。例如，进行货币资金管理制度设计时，必须遵守国家有关现金管理和结算制度方面的金融法规。

（二）实用性原则

实用性原则也称针对性原则，是指企业在设计财务制度时，必须针对本单位的特点充分考虑企业自身的生产经营特点和管理要求等方面的具体情况设计出切合本单位实际情况的财务制度。

（三）适应性原则

适应性原则是指企业财务制度的设计不是一成不变的，应与企业内外环境相适应，应根据企业内外发展变化的情况及财务管理的需要及时加以补充和完善。

企业财务制度既要适应国家宏观经济、政策、产业发展和竞争对手的发展变化，又要适应企业本身的战略规划、发展规模和企业的现状。

（四）应用性原则

应用性原则是指进行企业财务制度设计要以具体应用为目的，使其具有可操作性。企业财务制度在表达方式上应该尽量浅显，并与企业日常财务活动的实务紧密联系；内容上要更为全面、更加具体。国家财务法规中可由企业自主选择的财务政策，应结合企业自身的实际情况作出明确规定；对未作规定的有关内容、程序、权限等问题也要作出明确规定，从而使企业财务制度成为指导企业进行财务活动、处理财务关系的操作指南。

（五）成本效益原则

企业财务制度设计的目的是规范财务行为，保证财务目标的实现。但不能因规范财务行为就不讲究运行质量和工作效率，而应在满足财务管理要求的前提下使财务制度设计更加简洁明了，更具有操作性。

企业财务制度在设计程中要把财务工作质量放在首位，但同时也要符合成本效益原则。使设计工作中的自身耗费量少，而使设计出的制度所产生的效益最大。财务制度各项规定的实施，应有利于加强经营管理，降低成本费用，增加企业盈利。如果财务制度过于繁琐，在实施时消耗的制度成本大于其运行所能得到的财务制度效应，则说明财务制度设计存在缺陷。因此，企业财务制度设计必考虑制度成本与效益的关系，以尽量少的制度成本获得尽可能多的财务制度效应，达到成本效益的最优组合。

（六）利益协调原则

利益协调原则是指设计企业财务制度时，应正确处理企业内外各种利益主体之间的财务关系，以使财务活动能够顺利进行，财务目标能够顺利实现。

协调好各种财务关系的关键是处理好各利益主体的责、权、利关系，贯彻以责任为中心权力为保证、利益为手段的企业内部经济责任制。在体现利益协调原则上，首先应落实承担责任，然后赋予责任人相应的管理权限，并按照履行责任的情况给予应有的物质利益。

（七）统一性原则

统一性原则是指进行企业财务制度设计要充分考虑企业的财务管理体制，要正确处理母公司与子公司、分公司的财务关系，应将财务制度的设计权、管理权、审批权给予母公司，有利于财务政策的一致性。子公司和分支机构则拥有制定具体实施细则的权利,但必须将实施细则报母公司审批和备案。

(八) 稳定性原则

稳定性原则是指设计的企业财务制度必须具有一定的连续性和一致性。任何制度都不可能是一成不变的,应随着市场经济的发展变化和企业的不断发展而作出适应性改进。但是,如果制度变更过于频繁,就会造成严重混乱,并影响制度的严肃性。因此,企业财务制度一定要保持相对稳定性,绝不能朝令夕改,摇摆不定,让人无所适从。制度是否变化应由实践来检验,凡是经过一定时期实施后证明是正确的,就坚持下去;凡经过实践检验后证明是不可行的,就应及时修订甚至摒弃。同时,设计企业财务制度时应注意提高其预见性和前瞻性,这是保持制度稳定性的重要条件。

(九) 全面性原则

全面性是指设计的财务制度应覆盖全部财务活动和财务关系,使每个财务行为、财务事项都有相应的制度条款予以规范,企业的财务活动贯穿于生产经营活动的始终,财务管理也必须是对其全过程的管理,使企业财务活动的各个方面、各个环节都有章可循,有法可依,形成一个完整的互相补充、互相制约的财务制度体系。坚持全面性原则,可以确保企业财务活动有序进行,为正确处理各方面的财务关系,全面做好财务管理工作提供客观依据。

(十) 统筹兼顾原则

统筹兼顾原则是指进行企业财务制度的设计要全面平衡、综合考虑,既要符合财务管理理论,又要有利于企业的财务实务;既要有利于内部控制,又要有利于调动各方面的积极性;既要有绝对的原则性,又要有相对的灵活性;既要满足上层管理需要,又要考虑基层具体需求;既要规范严谨、又要简便易行;既要满足企业财务活动的当前需要,又要适应企业财务活动的发展需要。要根据企业的具体目标、具体任务、具体的理财环境和人员素质高低等因素,设计出适合企业具体应用的财务制度。

第三节 企业财务制度设计的程序与方法

一、企业财务制度设计的程序

企业财务制度的设计是建立和规范企业内部财务管理的重要环节,能够确保财务活动的合规性和透明度。在设计企业财务制度时,需要考虑多个方面,包括设计目标、法律法规和会计准则、企业的特点组织结构、流程规范、内部控制制度和财务报告要求等。

1. 确定设计目标

确定企业财务制度设计的目标和目的,包括提高财务管理的效率、加强内部控制、确保财务报告的准确性等。明确的目标可以指导制度设计的方向。

2. 研究法律法规和会计准则

在设计企业财务制度时,需要了解适用于企业所在地区的法律法规和会计准则。这些法规和准则对财务管理和报告提出了具体要求,需要在制度设计中加以考虑。

3. 分析企业的特点

对企业的特点进行全面的分析,包括行业属性、规模、组织结构、业务流程等。这有助于确定适用于企业的制度要求和流程规范。

4. 设计组织结构

设计企业财务制度时,需要考虑财务部门的组织结构,其中涉及确定财务职能的划分、职责的明确、职位设置和层级关系等。一个清晰的组织结构有助于提高财务管理的效率和责任分配的明确性。

5. 建立流程规范

设计企业财务制度需要建立明确的流程规范,包括财务活动的申请、批准、执行和核对等。流程规范应该合理且易于操作,以确保财务活动的准确性和合规性。

6. 设计内部控制制度

内部控制是企业财务制度设计的重要组成部分,包括审计和监督机制、风险管理、授权和审批程序、资产保护和信息安全等方面。内部控制的设计旨在减少错误和欺诈行为,确保企业财务活动的合规性和可靠性。

7. 制定财务报告要求

设计企业财务制度时,需要制定财务报告的要求和规范,包括财务报表的编制方法、报表周期、报表格式和披露要求等。财务报告要求的制定应符合法律法规和会计准则的要求,并满足利益相关者的信息需求。

8. 建立培训和沟通机制

财务制度设计完成,需要建立相应的培训和沟通机制,确保员工能够理解和遵守制度规定。培训可以包括财务制度的解释和操作指南,以及内部控制和报告要求的培训。沟通机制可以通过内部会议、文件传达和定期审查等方式进行。

9. 不断完善和监督

企业财务制度设计是一个持续改进的过程。财务制度实施后,应定期进行评估和审查,以确保制度的适用性和有效性。根据实际情况和变化的需求,及时进行调整和完善。

10. 确保信息系统的支持

企业财务制度设计还应确保信息系统能够有效支持财务管理和报告流程。包括建立适当的财务管理信息系统、确保数据的准确性和安全性、实施适当的数据备份和恢复机制等。

11. 强调合规和风险管理

在财务制度设计中,应特别关注合规性和风险管理,包括明确的内部控制要求、合规审计和风险评估机制的建立、反欺诈和反腐败措施等。确保企业财务活动符合法律法规和道德标准,并降低潜在风险。

12. 进行内外部审计

设计好的财务制度应定期进行内部和外部审计,以确保制度的有效性和合规性。内部审计可以发现制度实施中的问题和改进点,外部审计可以提供独立的评价和验证。

通过遵循以上程序,企业可以建立一个符合法律法规要求、适应企业特点和需要的财务制度,确保财务活动的合规性、准确性和可靠性,为企业的经营决策和发展提供有力的支持。然而,财务制度设计是一个复杂且关键的过程,需要综合考虑企业的内外部环境和要求,并不断进行评估和改进。

二、企业财务制度设计的方法

财务制度设计的方法,就是制定制度的机构和人员所采用的应对或解决面临的制度问题的途径和方式,其基本方法包括以下四种。

(一) 社会实验法

社会实验法是指运用实验或运行的手段,在取得经验后,再全面推广的财务制度设计的方法。在明确设计的制度内容是什么,应达到什么样的目的及有何要求的基础上,进行财务制度设计的社会实验,其基本要求和基本特征表现在:

要通过系统而周密的调查,确立制度实验的对象,选择制度实验的模式,制订制度实验的方案和措施,并预测其发展和变化。

在整个制度的实验过程中都要始终进行目标管理,紧紧围绕财务制度的总目标,及时总结经验,捕捉信息,发现问题,及时修正,以求得制度的有效性和可靠性。

由于财务制度所要解决的问题具有不同的性质和范围,进行制度设计的具体要求、条件、形式、方法各有不同,因此在设计时应当根据生产经营特点和管理要求认真进行研究,充分吸收已有的经验,采用先进的办法,使所设计的制度更加完善,更有利于达到财务管理的目标。

(二) 系统分析法

系统分析法是指把系统论、信息论和控制论的现代理论、技术、手段,运用于财务制度设计的方法。财务制度设计的系统分析的基本要求和基本特征表现在:要把财务管理作为一个"控制中心",充分发挥财务管理的计划、控制和决策职能,其活动的最终目的就是保证企业经济效益的提高,达到提高目的的主要机制就是发挥财务管理的主导作用。

(三) 定性分析和定量分析相结合的方法

财务制度设计的定性分析是指根据财务管理对象的不同性质及其发展变化,决定不同的制度及其发展变化的方法。它主要是以已有的实践经验为基础,研究新的任务和条件,判断制度的正确性、可行性和有效性,以调动财务管理人员的积极性。定性分析在我国普遍采用,但往往主观随意性大。

财务制度设计的定量分析法是指在收集、整理、分析大量的资料和信息的基础之上,就制度的目标选择、方案制订、效果预测、标准确定和模型建立提出意见,并进行计算机模拟,然后选择出最优的制度的方法。定量分析可以为制度设计提供可靠的数据,提高制度设计的科学性和操作性,但工作繁琐,且有的影响因素不能量化。

因此,在财务制度设计时,应将定性分析和定量分析恰当地结合起来以定性分析为基础,进行定量分析,使定量分析服务于定性分析。

(四) 比较分析法

比较分析法的基本要求在于:对不同国家和地区的财务制度进行比较,对不同时代和时期的财务制度进行比较,通过对财务制度的比较研究,探索制度的本质和发展规律,并在此基础上进行财务制度的设计。其优点是:可以做到洋为中用、古为今用,取长补短,并有利于提高制度的实用性。

章节测试

班级_____ 姓名_____ 学号_____ 日期_____ 分数_____

一、单项选择题（每小题 6 分，共 30 分）

1. 下列各项中，属于企业财务制度架构中"三权分离"的是（　　）。
   A. 所有权　　　B. 决策权　　　C. 管理权　　　D. 执行权

2. 下列各项中，不属于企业财务制度设计的方法的是（　　）。
   A. 比较分析法　　　　　　　　　B. 文献研究法
   C. 系统分析法　　　　　　　　　D. 定性与定量分析相结合的方法

3. 企业财务制度设计的（　　）原则要求在进行企业财务制度设计要充分考虑企业的财务管理体制，要正确处理母公司与子公司、分公司的财务关系，应将财务制度的设计权、管理权、审批权归属母公司，以利于财务政策的一致性。
   A. 稳定性原则　　　　　　　　　B. 统一性原则
   C. 全面性原则　　　　　　　　　D. 应用性原则

4. 我国在从计划经济体制向市场经济体制过渡的过程中，财政部构建了以（　　）为主导、以行业财务制度为主体、以企业财务制度为基础的三个层次的财务制度体系，一直沿用至今。
   A. 《企业会计准则》　　　　　　B. 《企业财务制度》
   C. 《会计法》　　　　　　　　　D. 《公司法》

5. （　　）原则是指设计企业财务制度时，应正确处理企业内外各种利益主体之间的财务关系，以使财务活动能够顺利进行，财务目标能够顺利实现。
   A. 利益协调　　　B. 实用性　　　C. 统一性　　　D. 全面性

二、多项选择题（每小题 8 分，共 40 分）

1. 企业财务制度设计的原则有（　　）。
   A. 实用性原则　　　　　　　　　B. 成本效益性原则
   C. 统一性原则　　　　　　　　　D. 稳定性原则

2. 企业财务制度设计的种类有（　　）。
   A. 全面性财务制度设计　　　　　B. 局部性财务制度设计
   C. 修订性财务制度设计　　　　　D. 合理性财务制度设计

3. 我国的会计法律包括（　　）。
   A.《企业会计准则》　　　　　　B.《会计法》
   C.《公司法》　　　　　　　　　D.《企业会计准则》
4. 从财务决策的角度来看，出资者的权利有（　　）。
   A. 选择经营者　　B. 重大决策　　C. 资本收益　　D. 信息共享
5. 系统分析法是指把（　　）现代理论、技术、手段，运用于财务制度设计的一种方法。
   A. 系统论　　　　B. 均衡论　　　C. 信息论　　　D. 控制论

三、判断题（每小题 6 分，共 30 分）

1. 财务与会计的关系是：理论上相互独立，实务中相互兼容。（　　）
2. 《会计法》是会计制度体系中最高层次的法律规范。（　　）
3. 财政部发布实施的《企业会计准则——基本准则》不属于部门规章。（　　）
4. 合法性是财务制度设计的最根本原则。它要求企业的财务制度设计必须符合国家的法律、法规和政策，把国家的法律、法规和政策体现到企业的财务制度中去。（　　）
5. 会计规章制度的设计包括会计管理办法、会计检查、监督和内部稽核办法的设计，以及内部经济责任制等制度的设计。（　　）